本书的出版受杭州师范大学人文社会科学振兴计划
《新型初等教育教师人文艺术与专业素养的培养研究》
项目资助

当代中国
德育热点问题研究

Critical Issues: Studies on Moral Education in Contemporary China

赵志毅　著

人 民 出 版 社

目录

序

道德,无论是作为行为规范的总和,还是作为生活方式,虽然在不同的历史阶段具有不同的外延与内涵,但其价值判断的标尺作用是其存在的生命力量。就德育理论而言,古今中外的伦理道德及其教育说到底是论述“是”与“非”的学问。德育的过程是传承“是”而扬弃“非”的过程。德育是意识形态,它以鲜明的是非善恶的评价标准表明自身存在的价值,为经济基础以及上层建筑的其他存在形态服务,使得人类社会在追求善良的道路上向着文明迈进。标明是非两极的道德尺度永远是衡量个人与群体行为的试金石。正因为如此,所有的道德家和德育学者在根据自己所处的时代环境发出议论之前总是自觉不自觉地把自己打扮成道德楷模,至少把自己作为所处时代的道德喉舌,在发出时代的道德强音的时候,认为自己是道德高尚的“是”的代表,在谴责卑鄙的反道德行为的“非”的过程中激扬文字、慷慨陈词。有的人视道德经典为圭臬,顶膜礼拜,极力效仿;有的人对旧道德口诛笔伐,弃如敝屣,欲将其置之死地而后快。所有的道德论著的作者一股脑儿地奢谈着“不该如何”与“应该如何”。然而历史是无情的,它一次次证明着自以为“是”的文人们的“是非”与谬误。

我将自己从25岁至55岁30年间在德育乃至教育领域里的思考与探求汇成册、结成集时,脑海里蹦出“是非之间”四个字。实事求是地讲,这许多的文字在当时伏案疾书时是发自肺腑的,是“自以为是”的,是真诚积极的。但是随着时间的漂移,曾经认为“是”的东西,可能已经不再是“是”而变为“似是而非”、“不是”或者可能已经是“非”了,这也许是“否定之否定”规律所使然。

本书由“叩问:形上求索”、“寻根:实证探寻”、“守望:批判反思”三部分组成,分别对“德育本质”、“品德结构”、“德育哲学”等德育理论问题、现实中的德育实际问题以及德育改革与发展的愿景问题进行全面、系统的探讨。素材的积累时间整整30年从1982在西北民族学院(今西北民族大学)任教期间;1985年考入西北师大教育系师从胡德海、张菊生先生攻读硕士学位研究生以及毕业留校任教期间;1990年考入南京师范大学教育系师从鲁洁先生攻读教育学原理博士学位研究生直到毕业留校在宁工作19年期间;2009年调至杭州师范大学任教至今(2012年),本书是我在教育领域耕耘与思考的真实记录。

本书在方法论层面有一定的特点:

第一,指导思想秉承实践理性的哲学理念,在研读马克思哲学理论的同时广泛涉猎存在主义、分析哲学、精神现象学和后现代主义的理论成果,将上述理论运用于我国学校德育改革的思考之中。

第二,力所能及地将哲学思辨与实证研究密切结合,把德育理论的最新研究成果贯穿到鲜活的学校德育工作中去,检验理论成果的正确性,不断修正理论的疏漏与谬误。

第三,在德育理论研究的同时注重一线教师的素质培养,从师生中来,到师生中去,带着德育研究的课题深入学校师生之中,倾听师生的声音,关注师生的诉求,解决师生的问题,丰富德育理论。

第四,努力克服以往传统教育学纯粹思辨的“拍脑袋”式的研究套路,引进实验教育学的方法和手段,一方面积极开展行动研究,用数据说话;另一方面,不唯数据论,正确对待所谓“科学方法”的不足与盲点,运用深度访谈与案例分析解释量化的结果,使之准确可信。

第五,运用多学科的视野——方法、范式与观点——观察、解释德育研究中的问题,广泛涉猎哲学、社会学、人类学、心理学、混沌理论、耗散结构理论以及组织行为学等学科的内容和成果,使之在德育学的研究中发挥作用。

今天的教育是在为明天的社会培养公民。改革开放三十多年来,我国学校德育的发展历程已经随着中国经济体制改革的车轮驶进了政治体制改革的新轨道，推进政治体制改革，发展更加广泛、更加充分的民主，保证公民依法实行民主选举、民主决策、民主管理、民主监督，更加注重发挥法治在国家和社会治理中的重要作用，维护国家法治的统一、尊严、权威，保障社会公平正义，保证公民依法享有广泛权利和自由已经成为社会发展的主旋律。学校教育的目标也由培养劳动者，在转为培养建设者和接班人之后又转向培养社会的合格公民。公民教育正在中国学校中全面推开。毫无疑问，社会的进步取决于公民的素质，而公民的素质取决于社会的文化建设与公民的道德修养。学校德育将在或者说已经在中国政治体制改革的场景中上演了全新的一幕，让我们投身其中，积极汲取一切人类优秀文化成果，续演公民教育的壮美活剧。

本书撰写过程中我的导师鲁洁教授、田慧生教授、刘沛教授以及王淳、蔡卫东、朱乃识、贺晓星、清田胜彦、唐湘宁、赵艺、张鹏程、刘洁璇、李宏亮、刘金睿、赵艳平、李涛、崔婧婧、肖鸿雁、程建坤、刘丽娟、蒋昕徽、柴吉川、万谊、严从根、尹黎等人给我许多指导与帮助，我们进行了著有成效的合作，衷心感谢他们的辛勤付出！

赵志毅

2012 年 7 月 12 日于杭州

叩问：形上求索

一、论信仰的结构、本质及其对德育的意义

（一）信仰的结构：三层次四维度信仰结构说

信仰是人们关于生命和宇宙最高价值的信仰，是人的精神柱石。古往今来，论者多从宗教的角度对信仰问题作出解释，如《辞海》中写道：信仰是"对某种宗教，或对某种主义极度信服和尊重，并以之为行动的准则"。20 世纪 80 年代以来，我国理论界围绕着宗教信仰与科学信仰、理性信仰还是非理性信仰（即信仰的归属问题）展开争论，而从信仰的结构及其本质角度探讨信仰与道德教育关系的论文则比较鲜见。

反思以往的信仰观，参照精神分析学派代表人物弗洛伊德的观点，笔者认为，人的完整的精神状态可分为潜意识、显意识和超意识三个层面，用浮于水中的冰山来形容，潜意识相当于沉入水中的冰山底部，显意识是露出水面的部分，而信仰则是存在于超意识之中的隐入云霄之中的冰山的顶部。

信仰，是在潜意识基础之上的显意识中的"自我"在后天社会文化环境中"修炼"、"提升"形成的高度简约化了的一种精神状态，它深深地凝聚于意识顶端的"超我"之中，实实在在地驾驭着主体的意识，按照"理想

原则”统治着人的精神,使人为他所“坚信”的事业去践行、去牺牲。

信仰既不能归于理性,也不等同于非理性,更不是二者的折中,信仰是理性与非理性的蒸发、提高、升华,它有自己内在的要素与结构。笔者认为,信仰以一种立体结构的形式存在于人的精神世界中。从纵向看,它分为三个高低有序的层面:从横向看,它由四个维度、二对矛盾所组成。三层次:从低到高形成以“可信”为第一层次,“确信”为第二层次,“坚信”(即“信念”)为第三层次的锥形结构。四维度:从锥尖向下辐射形成四个平面组成的锥体结构,四个平面分别为理性,非理性、相信、怀疑。其中理性与非理性构成一对矛盾,相信与怀疑构成另一对矛盾。

在这个立体结构模型中,“信”是信仰的核心,信的程度决定着信仰的主体在活动中发挥作用的大小。由深信而有挚爱,而有激情,而有奋斗,这就是信仰发挥作用的逻辑。主体是否已经形成信仰,关键在于主体对于某一思想是否由可信进而确信并最终达到坚信,而不在于它是否可信。那些为主体所知而不为其所信的思想理论,或者只能算是主体的知识而非信仰,或者可能是对主体活动毫无作用的冰冷思想和空洞符号。虽然主体的坚信是信仰的核心,但信仰却不能完全纳入主体的非理性结构,信仰总是蕴涵认识因素于自身的。尽管信仰中的认识因素有深浅之分,或者深入到事物的本质,或者只涉及事物的表象,然而这些毕竟属于“知”的因素,为任何信仰所不可缺少。正是“知”的因素制约着信仰作用的性质。当信仰立足于客观真理时,它在主体活动和社会历史中就发挥积极的进步的作用;反之,其社会作用就是消极、保守的乃至反动的。“知”的因素决定了朴素信仰与自觉信仰的区分,前者表现了信与直观的结合,后者则是信与思想体系的结合。①

但我们也不能认为信仰必然是同理性认识相联系的。人们可以根据理性的思考相信某些说法,也可以根据直觉就相信某些论断,甚至还可能由于某种感情的支配而采取相信或不相信的态度,这表明,信仰的确定方式可以是理性的,也可以是非理性的。不能因为信仰的对象是认识结果,

① 参见薛纪湉:《略论信仰》,《天津师范大学学报》1984年第4期。

就否认信仰也具有非理性的心理形式，我们确定某一种心理形式是不是非理性的，并不能依据其对象的性质，而应当根据这种心理形式本身的特性。

即使是那些通过理性思考确定的信仰，仍然兼具非理性的心理形式。因为，信仰的产生和确定方式并不能改变这种心理形式本身的特质，并不能使它从一种态度转变为一种认识，正如同不能因为情感可以由理性的思考产生，就把这种情感称为一种认识。信仰是否通过理性思考而产生，只能说明信仰和认识的结合方式，而不能证明信仰是否已消融于认识。事实上，不仅主体结构中的理性成分是认识形式，某些非理性的成分，如灵感、直觉、潜意识等，也是认识形式。同理性认识一样，它们也是对客观世界正确或歪曲的反映，区别仅仅在于：理性认识是一种自觉的、遵循一定逻辑形式的认识；而非理性的认识则或者是不自觉的，或者是不遵循一定逻辑形式的认识。因此可以说，非理性成分包括属于认识范畴的和不属于认识范畴的这两大类内容，而如果以是否是认识形式作为理性与非理性的划界标准，就不能把所有的非理性形式包括无遗。[①] 由此可见，理性与非理性构成了信仰结构中的一对矛盾，换句话说，信仰的结构中既有理性因素也有非理性因素。

相信和怀疑是两种相得益彰的创造性的认识世界的意识倾向，其特征是从正反两个方面寻求、探索、思考世界的客观联系和事物内部的规律。怀疑和相信是相辅相成的一对范畴，相信只有经过怀疑的洗礼和"淬火"才能成为信仰。怀疑是揭示事物本质、破除迷信、解放思想的武器，能使人们在批判旧世界中发现新世界。反复使用怀疑方法能把思想认识引向深入，使人的科学信仰更加坚定。托勒密的"地心说"统治科学论坛一千多年，被视为神圣不可侵犯的信条，哥白尼之所以冒着被杀头的危险，敢于标新立异，首创科学的天体运行理论"日心地动说"，正得益于他坚定的科学信仰和怀疑方法的运用。

① 参见冒从虎等：《究竟应当怎样区分主体结构中的理性成分与非理性成分》，《南开学报》1985 年第 3 期。

怀疑精神为主体的信仰创造了对象。科学信仰必须以科学真理为对象,科学真理从来不是、也不可能是一个终极化的概念。因而,科学信仰应被视为动态发展和不断完善的概念,这样,科学信仰便具有了相对的意义,唯其是相对的,因此便是有发展余地的,有继续完善的必要。信仰结构中的怀疑精神是发展和完善信仰的契机,这不仅是指主体在某种时空内要有怀疑精神,更指所有主体必须树立普遍的怀疑精神。只有如此,才能创造使信仰不断趋于科学化、完美化的群众基础,才能使科学信仰汲取民众的意愿从而深深扎根于民心之中。

怀疑精神塑造了科学信仰的主体。人是信仰的主体,也是怀疑的主体。只会接受,而对接受对象不加质疑的主体,最多只能使其知识有所增加,而无法创造性地参与信仰科学化的活动,也无法形成科学信仰。信仰的科学化过程——动态发展本身是对信仰僵化的否定。肯定——否定——否定之否定,构成了信仰科学化过程中循环往复的发展逻辑,这是对主体科学精神和理性意识的最好培养方式。主体的理性绝不是观念的产物,而是客观实践的产物,千百次的观念灌输往往赶不上一次能促使主体理性化的实践。纵然观念灌输对主体的理性化有一定作用,也要通过实践中主体的深刻体验来强化,只有树立怀疑精神,才能使主体以理性的眼光看待现实、看待世界,也才能使信仰科学化具有主体基础。基于此,我们认为,所谓科学信仰,乃是现代社会中主体坚定信念与怀疑精神的有机统一。只有坚定的信念,而无怀疑精神,不能称其为科学信仰;只有怀疑精神,而没有坚定的信念,也无法构成科学的信仰体系。只有二者的有机统一,才能形成科学的信仰。由此可见,不但怀疑精神积极促成科学信仰,而且科学信仰也在强烈呼唤怀疑精神,从而使这一精神得以积极弘扬。

信仰是可信、确信、坚信的统一。所谓可信就是信仰的对象能够在理论上为主体理解和接受。这就需要主体运用一定的知识,对于信仰的对象予以一定程度的分析和逻辑论证。可信是显意识中理性因素的升华。但如果仅仅是知而没有由此进一步上升为对于对象的理论上的“确信”并再进一步凝结于“坚信”之中的话,真正意义上的信仰还不能最终确立。所谓“确信”就是相信在情感上的强化，在意志品质上的提升，它是一种从思想上的相信，发展到必然在行动上不可遏止地表现出来的主体精神状态，它带有浓厚的非理性蒸馏的色彩，已经升腾于意识之上，向信仰的顶峰——信念迈进。虽然可信和确信之间具有一定的必然联系，但信仰形成的关键和标志不是“可信”，也不是“确信”，而是“坚信”即“信念”。只有主体对于某种根本观念的拳拳服膺、孜孜以求的态度内化并升华为坚定的信念，才能使关于这种观念的精神状态呈现为信仰。

（二）信仰的本质：精神货币说

笔者认为，信仰乃是意识领域里的一种特殊形式的精神货币，它产生于人为满足自己的需要所进行的特殊的精神交换活动。信仰的本质是交换，我们把这种新的信仰观称为精神货币说。

作为特殊形式的精神货币，信仰具备一般精神商品的三个条件：能够满足人的需要，用来交换，“劳动产品”。

人类有两种需要：物质需要和精神需要。物质需要是人类的基本生存需要。在原始社会中，原始人主要是为求生存而奋斗。原始信仰的产生与人类的生存需要直接相关。原始人试图通过对异己力量（自然力、神力）的崇拜，以弥补自身的不足，实现直接的功利目的。如自然崇拜，正是因为自然是人类的基本生活依靠，但同时自然又以其神秘的威力成为人们恐惧的对象，于是将自然幻化为神，企图在对自然崇拜中，使自然不断地惠赐给人财富。原始人对祖先、鬼魂的崇拜，不过是企求死者佑护生者，以便生者得到更多的物质财富罢了。可以说，对自然、祖先、图腾的种种崇拜，都是源于原始人的求食需要，而生殖崇拜则出于人类的人口繁衍、自身延续的需要。原始人的女阴崇拜、男性生殖器崇拜、性行为崇拜，盖因如此。应当明确，在原始人类中，宗教与科学常常是互为补充、相互渗透的。它们都产生于人类的基本生存需要，又并行不悖地发挥着各自的作用。物质需要，这是人类的第一位的生存需要。但物质需要一产生就已伴随着各种精神的需求。只不过在原始人那里，物质需要常常压倒甚至掩盖了精神需要，因而原始人的多种活动主要是源于物质需要的满足。信仰也正是这样。原始信仰首先是服务于原始人的基本生存需要，但它在一定程度上又作用于原始人的较高层次的精神需要。如伴随人与自然的分裂而产生的恐惧感，使原始人在对自然神的崇拜、祈求中获得安全感的满足，而在那种迷狂的集体崇拜仪式中，原始人不仅获得了生命力宣泄的满足，同时也有了某种审美性的愉悦。这种安全感的满足、生命力宣泄的满足以及审美愉悦需要的满足，在原始人看来都是有偿的，都必须以自己劳动的付出为代价，以交换为前提。他们明了支出与收入之间的因果关系；他们知道，如同在物质生产领域里只有付出劳动（劳动力的支出）才能获得果实一样，在精神领域里只有"投入"才能"产出"。原始人对神灵的虔诚笃信和在宗教仪式中的行为就是这种精神投入的具体表现，而原始人丰年的获得、灾病的祛除、战争的胜利、心情的平衡就是这种产出的外在体现。"向异己的力量支出自己的精力去信仰它，它就一定会护佑我"的朴素的等价交换的思想，在先民的头脑中萌发并指导着他们的行为。先民们用自己并不丰裕的物质做祭品，再加上自己的精神祭品——虔诚和笃信与神交换。他们坚信，神是公平的，公平的神会换给他们更加丰富的物品。所以我们认为，先民们对动植物图腾的崇拜和一系列的巫术活动只是形式，而实质是交换。在长年累月的这种以"物"易"物"的交换中（实为精神交易），精神货币产生了。这种特殊形态的精神货币既可以购得进入"天堂"的入场券，又可以激励先民对未知领域那种神秘力量不断探求的好奇心。对精神货币的追求使得艺术、哲学、道德和法应运而生。

在阶级社会中，伴随着人与自然分裂之后的人与人、个体与社会的分裂以及随着人对自我的认识的不断加深而感到人与自我的分裂，这种种矛盾在现实中无从解脱，常使人去寻求另外的超越的途径，即通过异己的力量以超越有限的个体达到无限的精神本体，超越现实的痛苦走向彼岸的极乐世界，便常常成了阶级社会中人皈依宗教的原动力。这主要表现为精神上的需要。随着文明的进步，人类在自己的实践活动中基本满足生活需要已成为可能，在此基础上较高形态的精神需求就显得愈益迫切。

人们精神需求的丰富与现实无法满足的矛盾日益尖锐，于是人们转向宗教信仰，拿自己对异己力量的崇拜这种精神货币来“购买”心理的平衡、精神的安慰和异己力量对自己事业成功的保佑。

这里需要明确的是对“劳动产品”的理解。如果对这里讲的“劳动”的内涵与外延加以深化与泛化，把劳动理解为人的体力（肌肉组织）、脑力（聪明才智）、（信仰指向为核心的）精神力量的支出，那么这里所讲的“劳动产品”就是意识领域里信仰者心灵的宽慰感、释罪感、快感和热情与冲动力。这种特殊形态的产品是信仰者的特殊形态的劳动所得，即信仰者用信仰这种特殊形态的货币的购得“物”。

信仰是精神领域中最高的主宰，是人们关于生命和宇宙最高价值的信念，是主体对于某种思想或现象的真诚信服。它是一种附着于一定对象的相信心态，这种心态以“信念”为核心，将知情意组织起来，成为统一的共同体。信仰作为人类掌握世界的单独而永恒的方式，其作用首先表现在主体形成思想，即从客观事实向主观意识转化的过程中，制约和影响着主体认识的结果；其次，还表现在实现理想即把属于主观精神领域的东西转换为客观事实的过程中起着导航和掌舵的作用。从伦理学的角度看，信仰可以给人生以确定和安慰。“确定”指明确人在宇宙中的地位，“安慰”指把永恒无限浸入生命以使人活得稳定。信仰给人生以追求。物质生活是人活着的基础，信仰则给活着的人一个明确的目的。① 就信仰的本质而论，它非静态而是采取“动姿”的一种位格。它指向未来，希冀回报，可将之比喻为精神货币。它沟通与维持主体与客体之间的变换关系，带有明确的功利色彩。任何一个主义或实物的信仰者无一例外地将功利目的放在第一位，并且常常是信仰对象的有用程度和对主体的利益大小，决定着主体的信仰的持久性与坚定性。有用就信，无用就不信。宗教信仰者的功利性自不待言，就连共产主义者也概莫能外。后者虽不相信有什么救世主，也不信神仙皇帝，“要实现人类的幸福，全靠我们自己”。他们坚信自己以及后人的奋斗与牺牲会带来“人类的幸福”。或许

① 参见刀割草：《国内关于信仰的研究》，《哲学动态》1992 年第 6 期。

可以认为,信仰(当然包括宗教信仰)这种凝结着人类劳动(体力的、脑力的和精力的)特殊形态的精神货币,正是以它的功利性所决定的凝聚力(或曰吸引力)把一盘散沙式的人们团结起来,充分调动起他们的积极性,使他们为了幸福的生活(现今的或来日的抑或是来世的)而辛勤劳作着。人们正是在追求物质货币尤其是在追求精神货币的过程中,产生了哲学、美学、伦理学、心理学、逻辑学、戏剧、小说、诗歌、音乐、绘画、舞蹈、雕刻、建筑等创作的灵感。在这形形色色的物质商品与精神商品之中,无不闪烁着信仰——这精神货币耀眼的光辉。①

人的需要是无限的,随着人的需要从低级向高级的不断发展,信仰也在不断地发展、变化。如果说原始信仰主要是满足人的直接生存需要而产生的,而宗教信仰满足了一般层次的精神需要,如求痛苦的解脱,求归属、求兴奋与刺激的需要,那么现代信仰走向道德化,乃是适应了人的高层次的需要——自我实现的需要(其本质仍是个体与异己的社会力量之间的交换)。也许,信仰还将发生新的变化,但是,只要宇宙间还存在着人迹未至的领域,只要在人的需要与异己力量之间还存在着矛盾,信仰(当然包括宗教信仰)这种特殊形态的精神货币就永远不会消失。

(三)德育工作:呼唤科学的信仰

作为德育范围的信仰,是指教育过程中的人对社会需要所持有的深刻信任,是知情意的高度交融,是相信与怀疑、理性和非理性的高度统一,是学校教育所要追求的最高境界。信仰源于教育对象对社会需求的理性认识和对自身价值的分析,并伴有强烈的情感体验,同时还有坚定的意志力相伴随,它一经形成,便会成为促使教育对象追求目标实现的动机因素。

第一,信仰的确立,为德育本身提供了具体而明确的目标导向。科学

① 参见赵志毅:《中国民族德育论纲》,民族出版社 1998 年版,第 74 页。

信仰的确立是德育所追求的最高境界。德育的任务是要使受教育者明确人生的目的，完善自身的人格，确定正确的观念，在政治、思想、道德等各方面适应社会的要求。如前所述，信仰是由可信（信仰的初级形式）、确信（信仰的中级形式）、坚信（信仰的高级形式）三个部分组合而成，各层次之间存在递进和发展的关系。这就要求教育者在充分了解教育对象的基础上，从最基本的“可信”入手，将深奥抽象的科学真理转换成与受教育者已有理解水平相一致的易为受教育者明了接受的鲜活的生活道理，让受教育者觉得“可信”而接纳它，进而在理性的作用下转化为“确信”，最后升华为整个社会所期待的受教育者头脑中的坚定的信念。信仰的确立使人对社会的需求与自我的完善达到超越一般理性与非理性认识的层次，达到二者交融统一的境界，使之全心全意地投入到对人生目标的不懈追求之中。

第二，信念的确立，具有突出的实践方法论特征。从个体心理发展的角度来看，信仰既着重于受教育者在认知与情感上的坚定性，更强调在实践追求上的意志力。是主体以对自身价值的分析与社会需求的认识为基础的，同时又饱含着受教育者来自社会实践生活的各种情感体验的高度升华。因此，信念的确立，突出强调了德育过程中实践性因素的重要作用。① 从社会发展的宏观背景来看，市场经济既是主体自主化的经济，也是能充分表现自律特征的经济，这使得主体在市场经济中具有直接参与的特征。这种直接参与性必然会更加深化主体对事物性质之多维的、全方位的认识，也必然会培养主体的怀疑精神和创造精神。改革开放三十多年来，我国人民创造了在过去不曾创造或者难以创造的东西，发挥出巨大的积极性和创造力，均是得益于市场经济对主体怀疑和创造精神的巨大鼓励。市场经济是培育怀疑精神的动力，更是培养科学信念之动力，可以这样认为，现代科学信仰的形成正是市场经济直接作用的结果。

第三，信仰的确立，体现品德心理结构的系统综合性和高度统一性。

---

① 参见仇春霖：《德育原理》，中国青年出版社 1993 年版，第 121 页。

信仰是受教育者对追求目标的全身心地倾注，它自然涵盖了诸多心理要素。其中，认识是确立信仰的前提，同时，它在信仰确立过程中对信仰本身是否科学起着明辨与确认的作用；情感（包括一般的情绪体验和高级的社会性情感）是信仰确立及其在指导行动时的直接心理动力源；意志则是把握信仰目标指向并使其与社会需求达到有机统一的重要环节。在德育过程中，知情意的高度统一具体表现在：借助于认识的作用，受教育者强化对成为信念的知识的深刻理解，并在此基础上使信仰成为自身所信奉的真理性存在；借助于情感的作用，可以促使教育对象在捍卫自己的信仰时，能够表现出强烈的感情和情绪，借以消除消极性情感因素的干扰；借助于意志的作用，则可以判断受教育者信仰的完善程度和实现信仰的坚定性。

第四，信仰的确立，使受教育者以对社会需求的坚定信任为基础，强化主体对自身人格的建构。信仰一旦形成，便以明确的目标规范着受教育者的行为，使他自觉认识社会及个人的内在本质及需求特点，从而明确社会与个人相互统一的基础，促使个人与社会相互统一的实现。信仰可以帮助受教育者超越低层次的精神境界，朝向高层次的目标执著地追求下去，甚至不惜以牺牲生命为代价。同时，信仰的功能还体现在对受教育者已有的观念的调整上。受教育者在德育过程中受到多元文化价值观的影响，形成的观念各不相同，只有借助于信仰的作用，才能使教育对象的观念成为其认识社会，了解自身的有效工具。同时，也只有借助于信仰的功能，才能使这种知识和观念成为教育对象在认识和改造客观世界过程中的主观精神力量。信仰的这种统驭主体精神的作用，在我国现实条件下有着突出的体现。

智育解决受教育者知不知的问题，而德育则是在知识基础上着重解决受教育者信不信的问题。如何在社会主义市场经济大潮中，对受教育者乃至全体公民进行科学信仰的教育，这不但是德育理论界要考虑的问题，更是整个社会精神文明建设题中应有之义。

二、传统德育理念的新审视

经过三十多年的改革开放，我国的市场经济已建立，人们对道德核心问题的认识也从“利他”转向“公平”，这是时代进步的表现。所谓公平，就是获得利益与权利的机会人人均等，利益分配必须合理。用一句通俗的话说，公平就是在利益机会均等的前提下“该是谁的就是谁的”，否则，就无道德可言。[①] 中国传统道德名目繁多，而“克己复礼”、“重义抑利”和“谦虚礼让”是其主要内容。这些道德信条在历史上发挥过稳定社会的积极作用，但深究起来，其公平性是值得怀疑的。传统道德中对待自我的态度是“克”、“抑”、“让”，用“他”替代了“我”，失去了“自我”存在的合理性，也失去了“我”的自主性和能动性。破坏了“自我”与“利他”之间的平衡关系，导致“利他”成为无本之木，无源之水。失去根源的“利他”只能是表面的、暂时的，甚至是虚伪的，毫无恒久性可言。长此以往，这种道德规则的失衡必然导致社会道德秩序的混乱，进而产生强烈的价值动荡和激烈的社会冲突，而社会冲突的加剧必然引起利益集团之间的相互倾轧和暴力镇压，社会生产力便在这种恶性循环中遭受巨大的破坏，人民生活困苦不堪！如今，时代在发展，社会在进步，我们有必要审时度势，检讨反思中国传统社会的德育理念以适应迅速变化发展的全球文化。

（一）从“见义勇为”到“见义智为”是社会文明的必然产物

“见义智为”是针对目前社会上流传很广的道德信条——“见义勇为”提出来的。“见义勇为”是中华民族的传统美德，历来为社会所提倡。

① 参见胡锦涛：《在中共中央举办的省部级主要领导干部提高构建社会主义和谐社会能力专题研讨会开班式上的讲话》，《人民日报》2005 年 2 月 20 日。

它最早出现于《论语·为政》:“见义不为,无勇也。”意思是:看见合乎道义的事,就奋勇去做,形容勇于做正义的事情。① 千百年来“见义勇为”的道德信条鞭策着人们在向真理迈进的道路上写下了一页页壮丽的篇章,极大地推动了历史前进的步伐。时至今日,大众传媒、新闻机构、各级政府仍然提倡人们见义勇为、敢于牺牲,不断把舍己救人的人推崇为整个社会学习的榜样,“见义勇为”的历史意义是不容抹杀的。然而,在社会主义市场经济的今天,仔细观察现实社会中的“见义勇为”事件,人们发现会有三种不同的结果:第一种是在勇为者的正义行为面前,歹徒闻风丧胆、抱头鼠窜或被制服(这正是社会所期待的),正义战胜了邪恶,万众颂扬勇为者;第二种是狗急跳墙的歹徒穷凶极恶地将勇为者致伤致亡后夺路逃亡了,见义勇为的英雄倒在血泊之中(这是整个社会所不希望发生,但却经常出现的现象);第三,当勇为者冒死与犯罪嫌疑人搏斗时,当事者却不见了踪影,致使勇为者流血又流泪。1987 年 2 月 19 日,合肥汽车售票员陆忠与歹徒搏斗而惨遭杀害;1988 年 1 月 10 日,泰安教师于之贞捉贼陨躯闹市;1988 年 3 月 2 日,空军一级飞行员李鹏礼在哈尔滨街头与歹徒搏斗,惨死在血泊之中。日常生活中人们屡屡耳闻目睹“见义勇为”的事情,不禁让人联想到在美、英等发达国家教育公民面对歹徒或者恐怖分子时不要反抗,不要激怒歹徒,而要服从对方的调遣,尽量保全自己的生命,记住罪犯特征,事后及时报警,协助警察破案,缉拿凶手。在我国,长期以来提倡“见义勇为”,在鼓励公民用无辜的胸膛对待歹徒的尖刀或枪弹时,把本应由政府机构来做的事情转移到普通公民头上,这样做的结果不仅导致无辜公民的牺牲,而且自觉不自觉地削弱了政府加强公安保障的力度与打击犯罪快速反应机制的建立,无辜群众在遇到歹徒时,多数处于劣势,一旦去“勇为”,受伤害的可能性极大,而“见义勇为”者往往是受过良好教育、品德优秀的人,他们受到伤害被致残致死,使亲者痛仇者快,整个社会为之哀痛和惋惜,相关行业也蒙受巨大损失。

---

① 参见扈中平、刘朝晖:《对道德的核心和道德教育的重新思考》,《华东师范大学学报》(教育科学版)2001 年第 2 期。

社会案例透视出传统道德教育的问题：利他与利己关系的长期错位甚至对立导致了认识上的谬误，似乎利他就得牺牲自我，而利己就意味着不考虑别人的利益。这种非此即彼的思维方式是传统社会小农经济思想的遗毒，在20世纪第二次世界大战之后的“冷战”时期被渲染和夸大到极致，成为不同意识形态的利益主体不共戴天的主导思维方式。在社会主义国家内部，这种把自己利益与他人利益割裂开来、对立起来的道德观使得人们一度把“见义勇为”作为一种社会道德风尚广泛提倡的同时忽视个体生命存在的价值。实际上，一个人如果没有利己的要求，就很难有利他的愿望，反之，如果没有利他的行为，也很难有长久的利己。因此，利己与利他不是对立的，我们应该承认利己的合理性，承认合理利己主义的正当性。何为利己？利己即自利，自己做有利于自己的事情是天经地义的事。利己或自利，是人的本性，在正常情况下人总是趋向于做使自己愉悦和幸福的事情，而不去做使自己痛苦的事情。① 利己是一种让物种生存的本能，利己本身并没有错误。人作为一个自然存在，其第一要务便是“活着”，并进而实现自己的各种潜能，正所谓“高扬自我”，即“利己”。② 因为“每一种事物就其自在的存在来说，都尽力保存其存在”③。爱自己和爱亲人基本上属于利己范畴（如果只爱自己，不爱亲人，可归为极端利己主义），而在一个更大的范围内爱相隔万里，素不相识的人，能够发现自己生命的意义，为全民族、全人类“鞠躬尽瘁，死而后已”，这种精神属于典型的利他主义范畴。其次，利他显而易见是符合道德价值标准的，但不可否认的是合理利己同样符合道德价值标准。道德标准应该是利他与利己的统一而不是对立。在以往的道德理论与实践中，人们把“利他”、“奉献”和“自我牺牲”视为无产阶级道德的核心，并以此区别于“利己”、“牟利”和“自我奋斗”这些所谓的资产阶级道德。其实“利他”与“利己”是维持社会稳定和推动社会发展不可缺少的两翼，社会的存在和发展需

---

① 参见李瑞玟：《成语探源辞典》，首都师范大学出版社1996年版，第11—12页。

② 参见吴华眉：《关于“利己”与“利他”的思考》，《聊城大学学报》（社会科学版）2004年第3期。

③ 埃里希·弗洛姆：《自为的人》，万俊人译，国际文化出版公司1998年版，第22页。

要秩序,而利他有助于这一社会需求的实现。儒、墨对此论述颇丰。“子曰,道之以政,齐之以刑,民免而无耻,道之以德,齐之以礼,有耻且格”(《论语·为政》)。孟子说:“不信贤,则国空虚,无礼义,则上下乱。”(《孟子·尽心章下》)。墨子则说:“天下兼相爱则治,交相恶则乱。”(《孟子·兼爱上》)由此可见,社会秩序需要利他原则来组织和维持。问题在于,社会的道德原则常常脱离实际地提倡“毫不利己,专门利人”,不讲前提地要求人们“先人后己”,促使人认为,有道德的人就是处处利他、事事损己的人,使人感到个人与他人、与集体的利益是相互排斥、难以两全的。① 从表面上看,利他与利己似乎是相反的行为准则,但究其实质,二者的关系有着必然的联系,它们不应是绝对对立,而应是对立统一的。亚当·斯密对此所作的解释认为两种规则都符合人的本性。他的名著《国富论》和《道德情操论》分别代表了利己主义和利他主义。他在《道德情操论》的一开头就指出:“无论我们设想一个人有多大程度的利己主义,他的本性却显然是见他人有遭遇便动心”。他把这种同情心解释为:“怜悯或惋惜以及由于他人的不幸……而对我们引起的各种感觉的来源。”②可见,利他与利己都是符合道德准则的。人们要在利他的基础上,公平公正地达到利己,即“双赢”原则。问题的根本不在于两利(利己与利他)之输赢,而在于利己是否合理是否公正。

提倡“见义智为”能使公民正确权衡利他与利己的关系。所谓“智为”,是指遇到险情时善于动脑筋,想办法,审时度势,分析客观情况,力所能及地作出恰当反应,消除危机、打击犯罪,既保护自己,又把无谓的牺牲降到最低。③ 社会应号召公民、学校应教育学生在遇到违法犯罪时,迅速拨打报警电话,记下犯罪嫌疑人的体貌特征,注意搜集证据,为公安部门提供帮助,而非冲上前去赤手空拳地与歹徒搏斗,社会更不应号召公民用自己的胸膛对待歹徒的凶器!“见义智为”既继承了民族传统中的优

---

① 参见扈中平、刘朝晖:《对道德的核心和道德教育的重新思考》,《华东师范大学学报》(教育科学版)2001 年第 2 期。

② 卢森贝:《政治经济学史》,三联书店 1959 年版,第 135 页。

③ 参见张兴武:《倡导见义“智”为》,《江西教育》2004 年第 13、14 期。

秀品质,又强调了智慧性和策略性,因而更具现实性和操作性。“智”与“勇”都是华夏文明的美德,但在传统的道德标尺中,人们片面强调“勇”而忽略了“智”,片面强调“义无反顾”,在鼓励人们面对灾难和不法行为时要挺身而出甚至献出生命。在和平年代里,这种做法不仅导致了为善之举的鲁莽化、盲目化,也背离了生命权高于财产权的文明原则。因此,我们呼吁:文明社会应该提倡普通公民在关键时刻见义“有为”,这种“有为”应是“智为”而非简单的“勇为”。既要敢于斗争,又要善于斗争。从“见义勇为”到“见义智为”是人类社会文明进步的必然产物。

(二)“公平”先于“谦让”:从“教会让梨”到“学会分梨”

在中国,人们视“谦让”为美德,是“义举”,而把竞争看成是“利益”的表现,是“小人”之举。“孔融让梨”的故事家喻户晓。孔子曰:“君子喻于义,小人喻于利。”(《论语·里仁》)利益面前,谦让者是君子,争取者是“小人”。传统的德育走入一个误区:义覆盖利。这点被宋明理学强调到了极致——“存天理,灭人欲!”从此,人们更加相信有道德的人是无私欲、不言利的,是“大公无私”的,他所做的一切都是为了他人或国家。利益面前,把利益让给别人的人是有道德的。这种偏颇的理念带有传统封建礼教的虚伪性和欺骗性,直接导致社会道德的不公平,导致受教育者人格分裂、畸形发展的后果。让“梨”的人选择了义,他是有德的,而得“大梨”者或争“梨”者当然就是非道德的或不道德的。理论上让“梨”的人除了得到“有德之人”的名声之外,还能有啃小梨的份儿。而在残酷的现实社会中往往“让梨”的人连小梨也没得啃,只有饿着肚子说气壮的话的份儿。须知,让“梨”的人也是人,他也需要满足口腹之欲,需要物质基础作为生活保障且多多益善!当我们看到幼儿在“让梨”教育过程中,在任课教师严厉的目光注视下违心的拿取小梨的时候,不禁要问:这样的“驯化”与“强迫”于社会于个人到底是弊大还是利大?

在现今利益多元、价值多元的社会里,义利对立的关系已经结束,相互包容的关系已经建立,义中有利,利中有义,利在某种意义上讲是义的基础,或说是人施以“义”的前提条件与必然结果,还是那句老话:“君子爱财,取之有道”。关键在于取义或取利的手段方法要正确。

竞争已经成为当今世界发展的趋势,经济的竞争、政治的竞争、文化的竞争、人才的竞争……一个不参与竞争的民族或国家就意味着落后,意味着被排挤在全球化之外。改革发展的中国又怎能不卷入这竞争的漩涡?教育程度的快速提高使人才激增,从而加剧了竞争的激烈程度,社会因此而快速发展。如果此时我们的道德教育还按照封建社会的思想喋喋不休地培养学生包括无视竞争、不切合实际的谦让在内的君子礼节,这让他们如何适应社会?又如何在这个充满竞争的世界生存下去?竞争教育是必要的,为了生存去竞争,在公平的基础上去竞争,竞争导致人类自身素质的提高,直接推动人类社会的进步,这是真正意义上的“义”。在这个社会中竞争永远不会消失,优胜劣汰是生物进化的永恒法则。无独有偶,笔者在幼儿品德的发生学研究中发现,儿童的“公平”意识早于“谦让”意识的发生并且更发自内心,更出乎本能!①

我们讨论“竞争”与“谦让”的关系,并非机械武断的反对学校德育中培养孩子的谦让精神,谦让是一种美德,谦让永远不会错,只是不宜不切合实际地广泛化和绝对化。今日之世界,竞争之激烈出乎人们的想象,而竞争与谦让是一对矛盾,争是绝对的,让是相对的,争是本,让是末,任何时候、任何情况下,竞争都是目的,而谦让只能是手段。问题在于何时该“争”?何时该“让”?我们不反对谦让教育,而是不主张一味地要求学生谦让,甚至以此诋毁儿童竞争意识的培养。我们认为,教育孩子对于属于自己的利益应本着合情合理合法的原则采取公平竞争的方式去争取,否则就是软弱或虚伪而不是礼貌谦让了。

与竞争分为良性竞争和劣性竞争道理相同的是,“让”也分为“忍让”与“谦让”两种类型。忍让是“让”的一种低级形态,是客观环境中的无奈所造成的,如“爱哭的孩子多喂奶”、“中国割让领土给列强”便是其中的

① 参见赵志毅:《后现代视野下幼儿德育实验研究》,《学前教育研究》2005 年第 11 期。

典型事例。"忍让"的道德成分含量低是不言而喻的。而"谦让"就不同了，这是一种发自内心的、不含杂质的奉献，是纯粹的道德行为。

竞争与谦让的关系是对立统一的矛盾关系。双方内部因素的不同搭配给学校道德提供了契机。我们应提倡和褒奖的是"良性竞争"与"谦让"的态度，反对"劣性竞争"，保留"忍让"存在（有时是出于无奈，有时是宽容大度的表现）的合理性。所谓原则（大事）要争，但要良性的争（有理有节），小事要让，谦让最好，实在不行，也只好忍让。由此可见，"小不忍则乱大谋"是有其道德合理性的。教育孩子审时度势，该争的争，该让的让，方为有德之人也。

（三）和谐社会应教育公民积极对待消极影响

从自然进化的历史来看，人类是唯一能够摆脱对环境的消极适应并能主动改造环境的灵性动物。正是人的这种主观能动性使人这个在身体外形、出生伊始对外界的适应能力等许多方面都不如其他动物的动物成了整个自然界的主人。孟母三迁的故事说明环境对人影响的重要性。"居必择邻"，躲避消极影响，成为古往今来人们保护种族存在、处理相互关系的重要原则。然而，问题的关键是，面对五颜六色、纷繁复杂的外界环境，作为生命形态的人，对所处对象的选择范围实在太小，实在应该谨慎。如何凭借自己的聪明才智化解矛盾而非一味躲避，这一内容应成为人类教育的重要内容。

如果说生活在生产力水平极其低下的游牧环境中的古人可以通过躲避退让的方式去寻找优质环境，从而对孩子的成长以及人类自身的生存提供有益条件的话，那么生活在竞争激烈、社会矛盾激增、物质财富丰富的现代社会的人们，若仍然运用古人的那种躲避消极影响的方法实现对孩子的教育非但落后老套，甚至是荒谬且不可能的。试想如今的市民少则几万、十几万，多则几十万、上百万人民币购买的"新家"，迁入之时若发现新环境资源不利于孩子的身心发展而采取"迁家"方法躲避，非但不现实而且可能会引来无穷无尽的烦恼。

现实生活中，消极因素的存在是必然的，往往也是无法避免的，一味躲避退让非但无济于事，反而可能会招致更大的害处。面对此种情形，能改变的就只有人自身了。人在自己理性的支配下（这里特别要强调的是这种理性是通过教育形成的）综合分析形势对自己的影响作出积极且及时的改变，战胜恶劣的环境，并在这个过程中精神得以升华，觉悟得以提高，价值得以实现，人格得以完善。也正是在这个意义上，才有了所谓的"困境也是磨炼，也是财富，可以使人刚强有毅力"的说法；才有了"宝剑锋从磨砺出，梅花香自苦寒来"、"出淤泥而不染"等名言警句。环境对人的影响的确是巨大的，但这种影响不是绝对的，而是相对的，最终对人的发展产生决定作用的因素还是"人"自身。

诚然，对外界影响源的躲避分为积极躲避和消极躲避，选择也有主动选择与被动选择，我们认为，消极的躲避（行为）更多的与人的生存本能相关，而积极的躲避消极影响更多的是与人的理性以及社会属性相关。我们的教育更应强调后者，更应关注积极躲避行为的教育与培养。同理，化被动选择为主动选择，不断提高受教育者主动分析情况，主动作出积极正确的选择，这种意识与能力的培养亦应成为教育的主要内容。同时，教育者不可忽视由于消极躲避与被动选择可能对当事人身心造成的危害。对此种危害的忍受与抗挫能力的教育培养毫无疑问也是学校德育的重要内容。

学校环境是指学校中能够对学生的身心发展产生实际影响的全部条件，可分为"硬环境"和"软环境"两大类。"硬环境"是指学校中对学生的身心发展产生实际影响和有具体评价标准的客观条件，如学校中的学科设置和教学设备、周边环境，等等。与"硬环境"相对应的"软环境"是指学校中客观存在的，主要由教师控制和把握的经常以潜移默化的方式对学生的身心产生实际影响的因素，如校风班风、教材内容、教师人格、教育方法，等等。① 普通学校的"硬环境"难以与名校媲美，但是"软环境"

① 参见姚登权：《高校教师行为"软行为"对学生心理的影响》，《湖南师范大学教育科学学报》2005 年第 5 期。

是可以改变的，每一所学校都能成为“软环境”标准的名校。这种改变“软环境”的态度就是积极应对消极因素的态度，是值得大力弘扬和积极提倡的。走出消极环境的束缚吧，消极的心态比消极的环境更可怕！我们应提倡公民和我们的受教育者用积极的态度对待消极的环境，群策群力，为改变消极环境而努力。

（四）“效忠教育”应以坚持真理为前提

千百年来，忠孝作为我们传统德育的主要内容为维持封建社会的超稳定起到了巨大的作用，这一点为学界共识并为后人所继承。现实社会中加入政治组织或从事某种职业时的宣誓均是这种“效忠”思想的具体体现。忠，《说文解字》云，“忠，敬也，尽心为忠”。忠，既属于伦理学范畴，也属于政治学范畴。纵古论今，人类历史上演了多少动人心魄的忠孝故事，激动了多少人的心。岳母刺字训子报国的故事流传千古，岳飞的传奇人生和悲剧下场使人反思：岳飞“忠”的结果是什么？岳飞之死又说明了什么？堂堂抗金名将最后死在忠心报答的皇帝赵构之手，这一历史悲剧让今人不得不思考忠孝的本质到底应如何界定？德育又该如何去操作？“哥在外尽忠，我在家尽孝。”“神六”航天英雄聂海胜的弟弟聂新胜面对镜头讲的这句话说出了忠孝传统美德的精神实质。时至今日，在共产党员保持先进性教育活动中，强调共产党员忠于祖国、忠于党、忠于人民的教育内容毫无疑问是具有划时代积极意义的！在家孝敬双亲，在外忠于事业永远是评价一个人道德水准的重要标准。问题在于，随着时代的变化，对忠孝的内涵与外延的理解也要与时俱进。中国封建社会中，忠以孝为先，以孝为基础，人一出生就“孝”字当头，在家族中，对长辈要孝，在社会上，对朋友和上司要忠。漫长的封建社会将忠孝的内容偏激化、绝对化了，“君要臣死，臣不得不死”。皇帝赐死，臣子还要三叩其首，高呼“谢主隆恩”，这种“忠”的实质当然是愚昧至极的，是积极意义荡然尽失的。新时期我们国家的道德教育是要讲“孝”，讲“忠”的。这种精神要贯穿于我们生活与工作之中。但是，具体问题要具体分析。我们经常听到家长对孩子说:“到了学校要听老师的话。”而老师也经常对学生说:“在家要听爸爸妈妈的话。”为什么要孩子听家长和教师的话?家长和教师的话都正确吗?家长和教师的生活经验多于孩子,但并不代表孩子要完全听命于长辈。“后喻文化”的兴起说明新形势下,长辈与晚辈更应平等相处。不辨是非,一味服从的“忠”是“愚忠”,如此的“忠”弊大于利,不值得提倡。现代社会中的“忠”应该是当事者之间(含上下级关系)相互尊重,平等沟通基础上的“互相忠诚”。2003 年 12 月 4 日,在人民网上有这样一则国际新闻:据英国《卫报》报道,以色列空军飞行员由于拒绝轰炸巴勒斯坦城市而被官方指责为叛徒。他们对自己的动机一直保持沉默,直到在一封对沙龙战争的批评信件中,他们称,对巴占领土的占领正破坏着以色列的道德基础。拉阿南中校是签署这一信件飞行员的“领头羊”。他说:“在无辜者的眼中,这看起来就像是复仇。你可以在以色列的大街上听到人们复仇的呼吁。但我们不应当这样做,我们不是黑手党。”正处于战争中的以色列的飞行员并没有因为战争而丧失道德和正义。作为军人,他们爱自己的国家,但是理智和同情心告诉他们不能去轰炸巴勒斯坦的平民,因为平民本身就是战争的受难者。

中国目前处于和平环境中,对学生的爱国主义教育尤为重要。如何避免我国的爱国主义教育陷入思想误区是一个值得警惕的社会问题,以色列军人们的事例对我们的启迪是:“我爱国家,但我更爱真理;我忠于组织,但我更忠于良知。”这是和谐社会公民应有的道德理念,是我们学校德育内容的重要组成部分。

三、追求“善的生存”——德育本质再探

道德及其教育推动着人类社会的文明与进步。对德育本质的讨论,前人多有建树,其中有代表性的观点是“规范说”与“生活说”。由于道德

本身具有的规范性特征的影响，学界将德育定义为对人们行为规范的教育。随着历史的发展，面对“规范说”的局限，学界提出了“生活说”的德育本质观。笔者在反思“规范说”与“生活说”的基础上，提出学校德育意味着使学生追求“善的生存”方式的教育。而学生能否实现“善的生存”取决于正确价值观的生成与发展，因此，学生发展型价值观的建构应成为学校德育的重要任务。

（一）“规范说”的由来、功能及其困境

德育本质问题的探讨常常是与德育的目标、价值、功能联系在一起的。因此，我们将德育的本质与其相伴而生的“功能”问题相提并论，同时对其理论盲点作一些探究。

1.“规范说”的由来

德育的“规范说”，来源于道德本身具有的规范内涵和伦理学对道德的定义。从词源学的角度看，起初的道德一词中“道”和“德”是分开的。道，路也，在哲学上指“规律”，在伦理学上则指“规则、规范”。德，指人内心的情感或信念，用于人伦，则指人的本性、品德或德性。正因为道本身就是强调事物运行的规则；而德的内涵是告诉人们人之为人的规范（如儒家认为“德”包括忠、孝、仁、义、温良、恭敬、谦让，等等），这样，以规则或规范为中介，道和德合二为一，形成道德。我国“道德”二字连用始于荀子《劝学》篇：“故学至乎礼而止矣，夫是之谓道德之极”。意思是说：学习要学到《礼经》才算毕业，才算达到了道德之顶峰。而《礼经》在古代则是法制的前提、各种条例的总纲。在西方古代文化中，“道德”（morality）一词起源于拉丁语的 mores，意为风俗和习惯。这样，从中西方最早的道德内涵中可以看出，所谓道德，就是指人们的行为规则、规范。这样，秉承前人的思想，人们就合乎逻辑地将德育看成是对人们行为规范的教育。“当代在‘道德的名义’下唯一可利用的价值就是用道德规范和规则去把人组装在科学理性主义的大机器上，道德教育就蜕变为注入规范、规则的

外在化教育。”①

2. “规范说”的功能

无论是从社会稳定的角度，还是用历史发展的观点看，“规范说”都起过重要的作用。从社会稳定性的角度看，“规范说”促进了具有差异性的个体或群体之间的和谐共处。由于社会是由差异性的个体和差异性的群体构成的，因此不同的个体和群体之间具有类同一性，同时，也具有类差异性。那么如何解决这种差异性，就显得极其重要。为了满足人类生存和繁衍的需要，最初群体间往往选择简单而快捷的暴力方式来解决纠纷。后来发现，暴力方式并非是解决问题的最好方式，不断使用暴力的后果，可能导致种族灭绝。这样，个体间或群体间为了交往行为的顺利与安全，彼此努力寻求一种可以保证交往行为正常有序发展下去的约束规则。后来逐渐将这些规则、规范意识纳入到教育的范畴，从而为人类解决争端、友好地共存提供了建设性的手段。另外，用历史发展的观点看，德育“规范说”促进了人类的发展。每个个体被“抛”到这个世界之时，就注定是历史的存在，人们无一例外地受着已有文化传统的影响。既定的文化因素对具有差异性的个体或群体的言行早有或隐或显的规定，哪些是社会认可的、期望的；哪些又是不鼓励、不允许、甚至是禁止的。正如福柯所言：“规训塑造了个体。”②事实上，学校更是规范自身发展过程中规范化的产物，培养规范的场所，这体现在教学中的每一门学科中。“‘规范的’被确立为教学中的强制原则，与此同时引出了一种标准化教育和建立了‘师范院校’。”③事实上，法语“discipline”就兼有“学科”和“规训”双重意义。换言之，每一学科同时也是一种社会规范。这样，人不仅是规范的创造者，同时也是规范的接受者、规范的遵守者。一定程度上可以说，正是在“规范说”的引导下，人类历经沧桑，成为地球这颗蓝色星球上的强势

① 鲁洁：《边缘化外在化知识化——道德教育的现代综合症》，《中国德育》2006 年第 9 期。

② 刘放桐等：《新编西方哲学史》，人民出版社 2006 年版，第 435 页。

③ 福柯：《规训与惩罚》，三联书店 2007 年版，第 207 页。

物种。历史地看，“规范说”不仅合理，而且必要，是人类进化链条上不可或缺的一环。

3.“规范说”的困境

尽管德育“规范说”的历史合理性显而易见，但是这一理论的历史局限性也不可否认。特别是在一切都可以怀疑（除了怀疑本身不可怀疑）的现代社会，德育“规范说”遭到了人们的质疑，其原因主要有以下两点：第一，从规范的产生看：规范是群体为了更好的生存，通过协商解决矛盾的结果。这种利益权衡的策略性结果，“就造成人们对规范有着一种自相矛盾的潜意识，一方面希望规范能够保护自己的利益；另一方面又为了自己的利益而挑战规范”①。正是由于规范这种内在的矛盾性，把规范等同于道德、将规范的传授归于道德教育的观点是有问题的。第二，从规范的变化看：起初，规范与道德宣扬的思想一脉相承，都是为了人类更好地生存，顺利地延续。但是，随着社会的发展，统治阶级往往披着为人类服务的道德外衣，将规范泛化（深入到人们生活中的每一个领域），其泛化的目的无疑如福柯所言：“这种对‘社会众生’的监督和规训，其目的在于‘让生命进入历史’，把一个生物人整合在知识和权利的结构之中，成为符合各种规范的主体。”②这样，规范就悄无声息地脱离了原初的为人类服务的本意，变成只为少数的利益集团服务的工具，从而使规范与德育貌合神离。

（二）“生活说”的产生、价值及其盲点

针对德育规范说存在的问题，学界对其展开质疑和批评，其中呼声较高的观点当属德育生活说，即所谓的“生活德育论”。现对此观点的产生、价值及其理论盲点作一评价。

---

① 赵汀阳：《论可能生活》，中国人民大学出版社 2004 年版，第 32 页。

② 刘放桐等：《新编西方哲学史》，人民出版社 2006 年版，第 436 页。

1."生活说"的产生

生活德育理念随着生活教育理论的产生而产生,并随着它的发展而发展。生活教育理论由18世纪90年代的西方著名教育家裴斯泰洛齐首创,其最先提出"生活具有教育的作用"这一观点。美国教育家杜威提出"教育即生活"的主张将生活教育的观点推向巅峰。我国教育家陶行知先生把这种观点引入中国,作了适合国情的修改,提出"生活即教育、社会即学校"的理念。正是在这样的背景下,同时在对德育"规范说"和德育"知性说"质疑的基础上,20世纪90年代,有学者提出"德育生活化"的理念,①从此,德育"生活说"不胫而走。面对科学化和理想化成为道德教育的两个最主要的表现,我国学校德育严重脱离学生的实际生活的事实,有学者提出道德教育应该面向生活,以生活为中心对学生进行道德教育。目前除出现以论文形式的研究外,也出现了一些专著,但总的来说,生活德育论就是指"以人的生活经验为德育的起点,意味着德育不能从抽象的道德概念出发,不能从无内容的道德理性能力出发,而要通过真实的生活过程来进行德育"②。

2."生活说"的价值

如同德育"规范说"一样,德育"生活说"的提出具有重要的意义。除了对原初的德育"规范说"起到了一定的修正作用,其意义还表现在以下三个方面:第一,有利于解决传统知性德育的低效性。在对传统知性德育批判与反思基础上形成的生活德育,对传统知性德育进行了一定的修正。其中"实效性"就是修正的部分之一。正如有学者所言:"传统知性德育过度科学化,德育目标理想化,德育方式方法成人化,德育内容泛政治化,导致了传统知性德育的实效性极为低下。因此,生活德育的提出就是为了克服知性德育的'学术性、思维性和人际关系封闭性',主张在人际关

① 参见喻东来:《陶行知生活教育理论对新时期学校德育工作之启示》,《中学教师培训》1990年第7期。

② 参见高德胜:《生活德育简论》,《教育研究与实验》2002年第3期。

系背景里，通过人际互动与交往实现德育'现实性、人际性、多向性'"①，这对解决学校德育中的"假大空"现象具有积极意义。第二，有利于培养学生的道德能力。在一定的道德情境中，学生应该具备起码的道德素养与道德能力，能够对道德事件作出正确的判断并付诸相应的行动，而"道德教育向生活世界回归有利于培养学生的道德能力"②。第三，有利于构建多样化的德育课堂教学。由于生活的多样性和丰富性，要求有丰富多样的教学活动，多样化的教学是对德育回归生活的最好体现，具体表现在课堂中采取探究式合作学习的方法、师生互动、生生互动、相互启发与补充以及加强沟通与交流等方面，这些都是德育生活化教学追求的课堂氛围。其中将生活知识拓展到德育课堂学习中，是德育学科教学知识科学发展的缩影。

3."生活说"的盲点

生活德育论的问世对我国中小学德育改革发挥了一定的积极作用，但它的弊端随着社会的不断发展、教育理念的不断更新、个人自我意识的不断觉醒而日益暴露，如：第一，"生活"的概念需要厘清。德育"生活说"的问题在于对生活的理解究竟如何把握。正如有学者指出：面对德育中"假大空"的问题，提出德育向生活回归具有进步意义，"但是首要的问题在于什么是生活?"③如果对这个问题不能进行有效的回答，就会造成对德育本质问题的探讨陷入怪圈：以一个模糊的概念代替另一个模糊的概念，或以一个无所不包的定义代替另一个无所不包的定义。人类的生活是充满矛盾与纠纷的万花筒，既有充满价值判断的部分，又有远离价值判断的非道德生活，而"德育生活化"的弊端恰恰在于将两者混淆，当生活的每一个毛孔都流着道德的血和泪的时候，人们的首创精神就荡然无存。

① 张美弟：《生活德育——走向实践生活的道德教育理念》，《今日南国》（理论创新版）2008 年第 3 期。

② 万俊：《论回归生活世界的道德教育》，硕士论文，华南师范大学 2002 年。

③ 檀传宝：《高低与远近——对于"德育回归生活"的思考》，《人民教育》2005 年第 11 期。

无论是东方文化中那令人窒息的礼教思想，还是欧洲中世纪长达 1500 年之久的宗教长夜，无不证明了这一点。第二，生活德育模式亟须重构。模式是一种再现现实的一种理论性的简化的形式，它标志了事物之间隐藏的规律关系。在德育中对模式思想的应用，不仅有利于提高教学的效率，也有利于节约大量的资源。因为德育模式，它是在一定教学理论的指导下，通过对教育教学实践经验的概括和总结所形成的一种指向特定教学目标的比较稳定的基本教学范式。尽管目前个别学者提出生活德育模式的基本结构由道德生活实践——道德生活体验——道德生活感悟——道德生活选择几个部分构成，但事实上根本就不是教学模式，更甭提是德育模式了。因为新教学模式理论认为，教学模式是教学理论的具体化，同时又直接面向和指导教学实践，具有可操作性，它是教学理论与教学实践之间的桥梁。一个完整的教学模式应该包含以下五个因素：一是理论基础，指教学模式所依据的教学理论或教学思想。二是教学目标，指教学模式所能达到的教学结果，即能够在学习者身上产生何种效果。不同的教学模式总是为某种教学目标而设计的，而不是完全通用的。三是操作程序，指教学活动的环节步骤以及每个步骤的具体操作方法，当然这种程序并不是一成不变的。四是实现条件（手段和策略），为了发挥教学模式的效力，教师在运用教学模式时必须对各种教学条件进行优化组合，要遵循一定的原则，采用一定的方法和技巧。五是评价，由于每种模式有自己适用的条件和教学目标，因此，其评价的标准和方法也会有所不同。这样，从教学模式的基本构成看，若简单地以单线条方式建构的教学模式看成是德育模式的话，显然有失偏颇。第三，生活德育说本身固有的局限性。生活德育理论的提出，本是为了解决道德教育中现存的问题与不足，但它又走到了另一个极端。因为人类作出科学世界与生活世界的划分，是由于认识自然和改造自然的需要，而不是推崇一个方面而取消另一个方面。正如亚里士多德所说："美德有两种，即心智方面的和道德方面的。心智方面的美德的产生和发展大体上归功于教育，而道德方面的美德乃是习惯的结果。"可见，亚里士多德把美德分成了可教授的和形成的两部分，即美德的知识方面是可以教授的，这方面任务的完成要依靠知性德育；德性培育是在生活中逐步形成的，这方面的任务要靠生活德育去实现。因此，生活德育并非万能，亟须更全面的德育理论来补充完善。

（三）德育的本质意味着追求“善的生存”

如果说“生活说”突破了“规范说”，使道德教育由“天上”来到“尘世”，从“圣人”来到“凡夫”，的确具有不可磨灭的历史光辉的话，那么“生活说”最可怕的误区是可能致使道德在生活中无处不在，而这无处不在的道德一旦成为学校德育的主要任务，那就完全可能蜕变成束缚人类灵魂的精神枷锁，使人生活在无形的道德“极权”的强力控制之下，从而绞杀了人的智慧，泯灭了人的个性，阻碍了人的发展，把社会引向灾难。如果说“生活德育论”利弊并存的话，其利，优点有限；其弊，误人子弟。如果将其推向极致则会贻害无穷，因此，我们提出了“善的生存”说。

1.“善的生存说”的方法论背景

面对“生活是什么”的困境，有学者认为，“生活本身就不应该用‘是什么’来回答，而应该用‘意味着什么’来回答”。也就是说“life is to be”应该还原为“life is to do”。因为“to do 虽然不比 to be 更基本，但是要比 to be 更丰富。to do 的秘密就在于包含自由的问题，而 to be 没有自由问题。”这是因为在 to be 中隐含着确定、不可改变的意思。你之所以这样做是因为事物就是这个样子。而 to do 意味着你之所以这样做是因为你没有发现比不这样做更好的选择，一旦你发现生活中还存在比这更好的选择的时候，你就可以弃旧迎新，用新的观念接受新的规则。这样就将 to be 中隐含的强制性命令（用康德的术语就是“绝对命令”——你必须这么做）顺理成章地变为一种凝结着你的自由思想的新选择。事实上，“是”的内涵本身就含有规定性、规范性、规律性，具有不可改变的意思。这可以从“实事求是”一词看出。所谓实事求是，意指“从实际对象出发，探求事物的内部联系及其发展的规律性，认识事物的本质”。因此，“是”就是规律。对关于真正的“生活是什么”这样的命题，无论回答的内容有多么不同,但只要你能列举出来,最终还是没有逃脱"规范说"的窠臼。因为生活是多元的,而对其采取"是什么"的提问方式,结果却引向一元论。正如有论者指出的那样:"世界是复杂的、多元的、非线性的,它既不统一于某种精神,也不统一于某种物质。"①

2."善的生存说"的内涵与意义

道德教育中对"善"的追求古来有之。据统计,在《论语》中,"善"字出现28次。善,是个关于社会政治伦理道德及价值的观念。如,"子曰:'笃信好学守死善道。'"(《论语·泰伯》);"子曰:'善人教民七年,亦可以即戎矣。'"(《论语.子路》)。孟子也曾说:"恻隐之心,仁之端也;羞恶之心,义之端也;辞让之心,礼之端也;是非之心,智之端也。"(《孟子·公孙丑上》)他认为,人性本善,这种天性决定了人要以道德约束自己并且要表现出一种"善"的言行,人的天性决定人必将为善。同样,在西方,"'善'一词的始祖在古希腊作为名词,通常被译为德性"②。德育的本质意味着教育学生在生活世界中追求"善"的生存方式,"善的生存",不仅指出了人具有生命性,本体性或存在性,同时包含了人的存在离不开世界,离不开它者,离不开"类"。他者与我的存在是连在一起的,息息相关的。生存(being)本身就是从being—in—the—world一词中分离而来。"善"的生存指出了人活着不仅仅是为了生存,而是为了更好的生存。正如中国传统哲学中所讲,"'善',从词源上看,与'义'、'美'同义,都是好的意思。《说文解字》说:'善,吉也,从言从羊,此与义,美同意'"③。这就意味着:人之为人,不像低等动物,仅仅是为了维持生存,而是为了超越生存的现状,从而隐含着人类内心深处渴求发展自我、渴求不断进取的品质。

---

① 赵志毅:《后现代课程理论观照下的德育课教学方略研究》,《中国德育》2008年第9期。

② 吴福友、董美珍:《生活的沉思与沉思的生活——亚里士多德善与德性概念之探析》,《伦理学研究》2005年第3期。

③ 王海明:《伦理学教程》,北京大学出版社2006年版,第26页。

“善的生存说”的意义主要体现在以下三个方面：

第一，正视德育“规范说”。人类为了生存、共存，就需要有规则，需要有规范。规则、规范本质上是为人服务的。德育具有规范的内涵，不仅过去存在，现在存在，将来也必然存在。但是在坚持德育具有规范性内涵的同时，面对当前德育“规范说”中存在的问题，又需要人们加以改进。我们认为对“规范说”应该持以下三种态度：(1)社会以及个人需要规范，但重要的不是规范本身，而是规范的理由（赵汀阳语）。(2)规范具有层次性，切不可泛化。因为并不是人的所有言行都需要规范。(3)规范如同其他的概念一样，属于历史范畴，随着历史的发展就需要对其进行必要的调整、修正、剔除和补充。

第二，改革德育“生活说”。“善的生存说”的内涵比“生活说”内涵更清晰，意义比“生活说”更丰富。从存在与生活之间的关系看，人，首先存在，然后才能生活。不存在，何以生活？“存在是存在者的存在。”在“善的生存说”中，首先是在肯定人存在的基础上再谈生活。同时，它又不否认生活，因为存在本身就存在于世界中，那么存在者就一定是以特定的生活方式存在的。但是，人怎样生活呢？“生活说”认为，回归生活就意味着走出教室，到外界去。这种生活本质上是一种现实的生活，即实践生活。事实上，生活不仅仅包含现实的物质生活，还有一种可能的通过“思”才能获得的生活，从某种意义上说，这是一种比现实的物质生活更重要的精神生活，而这正是“生活说”所忽视的内容。但这恰恰是“善的生存说”中所追逐的，即明确地强调：人们本质上在追求一种善的可能生活。这样，不仅将德育与人们的存在、生活及其周遭的世界相联系，从而含有德育“生活说”的内涵；同时，还通过“求善”，为人类的生活、发展指明方向。这样的生存就既在现实生活之中，又高于现实生活，既入乎其内，又出乎其外。将原有“生活说”内涵中仅仅注重现实的生活，延伸为还有一种美好的可能生活——对善的追逐。

第三，新的价值取向。价值观问题，是德育研究中不可回避的问题。无论什么样的德育本质观，背后必然有其相应的价值判断。价值观问题贯穿于德育研究的始终。正是由于价值观的这种特殊性，所以有学者将价值观看成是德育的本质。在“善的生存说”中，我们并不将价值观看成是德育的本质，而是将它看成是德育过程中的伴随现象。因为“善”本身就蕴涵了价值判断，指价值是以序列的方式存在，价值之间存在等级高低之分。也就是说，价值观，作为价值之等级，可以被定义为价值变化的可能性。在这个意义上，“善的生存”实际上就是在德育中帮助学生建构更好的价值信念，从而促进其自身的品德发展。学生的品德发展伴随着学生认知的升华、情感的体悟以及意志力的锻造，这又将促进学生价值观的生成与发展，而学生价值观生成与发展的结果反过来又会引起学生对自身能力新的评价，从而形成新的发展态势，而这种新的发展态势又会反作用于价值观，价值观选择之间的螺旋式上升促进了学生价值观的更新与发展，使个体在人生的道路上，朝着“至善”的目标前进。因此，在新德育本质观中，我们所持的是“发展型价值观”①。事实上，在学校德育中坚持发展型价值取向，以此突出学生的主体价值的理论研究，笔者在《规范与创新：德育本质问题刍议——兼论传统德育与现代德育的分歧》一文中已有明确的阐述：“传统德育中采取的协调性道德观意味着教人们如何适应和忠实于过去……而现代德育中强调的是人的主体性、能动性，突出个体的价值……提倡的进取性道德则是用以激励人奋发向上，谋求发展，努力地发展自己的创造能力……它是适应着人的改造客观世界以及肯定和发展人自身的需要产生的。这些将成为现代人发展的主要方向。”②因此，我们认为：学生发展型价值观的建构应是学校德育的重要任务。

前进在人生的大道上，我们每个人都应该心存善念，努力行善，追求“至善”。“积善成德，而神明自得，圣心备矣。”德育的本质意味着教学生追求“善的生存”，不仅是德育产生实效性的动力，也是德育的目标。人为过一种善的可能的生活，使自己始终处于不断的追求之中。德育就是促进学生价值观的建构，促使其更快、更好地实现其自身的发展。人始终

---

① 张鹏程：《发展型价值观：新时期学校德育的价值诉求》，《思想理论教育》2009年第22期。

② 赵志毅：《规范与创新：德育本质问题刍议——兼论传统德育与现代德育的分歧》，《教育研究》2002年第1期。

处于生成与发展之中。世界不是既定不易的现实存在，而是具有变化流动的无限可能。因此，我们需要不断地筹措与计划，使现实的世界尽可能地满足于人类善的欲望与需求，使人不仅生活在现实的世界之中，也生活在对可能世界的追求之中。正如萨特所言："人是各种可能性的总和"。德育一方面教育学生要面对现实的世界；另一方面又教育学生要不断地发展自己，努力追求更高的价值取向，从而"趋向于它的历史的替代性选择"，①实现其美好的可能世界。也正是在这个意义上，学校德育践行着联合国教科文组织提出的"教育在历史上第一次为一个尚未存在的社会培养着新人"的任务。② 事实上，只要人类还存在，对概念的理解，或者说赋予概念的意义就不可能停止。任何理解都具有历史性，都是行走在追求"至善"的路上。因此，德育的本质是一定时期内人们思考与协商的结果，必将随着社会的发展而得到充实与提高。毕竟，从"善"走向"至善"是人类这群理性动物"永远"的"最爱"。

四、德育的"意志"转向——兼论走向"实践理性"的学校德育

工业革命之后，充分张扬的理性使人性战胜了神性并创造了一个高度繁荣的物质世界。如果说主体性的觉醒和反思促进了理性的发展，那么理性的发展又延续了人的主体地位。理性是现代性的内核，缺少理性的现代性是病态的现代性，反对理性等于对人自身的否定，解构理性就意味着自取灭亡。福柯的"作为主体性的人死了"的惊叹被视为理性危机的时代哀鸣。因此，重构理性就成为重构当代道德及其教育的题中之意。笔者将在这部分从以理论理性为核心的知性德育到以非理性为核心的生

① 赫伯特、马尔库塞：《单向度的人》，上海译文出版社 2008 年版，第 3 页。

② 参见联合国教科文组织国际教育发展委员会：《学会生存——教育世界的今天和明天》，华东师范大学比较教育研究所译，教育科学出版社 2002 年版，第 36 页。

活德育以及二者对学校德育所产生的影响作系统考察，尝试构建一种新的以“实践理性”为核心的德育体系。

（一）“知性德育”的运作及其危机

1.知性德育的产生背景及内涵

知性德育是伴随着现代性道德的产生而产生的。现代性道德是指文艺复兴和启蒙运动以来的以道德证明为核心的道德体系，体现为大众化、世俗化的发展路径。“它或者表现为人与社会之间的权利申认与权利保障的主从关系，或者表现为人类整体的目的要求与其他相关条件之间的主从关系。前者衍生出个人主义的道德价值观，后者繁殖出的则是人类中心主义道德价值观，两者都是‘现代性’道德的主导性价值取向。”①在人类社会迈向现代化的进程中，法律制度的建立为人们所共识。然而在现代性是否需要道德及其教育这一问题上，人们的认识却大相径庭。科尔伯格认为人类只有进入现代性之后才第一次有了道德，而麦金太尔则认为恰恰是进入现代性之后，道德才无法立足。② 纵观资本主义社会的发展历史，道德在现代性社会中有了长足的发展，道德的内涵加深了，道德的外延拓展了。然而，现代化道德作为理性的产物，其在社会的发展中越来越令人感到担忧：“现代性道德的失误并不在于它寻求道德价值共识的愿望，而在于其寻求方式，在于它理论上对这种共识的过度知识论张扬与实践中对这种共识的随意主观性漠视之间所形成的巨大反差，在于它将这种共识的范围和基础仅仅局限于解放的个人主体或人类主体，因之使他人、社会和自然世界总是被排斥在价值共识的范畴之外。”③

现代性道德在很长一个阶段从本质上说就是一种以“知性”德育为主导的道德体系。知性德育是以知识、思维为道德核心，并将其二者“知

① 孟德斯鸠：《论法的精神》，商务印书馆1964年版，第6页。

② 参见包利民：《现代性价值辩证论——规范伦理学的形态学及其资源》，学林出版社2000年版，第4—10页。

③ 万俊人：《现代性的伦理话语》，黑龙江人民出版社2002年版，第142页。

化”的德育。在具体的德育情境中，知性德育表现为一个片段、一个课题或一个场景。它的具体实施过程是将道德或道德的一个片段在某个场景中以理论的形式再现，将道德的一个点从道德的场域中抽离出来，从一个人整体的生活中抽离出来，使其对象化、学术化。知性德育在方法上表现为对道德知识的解读、对道德场景的预设、对道德行为的评判、对道德价值的重估。因此，在此基础上建构的德育只能是一个课题、一项研究的技能与训练，其德育成果至多表现为一段发言、一篇报告、一份感悟。然而，德育是具有真实性的一个完整过程，它包含在人整体的生活之中，体现在人生活的不同角落。一个人完整德性的养成不是靠一个片段、一个预设的场景，也不是对人进行一种知性的逻辑思维训练，在“教化”与“知化”的起点上，德育只能是苍白无力的。

2. 知性德育与现代化道德的困境

知性德育作为一种对神性德育的颠覆、超越，它对于现代道德的意义是值得肯定的。然而，在理性与价值失衡的现代社会中，在科学主义崇拜涌动的大潮中，德育很轻易地被简化为一个公式、一项程序，很多人深信德育对现代人的构造只依靠一个公式就能够完成。一切非理性的情感、价值都是不可信的，德育的过程就是一种程序化、技术化或被知识改造的过程。伴随着现代化进程的脚步，这种以知性为主导的德育面对道德的重重危机，不得不使现代化的德育陷入时代的困境之中。现代社会从政治化向经济化的脱胎换骨使社会的公义、自由的秩序、个体的欲望被卷进了利益的漩涡而不可捉摸。道德危机的频生成为一个不争的事实——可通约的道德公分母越来越少。新型瘟疫、气候变暖、生态危机、核战争、单亲家庭、同性恋等严峻的社会问题充斥着传统的伦理价值观念；人类中心主义、种族歧视主义、男权主义、新殖民主义（霸权主义和强权政治）不断引发人们对道德观念及知性德育的质疑和厌恶。面对种种批判，预言道德前景的功利论、德性论、目的论、理性论、非理性论等纷繁复杂的道德命题应运而生，在不可调和的争论中行使着各自的话语霸权，道德一致性的理想终将化为泡影。

从根源上,这种道德的危机来源于被割裂、被程序化、知性化和抽离式的“理论理性”的道德教育体系。通常意义上所理解的“理性”是指一个表达认知主体的认识能力及其所揭示的认知对象的本质规律的概念范畴。理性在确立伦理的普遍性、确定性、公开性等方面曾起过巨大的作用,它再构了伦理的社会运作机制。然而,这种理性始终只是作为知识论思想传统中的理性,即康德所讲的“理论理性”,它的使命在于对世界本质的认识,强调认识的过程。它直接导致的就是主客二分的对象性思维模式:将德育本身对象化,将真实的德育情境抽象化,通过知识化的手段来完成对人的教化。“主客二分的对象性思维模式拆散了工具理性和价值理性的统一,在人与自然的关系上,引发了生态危机;在人与社会的关系上,将他人视为手段,而把自己视为目的。这种理性既不利于环境保护,也不利于人与人关系的协调。”①知性德育从本质上割断了生活与教育的一体性,割断了理论与实践的融合性,将德育的内容与形式、知识与践行、认知与情感分离开来,割断了德育与其生长根基之间的骨肉联系。于是,这种被知识化、理论化、操作化的知性德育与人的道德行为分道扬镳。从表面上看,知性德育在道德情境的创设中鲜活生动、感受轰轰烈烈,然而实际上却无法生成一种道德的实践,在真实的道德情景中收效甚微,甚至不知所措,最终使德育走向抽象化、虚假化和失范化。在此困境下,诸多研究者也尝试提出了一些试图超越知性德育的理论模式,例如,活动德育模式、信仰德育模式、人格德育、情感德育等,但由于受到知识观及知性思维根深蒂固的影响,它们只是在形式上丰富了知性德育的某些内容,却未从根源上摆脱知性德育的束缚。

(二)“生活德育论”的内涵及其批判

1. 生活德育论思想建构的基础及内涵

生活德育论就是在批判以理性为核心的知性德育的基础上建立起来

---

① 黄成华:《实践理性:现代性道德重构的路径选择》,《锦州医学院学报》2006年第2期。

的。生活德育论者认为，“知性德育”以其政治化的道德目标、陈旧的德育方法、脱离生活的道德实践及收效甚微的德育效果而成为现代性德育的时代悲哀。社会越是向前发展，其弊端越是明显；教育理念越是不断更新，人潜藏的自我意识就越是觉醒，此知识化与制度化的德育模式就越会遭到现实困境的强烈批判。生活德育论者强调德育首先应使人热爱生活、体验生活，在真实的生活情境中养成德性，而非脱离现实生活之外，在虚无缥缈的世界中去培养人的道德品质。它强调人是生活中的人，是社会人，德育的过程就是使人回归社会生活的过程。因此，生活德育既是对现行德育脱离生活世界的反思，亦是对知性德育抽象化、概念化及不切实际的深刻批判。生活德育需要从人的生活世界出发，强调生活与德育的一体关系，它是价值引导与自主建构的统一，需依靠人精神世界自主、能动地建构，从而生成一种德性，而非依赖外在于人的知识、概念、例证而进行的简单模仿及客观的形象塑造。因此，综观对生活德育论的种种言论，植根于生活世界的德育运行模式可以扼要地表述为：通过道德的生活而学习道德。具体来说，生活德育是从生活出发、在生活中进行并回到生活的德育。①

从生活德育的内涵可以看出，生活德育将人的道德作为生活内在的逻辑与规则，强调德育应该从生活出发，而不是从抽象的道德概念和具有教化性的理论理性出发，需要从生活本体论的角度使德育重返人的“生活世界”，并“找回失落的主体意识”。而对于“德育”应该回归“生活世界”的提法，并不是一个空穴来风的突起。早在 20 世纪初，现象学派的创始人胡塞尔就在其研究中提出了有关“生活世界”（life world）的构想。他的“生活世界”包含三方面的含义：第一，“生活世界”是一个非课题性的世界。胡塞尔强调说：“生活世界是一个始终在先被给予的、始终在先存在着的有效世界，但这种有效不是出于某个意图、某个课题；不是根据某个普遍的目的。每个目的都以生活世界为前提，就连那种企图在科学

① 参见高德胜：《知性德育及其超越——现代德育困境研究》，教育科学出版社 2003 年版，第 184—185 页。

真实性中认识生活世界的普遍目的也以生活世界为前提。"①第二,"生活世界"是一个奠基性的世界。它是科学世界、现实世界的基础,是一个自然的世界。第三,生活世界是一个直观的世界。它是一个可直观被经验到的世界,它和经验主体之间具有相对性。从胡塞尔对"生活世界"的描述我们可以找到生活德育的理论根基。现象学强调:"生活世界是在生活的自然态度中所能直接感知的世界,它是个人和群体生活于其中的现实而又具体的环境。我们降生斯世,斯世即为生活世界。"②

以哲学理论为先导,很长一个阶段里,教育界也不断探讨有关生活世界的问题。例如,美国著名教育家杜威在对斯宾塞"为完美生活做准备"的教育观进行批判的基础上,提出了"教育即生活"的著名观点。随后,我国教育家陶行知进一步提出"生活即教育"的论断,把生活赋予了教育的意义。毋庸置疑,"生活世界"的关注和提出是具有现实意义的,人的降临是先天给予的,先天的人本是与世界一体的,人和其所在的生活世界有着密切的联系,不容分割。将教育融入生活世界,是对教育中存在的科学主义倾向的一种批判。以此为依据,教育回归"生活世界",教育在生活世界里无处不在,是具有一定道理的,因为教育包含一个人德、智、体、美等诸多因素的影响,它可能存于生活的每个角落。但是,德育作为教育的一个分支,将它完全洒向生活世界,认为德育在生活世界中无处不在,就是将德育"泛化"的表现;换言之,"教育即生活"、"生活即教育"这两个命题是可以勉强成立的,但"德育即生活"、"生活即德育"的命题是不能成立的。

2. 生活德育论的二律背反

生活德育论的主张在反思与建构一种新的德育模式、颠覆陈旧的知性德育路径的研究上确实起到了积极的作用。很多学者将这种回归于生活世界的"德育论"视为当代德育改革与创新的必然选择,甚至认为生活

① 《胡塞尔全集》第6卷,马蒂努斯·尼伊霍夫出版社1976年版,第56页。

② 项贤明:《泛教育论》,山西教育出版社2000年版,第224页。

德育是现代德育走出支离破碎、模糊抽象的知性困扰，使人走向完满精神生活的本性需要。然而，在理论上，生活德育论在强调德育与生活世界亲密无间的同时，却又人为地将“知识”与“生活”割裂，将二者置于对立的两极，使“生活”概念化、理想化和绝对化，并把“生活”与“德育”混同，否认“德育”的特殊性。在实践中，这种去知识化、去政治化、去学校化，否认道德知识的普适性、规律性的思维，使“生活德育论”又走进相对主义及形而上学的思维禁地，企图在理想中摆脱社会对德育的政治影响与价值导向。理论化的道德知识被赶出（学校）大门，系统化的德育教学消解于生活，加之本身理论基础的欠缺及无法得到德育实践根本性证明与检验的不可知结论，使这种跻身于生活世界的道德理想成为一种非理性的道德主张，道德思想与道德行为相互矛盾的问题扑面而来，造成了德育理论的消解与德育实践的迷茫。

首先，从生活世界与教育的本体联系上说，生活的多维性与德育的一维性不可相互替代。生活德育论者依据现象学的假说，仿照陶行知“没有生活的教育是死教育。没有生活的学校是死学校。没有生活的书本是死书本”①而提出“没有生活的德育同样是‘死德育’”的说法，是值得商榷的。思维方式上的形而上学不必多说，就其内容来讲，这句套搬来的话是一个伪命题，模仿者混淆了生活与德育的区别、界限以及它们之间的种属关系。从本质上讲，生活是生活，德育是德育，生活和德育具有交叉性，但不等同。德育固然包含在生活之中，但不是生活的全部。将德育泛化为生活的每个细节，否认生活中存在着大量的非德育与反德育的内容及事实，便有意无意地造成了泛德育的非理性结论。

其次，从生活德育建立的参照物来说，“生活德育论”是在反对知性德育基础上构建的。生活德育者认为，“知性德育就是知识德育、思维德育和知化德育”②。然而，学校教育自产生之日就肩负着文化传递和文化选择的功能。教育所传递的内容并不是泥沙俱下的生活本身，而是经过

---

① 陶行知：《中国教育改造》，东方出版社1996年版，第150页。

② 高德胜：《知性德育及其超越——现代德育困境研究》，教育科学出版社2003年版，第37页。

过滤和筛选的“精华”。学校教育按照统治阶级所设定的价值目标和教育理想，对传统遗留下来的文化和生活中的内容进行价值分析，作出价值选择。所以说，学校是社会的组成部分，学校教育是社会生活的内容之一，二者是包容关系，而非融合关系。那么，作为教育组成部分的德育，同样也不可能融合于生活，它只能是生活的一部分内容。生活中的价值是多元、多维、多向度的，而学校德育的任务是要依照统治阶级的需要，来筛选符合需要的、对社会有积极意义的正向价值。德育作为一种社会的意识形态，就不能完全融于“生活”纷繁复杂的系统中，而没有选择的进行。总之，生活的指向是向上或是向前的，不是向四周发散的，在生活世界里到处充斥着不道德、非道德抑或反道德的现象和行为，生活世界很精彩同时也很无奈，让学校德育回归这种充满瑕疵的日常生活，德育将会被生活所沉沦、所消解。

再次，从德育的方式来看，学校德育对社会环境具有较强的选择性。学校德育会组织道德教学来对人的生活环境加以取舍。而德育要返回生活世界，生活本身的“随意性”与“不确定性”就会对个体道德品质与价值观念的形成产生消极影响。当德育融化于生活之后，德育便失去了与生活应有的距离，失去了对生活的价值审视、批判和超越，也容易形成个体的保守思想并缺乏看问题的深刻性，不利于个体对生活的反思和批判，同时也影响个体对生活的超越。美国实用主义教育认为：“在中小学，不必要也不可能进行科学知识教育，主张代之以儿童经验，生活常识，活动技能，使学生学会生活，适应社会。其影响所及，使教育质量下降。苏联人造卫星上天惊醒美国，他们自己急起纠偏。”①因此，我认为德育绝不能从一个极端走向另一个极端，完全摒弃“知性德育”而全纳“生活德育”，这种对理性内容的彻底否定就是对德育历史路径的彻底否定，就是一种非理性的建构。德育与生活的理想状态是：在确保道德认知的基础上，“实现与社会现实的视域融合，克服学校教育与现实社会的脱节，贴近学生生

① 王策三：《保证基础教育健康发展——关于由“应试教育”向素质教育转轨提法的讨论》，《北京师范大学学报》2001 年第 5 期。

活实际,赋予学校德育更多的生活趣味,丰富和扩展学校的德育资源”①。

（三）“实践理性”德育的导向及其行为方式

以理论理性为核心的“知性德育”在传授道德知识、培养道德判断、形成道德情感等方面,以其内在的逻辑性、系统性及实施中的组织性、计划性,使其具有了得天独厚的理论优势。然而,“知性德育”将德育过程简化为知识教育、思维训练或技能培养的基本思想,又将学校德育与生活世界脱离。“生活德育论”在对“知性德育”的批判过程中,要求德育回归“真实生活”,把“生活世界”视为德育的理想,这在理念上又否定了德育的特殊性,将德育泛化、随意化。完全否定“知性德育”的合理性,也就使得“生活德育”具有了浓重的形而上学色彩及非理性的判断。德育的过程和改造不是一个“非此即彼”、用一种口号代替另一种口号的过程。这样,会使德育活动从一个极端跳到另一个极端,这本身就是非理性的。因此,我们要树立“即此即彼”的思维方式,运用联系发展的辩证观点来看问题,实现德育真正的复兴和跨越。

1. 实践理性德育的理论基础

“实践理性德育”源于康德提出的以“实践理性”为核心的道德观念。康德认为,人道德行为的善恶不在于他的教育程度,不在于他对知识的见解,而关键在于理性本身,在于人的实践理性。实践是人的意志对对象起作用的行动,道德是理性本身的规律所决定的、不受个人欲望及其他因素影响的意志行为。因此,道德的“实践理性”是指向“意志”的。

以“实践理性”为指引的德育,汲取了以“生活世界”为核心的生活德育论的积极因素,同时又涵盖了以“道德知识传授,道德判断能力训练”为主要内容的知性德育的合理成分。一方面,学校德育离不开生活,否则

① 檀传宝、班建武:《实然与应然:德育回归生活世界的两个向度》,《教育研究与实验》2007 年第 2 期。

德育就成了空中楼阁,实践本身要求学校德育与学生的日常生活紧密联系;另一方面,由于生活的复杂性和弥散性,人的实践理性能对生活中外在的道德现象及实践行为进行积极有效地审视,起到观念的引导和价值的引领。因此,学校德育改革应跳出"知性德育"与"生活德育"的二律背反,走向"实践理性"的德育,把实践理性作为德育的根基。

德育,是一种对于理性的建构,因此,它既包含着理论,亦包含着实践。换言之,它不仅关注人的感官世界,也关注人的行为世界。由于实践的理性既是人对事物理论的思考,也是对人实践行为的思考,因而,实践理性德育的对象首先是理论,其次才是关于实践的理性知识。然而,德育不同于智育,智育是以知识为基础,使具有感性印象的材料以"先天的形式"成为"关于对象的知识",即所谓的经验,故知识具有普遍性和必然性。德育在根基上是需要知识的,因为"如果没有感性,对象就不能给予我们,如果没有知性,就不能思维对象。思维无内容是空的,直观无概论是盲目的","知性不能直观、感官不能思维。只有当他们联合起来时,才能产生知识"。① 由感性直观到知性范畴是德育获取知识的根本途径,然而,德育既是由实践理性组成,它在实施的过程中,就不仅包含道德知识的建立,还包含道德意志的养成。在道德的作用上,意志的价值就在于它的决定以理性为原则,其遵从的规律是义务、责任,而道德必须来实践这种绝对的命令。所以,知性是指向"智育"的,它可以是"德育"的一个起始部分,但不是全部。"知性的对象是现象界,知性通过范畴在现象之间整理统一感性的知识,但这种统一作用是局部的、有条件的,不能跨越现象界;理性的对象是'本体界',理性希望通过'理念'来统一知性的知识,并且通过这种统一而达到无条件的绝对完整的知识。"②所以说,作为纯粹理性的知识在德育中是存在的,但不是绝对的。它仅能够解决来自人现象界的问题,而对人本体界的问题无能为力。知识不能跨越现象界到达本体界,纯粹理性也不能取代实践理性而解决人本体界或说人根本性

① 康德:《纯粹理性批判》,商务印书馆 1957 年版,第 71 页。

② 吴明海:《教育何以必要与可能——康德教育思想刍论》,《清华大学教育研究》2001 年第 2 期。

的、植根于灵魂的矛盾，这就是知识的限度。

道德，从本质上说，是依靠于实践理性的。它是一种先天不依赖于经验的道德意识。人的行为道德与否，是从他行为的动机来判断的。这种行为动机也可称为"道德律"抑或"绝对命令"。人的道德行为虽受实践理性的支配，但也受到外界感性世界的影响，因此，需要一种先天的、无条件的道德准则来支配人的行为。而"绝对命令"之所以能够强制性的作为道德原理，是因为道德的本身是善的，它植根于人的"善良意志"。这种善的道德本质是无须论证、自明的，它就是人的应然状态。康德认为，一个人的行为只能居于道德的两级：要么是绝对道德的，要么什么都不是，并没有一个中间值。所以，这种善良的意志决定了人的敬畏之心，决定了人的道德价值，即应该做什么、不应该做什么。因而，如若说人认识的过程是一个求"真"的过程，那么，人的道德过程就是一个求"善"的过程。康德的《纯粹理性批判》、《实践理性批判》及《判断力批判》便分别指向人的心理功能——知（认知）、意（意志）、情（情感），分别通向人的最高境界——真、善、美。"真"乃知力之理想，"美"乃情感之理想，"善"乃意志之理想。人从"真"到"善"并不是一个直接的过程，它还需要一个桥梁的引入，这就是"历美"。假如人感性的欲望超越理性的道德，人就只能在经验世界徘徊，并不能踏入道德的世界。康德认为，审美的判断具有认识和道德的双重属性，因为人的行为既受认识的支配，亦受情感的支配，情感是认识转变为意志的桥梁。美是人在感性世界中的情感体察，而美又是道德的象征，一种高玩味的创造。当一个人的感官世界既符合美的情趣又与主观的道德世界紧密联系时，人才会感受到"美"，并到达"善"。所以，"美"的两端一头维系着感性世界，一头又牵连着理性世界，将人的"真"、"善"、"美"统合起来。德育的过程也正是人在认识中因"求美"而达"至善"的过程，所以"历美"是人从经验世界到达道德世界的桥梁。

2. 实践理性德育的行为方式

意志是人的生命状态，道德的实现是一种意志的实现。意志又指向自由,一个人的生命力主要体现在意志力,即生命勃兴、意志强大。所以,人道德行为的价值,在于道德行为的意志。由此论断,德育的关键并不在道德知识(或道德认知)的掌握,而在道德意志的培养,其中,“意志的自律”则是道德教育的最终目的。

我国德育最大的问题就在于过分注重知育,而忽视道德意志的养成过程。道德意志的训练要先于行为习惯的养成,在此意义上,意志便具有了自发性。人不但有纯粹的理性(即认识能力)、情感(即感受能力),还有意志(即实践能力)。在实践理性的基础上,德育即是有关意志力的培养。意志自律是一切道德律及义务的唯一原则,对于道德自律而言,一切他律的行为都不可能建立起任何责任,相反,它还会和意志自律的道德相对立。因此,道德自律是实践理性唯一的根据。

在意志的源头,人有关“善”的意志是一切意志行为的指向。因此说,“善的问题并不是一个人能力或才能的问题(the question of ability),而是一个意愿或意志的问题(the question of will),或者说,善的问题是应然的问题,而非实然的问题。因此,道德行为不是有没有能力去做的问题,而是愿不愿意去做的问题”。① 道德知识不会直接产生道德行为,只有道德知识在人内心形成一种普遍的道德法则(即善的意志),才会将道德意志作为行为的动机,自觉依照自身的道德律来服从这种绝对命令。当今德育的缺失并不在于没有规范的道德认知体系,而在于道德知识本身对道德行为的选择无能为力,因此,在此意义上的德育便缺乏一种与道德规范相一致的道德情感、道德法则及道德信念的生成即“道德意志”的生成。

人的道德实践能力即道德意志的培养关键在于使合法的强制与一个人主观的道德法则结合起来。一方面,道德的陶冶以道德法则为基础,使人能够自觉地将道德法则作为其道德行为的准则,坚信他们“应该做”的事情,知道自己的“责任”;另一方面,在品格养成的基础上,不以“约束”为方式,不以“惩罚”为手段,依靠主观普遍的道德法则,一种先天的“善”

① 苑秀芹:《康德的实践理性与道德原则》,《咸宁学院学报》2010 年第 3 期。

而达到意志力的养成。依据道德法则的观念，对人"道德意志"的培养可分为两个方面：一是道德意向和道德动机的培养；二是道德判断力的培养。在第一个层面，德育的主要任务是培养人坚定的道德意向和纯粹的道德动机。动机是品格的依据，它是人尊严的最高体验。动机越纯粹，对人"善"行为的激发就越有鼓动性。将纯粹的道德动机作为道德教育的根本出发点，通过生活实例或生活实践，将道德意向具体呈现出来，通过例证中设立道德纯粹动机的标准，使人产生道德情感共鸣，自觉生成道德意志的趋向。在意志过程中，行为动机越是纯粹，便越为人所仰慕。因为那是出于一种对于责任的尊敬，以责任为动机，道德才具有价值。只有出于责任的动机，才是德育的最初含义和最终理想。责任不是经验的概念，而是先天理性的观念。假如责任不依赖于动机，而仅考虑道德的结果是合乎于责任的，或以兴趣及其他目的为动机的行为，这对道德行为而言，便不具有根本的效应。因此，纯粹的动机及行为动机中责任的指向，是人由情感规律而产生的行为必然性，它对人道德意志的养成具有决定作用。意志力培养的第二个层面是道德判断力的培养。道德判断力的培养是对道德问题进行评判、反思及判定，依照动机的纯粹性来区分道德的实际行为，使人具有道德判断及道德选择的能力，培养人树立一种普遍的、最基本的、对主观起作用的道德法则。康德认为，人的理性具有一种道德善恶评判的敏感性，即人们对一种善行或恶性有天生的情感倾向性，理性使人愿意产生道德的倾向，能使人主动地进行或隐或显的道德评判。因此，利用人理性对于道德的敏感，对人进行道德判断力的培养，是道德意志养成的关键环节。道德判断力在实例或践行的基础上，首先要让人学会区分有关行为的责任问题，即"这种行为在客观上是否符合普遍的道德法则，符合哪条法则，进而考察这种行为是否在主观上'为了道德法则的缘故而发生的'，也就是考察客观上符合道德法则的行为，其主观上的道德动机也是道德的"①。这种训练会使人在道德判断中坚定自身的实践理性，并对道德的法则，对道德的"善"产生一种关切、一种冲动、一种渴望。

---

① 李晓玲、郑强：《试论康德的道德教育思想》，《安徽教育学院学报》1992年第1期。

在实践理性的基础上,人都有一种道德完善的意向,这种意向使客观的道德法则转化为主观的道德准则,并认同了道德法则的指令性。在这个基础上,客观道德法则中的“应该”变为人主观的意愿,使人的行为遵从于理性的“当然”。道德意志力作为人后天的一种行为能力,它可能不会实现一种完满的“善”,但由于道德理性的存在,人却会追求一种完满的德性,这就是“求真”、“历美”、“至善”的过程。因为,“善良意志,并不因它所促成的事物而善,也不因它善于达到预定的目标而善,而仅是由于意愿而善,它是自在的善”。① 因此,意志的培养在道德观念上具有三个要素:客观的行为准则须经过意志转变为主观世界的法——普遍的自然法则;人要把自己和他人看做其自身就是目的,而非手段,除人之外,一切其他都作为手段而为人服务;只有实现意志自律,才能够通过道德情感指向道德行为。

道德是理智与情意的综合表现,德育不应流于表面、流于形式,例如,爱国主义教育、集体主义教育……这些德育的内容与方式依赖于灌输、依赖于口号,但无助于行为。德育的根本在于意志力的培养,在于使学生认同、形成一种责任、一种指向灵魂的“善”,在道德行为中依据主观的道德法则拥有道德判断及道德选择的能力。因此,改变传统德育观念首先要在实践理性的基础上从重视道德知识、重视外显的道德行为变为重视道德行为的纯粹动机与内在动力;其次,要以人为目的,呼吁道德关怀、树立责任意识、倡导个体道德体验及践行;最后,要完成道德他律向道德自律的根本转化,在道德环境与氛围中,实现道德主体性的回归。

德育的重要功能是要培养受教育者的道德信仰,德育过程就是使社会道德成为个体信仰并见诸道德行动的过程。德育的目的就在于使人相信人的身上有着一种不可亵渎的东西,它是灵魂、境界、激情、创造或是人之为人的所有精神要素的总和,人毫无选择的遵从于它的绝对命令、忠实于它的自然法则,这就是德育的真实魅力。德育的实质使那些普遍、必然的道德法则进入个体的内心,成为人的行为准则,进而使人深信:“灿烂

① 康德:《道德形而上学原理》,上海人民出版社2002年版,第9页。

星空在我头顶,道德律在我心中。"

五、思想品德三环结构理论初探

对构成人的品德心理发展诸因素的探讨是德育基本理论研究的重要课题。关于品德心理结构的传统理论—知情意行说(简称"四因素论"),忽视了发展主体的世界观的核心作用与能力因素,必须用辩证的、系统的分析方法对它作结构性的改造。为此,把影响人的品德心理发展的诸因素分为:(1)世界观核心系统;(2)心理要素系统;(3)个性意识倾向系统;(4)品德能力系统。围绕着世界观核心,心理要素、个性意识倾向、品德能力系统形成一个开放性的三环交错结构,其中各系统又具有各自的亚结构,从而构成一个立体的多维的完整的品德心理结构。下面逐一对以上两方面进行论述。

(一)传统品德结构理论——知情意行说质疑

对我们曾经广泛接受的知情意行"四因素论",如今应采取什么样的态度?这是对品德心理结构理论作再探讨时必须回答的首要问题。笔者认为:"四因素论"没有真正以唯物辩证法作为我们研究德育理论的方法论,因而并未完全揭示品德心理的矛盾以及诸矛盾之间的关系。它充其量是从事物发展的一个侧面出发得出结论而又去说明事物发展的整个过程,这就难免会以偏概全,犯形而上学的错误。我们有必要用辩证的、系统的分析方法对它作结构性的改造。

"四因素论"为我们提供的是一幅影响人的品德心理发展的平面、静态分析图。认识、情感、意志、行为在个体品德发展的全过程中,被描绘成各自始终从特定的角度、以同样的作用力影响着人的品德的发展;各因素内部的组成也是不变的。在分析影响人的品德心理发展因素与发展主体的关系时,“四因素论”只分析心理过程影响因素对发展主体的作用,却不分析发展着的个性倾向性对发展主体的作用,不分析作为一个人品德心理发展的核心因素——世界观对品德形成与发展的巨大作用,不分析品德心理中能力因素所占的重要地位,忽视各因素的不同组合构成的总体对发展主体的影响以及轻视各因素之间的相互作用。因此,从一个侧面看,这些分析不无道理。但从总体上看,却把复杂、丰富、多变的个体品德心理发展的诸因素间的相互作用关系大大简单化和绝对化了。方法论上的形而上学倾向使“四因素论”不可能真正揭示出个体品德心理结构发展的全部因素和动态关系。理论的缺陷必然导致实践活动中的失误,由于“四因素论”强调品德教育中的知与行的关系而不提能力的培养(显然,这是与凯洛夫主编的《教育学》一书强调在教学过程中知识的灌输、忽视能力的培养是一脉相承的),致使长期以来我国普通学校德育教育中,内容上空洞抽象,方法上简单灌输,效果不好。纵观全国优秀教师、模范班主任、先进辅导员的工作经验,绝大多数可归为十六个字:动之以情、晓之以理、导之以行、持之以恒。许多老师为了做后进生的思想转化工作从这一十六个字出发,身体力行、呕心沥血,有的甚至积劳成疾。但是,教师们的辛苦努力往往因为教育对象没有养成起码的道德判断能力和践行能力而付之东流。广大德育理论工作者和教师们都在强调德育工作的曲折性与反复性,殊不知问题的关键在于我们的德育缺少品德能力培养这一重要环节。我国德育工作长期忽视对学生品德心理能力(其中包括品德认识能力、品德判断能力、自我教育能力、品德践行能力)的培养,究其根源不能不是受“四因素论”的消极影响。而正当我们的品德心理研究仍然在凯洛夫《教育学》的老路上兜圈子的时候,现代西方品德心理的研究与实验方兴未艾。无论是以皮亚杰、柯尔伯格为代表的认知学派的理论还是以班杜拉为代表的新行为主义学派的研究,无论是以埃里克逊为代表的新精神分析学派的学说还是以拉思斯、哈明、西门为代表的价值澄清学派的观点,无一不是在对传统德育理论批判的同时,围绕道德认知能力、道德判断能力、道德辨析能力和道德践行能力的提高对个体道德品质产生的影响展开研究和论述的。尽管各学派源出不一,观点各异,具体研究方法相左，但有一点似乎表现出一致的趋势，即各学派都不同程度地注意品德心理能力的培养和提高。这一重要倾向应该引起我国德育理论界和广大教师、家长以及整个社会的高度重视和关注。此外，“四因素论”对于影响主体品德行为的其他重要因素如世界观、个体的自我意识，政治觉悟、价值观念以及道德需要、道德动机、道德目标等也毫无涉及。可见，对于“四因素论”采取简单修补是不行的，那种采取简单修补方法的“三因素论”或“五因素论”因其仍然没有摆脱凯洛夫《教育学》形而上学方法论的束缚而显得苍白无力。我们必须采用唯物辩证法和系统分析法对“四因素论”作结构上的改造。

首先，我们应当从个体心理发展的全过程（而不是只从发展过程的某一点、某一阶段），来分析影响个体品德心理发展的诸因素，找出它们之间关系的模式，找出个体品德心理结构诸因素之间的规律性的联系和变化趋势。

其次，人的品德心理结构的发展是多方面、多层次、多维度的。这些方面在个体品德心理发展全过程中并非以等速齐头并进，诸因素的作用也并非同样大小。因此，研究者不能只顾及这些因素对人品德发展某一方面的作用，并由此简单地推演成普遍的模式。例如，“四因素论”对认识、情感、意志、行为在人品德心理发展中作用的评价，主要是从它们对人认识与行为发展的影响方面作出的，但却以普遍的模式表达出来，这就必然产生偏颇。我们只有全面地分析诸因素对个体品德发展的影响才能发现其变化的特征，因此，才能正确认识品德心理发展的规律。

总之，影响人的品德心理发展诸因素的多样性及其相互间的密切联系，要求我们的研究不能只停留在一般性的因素分析上，而应作进一步的因素系统结构分析。

（二）以世界观为核心的思想品德三环结构理论初探

科学发展史的趋势表明，科学本身经历了统一——分化——综合这一否定之否定的波浪式过程。目前，学科一方面高度分化，一方面又高度综合,并且随着人们对客观事物的认识不断深化,科学技术的综合化、总体化趋势越明显地占主导地位。现代科学技术的发展要求人们从单一事物的研究过渡到系统的研究,从单值研究过渡到多值研究,从单向研究过渡到网络矩阵研究,从平面研究过渡到立体研究,即要求人们用系统的、联系的、动态的、控制的、整体的观念看待一切事物。

青少年思想结构是由有特定功能的、相互间具有有机联系的多要素构成的一个整体。它包含了一般系统所应具备的基本要素,并且从动态的角度来说,它还具备输入、转换、输出的功能。同时,这一系统比一般意义的系统更为错综复杂,因为,它所完成的目标是培养造就具有共产主义思想的一代新人。众所周知,对人的灵魂、心理结构的塑造是世界上最艰巨复杂的过程之一,因此,必须对青少年思想品德心理结构进行系统分析、系统评价和系统设计以及合理地控制和教育。具体讲就是:其一,形成良好的品德心理结构的过程,是对青少年的灵魂塑造培养的实践过程,是反复积累的渐进过程,需要认真地进行系统分析、科学地设计和切实地完成。其二,青少年思想品德心理结构是多方面、多层次的,这些内容本身不仅需要系统化,并且要与党的四项基本原则保持一致,与时代和社会对青少年的要求相适应。要通过各种途径使结构的各维、各元、各因素科学地规划、衔接、组合。其三,思想品德心理结构本身包含了各种要素,这些要素之间形成了一个相互影响、作用、制约的关系,是一个各种矛盾对立统一的综合体,并且各种要素以及它们的各种不同形式的组合都会形成不同的功能。这些功能必须最佳地组合达到最优化。其四,思想品德完整的心理结构应当是三环结构,即由品德心理要素环、品德的个性倾向环和品德的心理能力环三个方面的有机结合,每一环又都有自己的亚结构,形成多层次的统一体。在这一动态品德心理结构系统内的各元素相互作用过程中,世界观居于决定性的主导地位。构成以世界观为核心的心理要素、个性的倾向、心理能力三环交错的整体结构区。

为了简明地表示完整的品德结构是三环交错、相互渗透的关系,我们试以下图示意:

在品德结构中,世界观是起核心作用的因素,正如 B. A. 斯拉斯捷宁

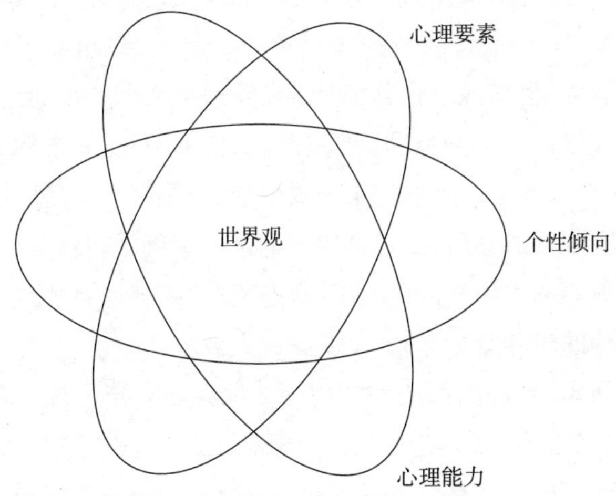

图1　思想品德心理三环结构图

所指出的：世界观渗入人的一切其他品质与特征，把它们结合成一个统一的整体。世界观是核心，所有的品质与特征都围绕着这个核心组织与世界观结合在一起。世界观作为整个系统中的晶核，它影响、协调系统中的各个因素，使相互的作用方向能大体一致，作用的方面能互相补充，否则，因素内部的矛盾会造成作用力的内耗。

作为品德的整体结构，虽然是由各要素组成，但却具有组成它的要素所没有的性质。完整的品德结构是各要素共同作用、相互结合而成的，世界观是整个心理结构的最高层次，是心理结构的核心因素，各种心理品质都按照各自与世界观的联系的程度而依次排列在世界观的周围，根本不受世界观影响的心理品质是没有的。心理品质对世界观的这种依存关系，就像太阳系中的九大行星对太阳的依存关系一样。当然，心理品质与世界观的关系不是单方面的，即不仅世界观统驭各种心理品质，同时，心理品质也给世界观的形成与巩固以不同程度的影响。在整个系统中，各要素之间是遵循着一种被皮亚杰称为“双向互补”的原则而互相制约、共同起作用的。正因为如此，所以我们为了培养青少年一代的心理品质，就必须首先抓世界观的形成和培养，没有正确的世界观就很难有良好的心理品质。为了形成和培养青少年的世界观，又必须使他们的个性心理品质尽可能得到全面发展，没有良好的心理品质，也很难有正确的世界观。可见，世界观与心理品质在统一过程中互相促进，共同发展，逐步形成。儿童心理学认为，世界观是在青少年早期阶段（15—19岁）形成的。在世界观完全形成以前，一个人对世界总是有看法的，只是尚未构成一定的体系。同样，一个人在心理品质完全形成以前，也是有心理品质的种种表现的。等到世界观形成之后，随着世界观的进一步巩固和发展，人的心理品质也会得到巩固和发展。因此，在德育过程中，要把世界观教育与良好的品德心理结构的培养结合起来，不要顾此失彼。

如上图所示，思想品德心理结构中的世界观晶核包含的内容极其丰富，可以表现在很多方面，这里我们仅概括出几个基本方面：认识、观点、信念、理想，而理想又是整个世界观晶体的内核。这也从一个方面说明在德育过程中对青少年进行理想教育的重要性。

思想品德的心理要素环包括通常所说的知情意行四点。也有人认为品德的心理要素有五个，即除上述四点外，还包括道德信念；也有人提出三要素，即知情行三个方面。但无论它有几个，这里我们只把它看做是品德结构中的一环。

思想品德的个性倾向环，包括需要动机系统、政治觉悟、自我意识、价值观念。品德的个性倾向是由社会和教育的影响决定的，归根到底是一定社会关系的反映。

思想品德的心理能力环，即有关思想品德方面的智能结构。品德能力是个体完成品德活动的本领，包括完成一定品德活动的心理特征和实现一定品德活动的方式。品德能力通过掌握政治知识、道德知识和实际锻炼而得到发展，可以表现在很多方面。我们概括为，品德认识能力、自我教育能力，品德评价能力，品德践行能力。同掌握一定的知识、技能、技巧、需要以一定的能力为前提一样，形成一定的思想品德也必须以一定的能力（包括道德智力）为其心理前提。思想品德的形成、发展，不仅与知识水平、文化教养有关，而且与人们的道德智力、道德思维水平有关。没有一定的智力不能形成概括性的品德。不可想象，没有起码的道德智力，能具有一定的品德。因此，品德能力是品德结构中不可缺少的组成部分。

人们的思想品德呈现出差异性，从其结构方面说，正是由于构成思想品德的各要素有共特殊性，或者各要素的组合关系有其特殊性而形成的。

总之，品德心理结构是个复杂的综合体，其内部结构随个体本身的发展而变化。相互渗透和转移。这个复杂的动态结构为人的品德发展提供了多种可能性。

六、论品德结构与人格系统的关系

品德结构问题是德育理论研究的核心问题，亦是心理学、教育学、伦理学和社会学共同关注的问题，对这一问题的研究，无论是对德育理论的建构还是对和谐社会的建设都具有深远的意义。从 20 世纪 80 年代到 90 年代的十多年里，学界对此问题进行过热烈的讨论，其中具代表性的观点有："基本维度说"①、"四项意识说"②、"三维结构说"③、"以世界观为核心的三环结构说"④、"2+1 模式"⑤、"球体说"⑥以及"核团结构说"⑦等。学者们的观点见仁见智。有感于生动鲜活的德育实践与建设和谐社会对理论创新的迫切需求，笔者对此问题再作深入探讨。

（一）方法论检讨——对品德结构问题研究的反思

品德结构问题的讨论由盛及衰的原因大致可以归纳为以下几个方面。

---

① 参见薛殿会：《思想品德的结构及其形成》，《教育研究》1983 年第 1 期。
② 参见韩树华：《论人的思想品德结构》，《教育研究》1983 年第 10 期。
③ 参见班华：《思想品德结构与新时期德育任务》，《华东师范大学学报》（教育科学版）1986 年第 2 期。
④ 参见赵志毅：《思想品德三环结构理论初探》，《教育研究》1987 年第 6 期。
⑤ 参见冉乃彦：《对品德心理结构的重新认识》，《教育研究》1990 年第 10 期。
⑥ 参见刘惊铎：《品德结构新议》，《教育研究》1992 年第 3 期。
⑦ 参见李雁冰：《品德结构新探》，《齐鲁学刊》1995 年第 3 期。

第一,研究的方法陷入困境。研究者们自觉不自觉地忽视了人的潜意识的存在,把教育对人的影响局限于显意识范畴,研究报告和论文鲜有涉及潜意识内容的。20 世纪初,奥地利医师西格蒙德·弗洛伊德在他的精神分析理论中详细论述了潜意识对人的精神发育与实践活动的巨大作用。他认为人格是由从低向高的三种不同的“我”构成的。本我是基础,由遗传所决定,是人的潜意识中的生物本能,遵循“快乐原则”,要求满足基本的生物需求,快感与焦虑是其主要的体验方式;自我是在本我基础之上的理性的我,它既满足本我的需求,又促使个体按社会的道德行为准则行事,它因循的是现实原则,将来自本我的生理冲动控制到最佳水平;超我的功能是监督和制约本我与自我,按照理想原则行事,是社会道德规范内化形成的道德良知,是理性与非理性的结合。① 虽然人们对弗洛伊德的精神分析学说争议很大,但潜意识存在于人的心灵深处、是潜意识的根基的观点为各学术派别所接受。问题在于潜意识的“内隐性”本质使得人们对潜意识的了解与掌控、测量与评价难以操作,导致学者们普遍认为既然通过外在的方法对人的潜意识施加有效的影响困难重重,理论探讨不如绕道而行,避而不谈。在现实生活中,对儿童品德形成的探讨以及家庭、学校、社会品德教育的实践,呼唤对潜意识的发掘与研究。儿童心理发展与学校德育的状况表明,品德结构的探讨缺少了对潜意识内容的关注,就缺少了根基。

第二,说到品德,人们总是将其与个体的心理联系起来,这样做固然有其合理之处,但是,将品德结构等同于品德的心理结构,忽视了形成个体品德的社会内容,导致研究一味在心理学的概念里兜圈子,看不到外部因素对品德结构的影响,这种做法的直接后果是品德结构研究的多学科视角被“屏蔽”了。

第三,研究者不知道品德结构是整体人格系统结构的组成部分,看不到品德结构是人格结构“大树”上的“树枝”,割裂品德结构“树枝”与人格系统“大树”的血缘关系,将品德结构与人格系统的内在联系切断,使

① 参见《弗洛伊德文集》第四卷,长春出版社 1998 年版,第 150—160 页。

前者失去了后者强有力的支撑，品德结构的丰富性被大大削弱，使该问题研究的狭隘性增强，结论的正确性必然大打折扣。思维方式上的形而上学必然导致研究结果的偏差与谬误，进而使理论探讨步入歧途。

（二）新观点的提出——作为人格系统组成部分的品德结构

"人格"一词来自拉丁文"persona"，原意指面具。《中国大百科全书》（教育卷）对人格的定义是："个人的心理面貌或心理'格局'，即个人的一些意识倾向与各种稳定而独特的心理特征的总和。"①心理学讲的人格包括气质、性格、能力、兴趣、爱好、需要、理想、信念等。正是在这个层面上人们常常把人格与性格等同，西方心理学家常常用 character（性格）一词来表示人格和品德。笔者认为，人格是一个整体的系统，是由不同的结构组成的有机统一体，它表现为个体在认识自我、改造自我、认识自然、改造自然、认识社会、改造社会的过程中处理自己与他人、自己与自然、自己与社会关系时的"真善美"与"假恶丑"的价值辨析与践行的心理倾向和个性特征。它是一个综合体，这个综合体由智慧结构、品德结构和历美结构三部分组成。智慧结构的作用是学习知识、探索未知，即"求真"，下辖"智慧的意识"和"智慧的能力（智力）"；品德结构的作用是价值澄清、追求真理，即"求善"，品德结构又由"品德的意识"和"品德的能力"组成；历美结构的作用是体验历练、追求美好，即"求美"，历美结构又下辖审视体验美的意识和能力（或称审美意识和历美能力）两部分。因此，主体的人格系统是由智慧、品德、历美三个亚结构和多个子因素组成的金字塔结构。智慧结构、历美结构的发展水平直接制约着品德结构的发展，而品德结构又对前两者的发展起着促进作用，它们相互联结、相互渗透、相互协调，共同构成主体的人格系统。而这个系统的"核心"就是信念。这个信念不是人们一般意义上所认为的"圆型"（或桃型），而是立体的"轴

① 《中国大百科全书·教育》，中国大百科全书出版社2002年版，第289页。

形”——一根纵穿整个立体人格系统的“轴心”。这根竖轴下端植根于个体的“潜意识”之内，上端通达个体的“超意识”之中。

在个体的人格系统中，智慧结构、品德结构和历美结构的上位概念是信念。从个体心理发生、发展的角度看，人格系统的发生基础是个体先天具有的潜意识。人类在进化的过程中，经过长期的遗传和变异，形成了人类所特有的由底层的潜意识和中层的显意识以及上层的超意识所组成的系统结构。这种结构蕴涵在个体基因内，儿童以自身需要为动力，参与社会生活实践，在与他人交往中，社会规范不断内化，规范意识日益强化。儿童的内在潜力得以激活和释放，并主动将内外因素进行积极的协调和整合，表现在外化活动的行为习惯中，逐渐形成个体的人格系统。（见图 2）

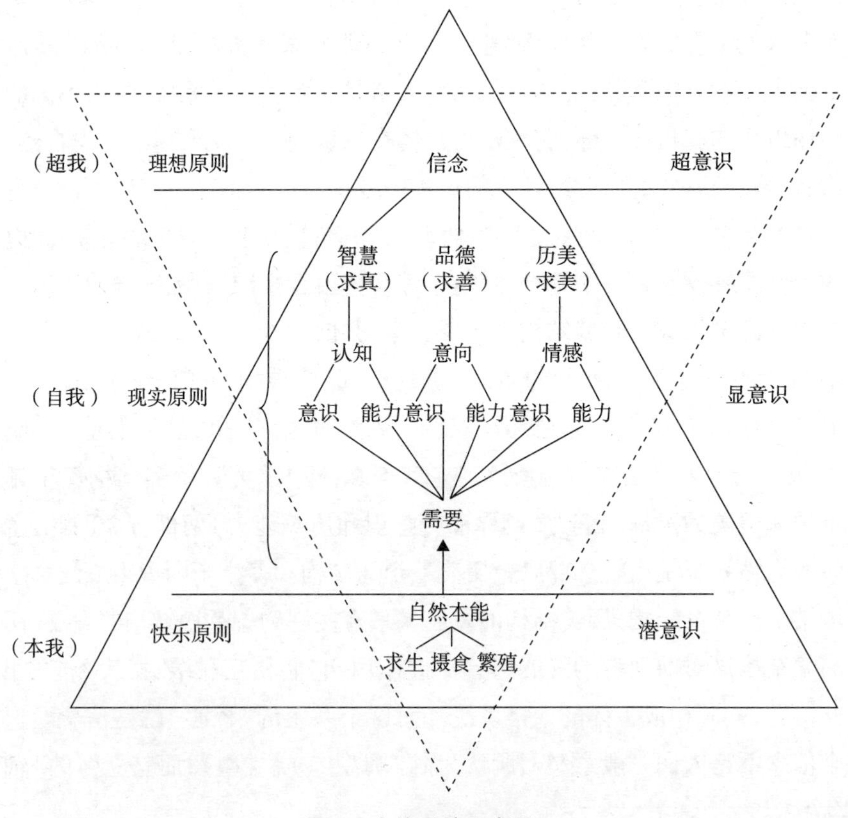

图 2　人格系统示意图

品德结构是个体人格系统的一个重要分支,研究者应该从两个方面拓宽视野:一是研究人格系统的构造问题;二是不断增强研究者的教育意识,即自觉地把有目的的对儿童的启迪与影响的思想渗透到人格系统的研究中去。这极有可能是使此研究摆脱困境的“捷径”。如果研究者仅从心理学角度看品德,人为“屏蔽”了品德结构的多维视角,就会以偏概全。笔者将伦理学的“真善美信”、心理学的“知情意行”与教育学的“德智美体”等内容加以整合,使之有机统一,形成该理论研究的新视角、新平台。

就个体成长来看,图中实线三角形勾勒出个体由生理需要(本能)向高级的社会需要迈进的规律与趋势,即层次越高,需要的人就越少,现实生活中,“精英”、“楷模”总是少数人。

就社会的发展来看,上图中的虚线三角形描述出人类世界由野蛮混沌走向高度文明的路径和趋势,即人类将在更高、更新、更广阔的平台上发展自己的先进的生活方式,满足自己的所有需要,实现全部的价值。人、人性、人类将由狭小的必然王国跨进广阔的自由王国。

(三)人格系统的机能——驱动、导向、反馈

作为完整的系统结构,人格系统的机能是多方面的,笔者将其归纳为驱动机能、导向机能和反馈机能。三者以驱动机能为本原,以导向机能为手段,以反馈机能为中介,相互作用、相互促进,维持人格系统的生存,推动人格系统的发展,促进人格系统的完善。

1. 驱动机能

驱动机能是整个人格系统的首要机能,发源于人的需要,深植于人的潜意识内核“生理的本能”(求生、摄食、性欲等)即弗洛伊德所讲的“本我”之中,直接影响人的活动——知识的获取、品德的生成、对美的体验和追求的性质与效率,分为智慧的动机、品德的动机和历美的动机。人格积极性的源泉是生理需要及在其基础之上的社会需要。这些需要是使智慧、品德、历美转化为行为的内在动力。从人格系统形成、发展、完善的演

变过程来看,智慧的需要、品德的需要、历美的需要是整个人格系统的动力源泉。作为活动主体的人,在积极的社会交往实践中,以既有的人格系统结构为基础,不断将各种价值观念内化,形成个体的价值信念(智慧的信念、品德的信念、历美的信念);同时社会又向个体提出各种不同的价值规范,如知识学习的规范、品德养成的规范、审美历美的规范等,当这些价值规范与主体先前形成的价值观念相吻合时,就会转化为主体的新的价值需要,进而引导主体的价值活动。

2. 导向机能

导向机能是驱动机能基础之上的一种精神追求,引领主体的人生方向,来源于主体的信念,即弗洛伊德所说的"超我",它是主体自我认知的升华形成的高尚的价值追求,即理想。理想又细分为知识学习的理想、道德品质的理想和对美的追求的理想。它是主体人格系统运动发展的高级阶段,为人所特有的对一系列事物的抽象与概括之后所形成的主观愿望,是人的精神追求。个体与群体(民族)的理想的培养从来就是教育追求的目标。从微观角度来看,个体的价值观与某种具体活动的价值有联系,又有区别。具体活动的价值是指客观的活动本身满足主体需要的属性,它表明的是一种关系范畴;而个体的价值追求,即价值观则是主体对事物或活动性质的好坏真伪所作的判断和抉择,它是一种意识倾向或精神追求。理想信念的形成及其发挥作用的程度取决于客体对主体需要的满足程度以及主体对客体期待与希冀的程度。而品德理想制约和引导着的是品德需要的满足程度与品德追求的水平的高低。当个体面临复杂的生活情境时,会从不同的需要出发作出不同的选择,例如,在平常的学习生涯中是为追求理想(长远目标)"慎独"、"发奋",还是贪图眼前利益"怠惰"、"放纵"?当牵涉自我与他人利益冲突时,是利他还是利己?取义还是趋利?在是非面前,是见义勇为、见义智为,抑或是漠然无为?等等。这里影响人、促使人作出正确选择的是人心灵深处的价值追求,是人平时积淀、修炼来的道德品质的最高境界——道德理想的指导作用。这种理想的导向作用正是主体所具有的人格系统的导向机能所发挥出来的,而人格系统导向机能发挥的频率、方向、效果取决于教育的影响。

3. 反馈机能

反馈机能是保持和维护个体心理平衡、使个体的思维与行为保持一致的重要机能，它包括主体的行为方式和生活经验，来源于潜意识中的生理本能和超意识中的信念。人格系统结构的作用是在个体与环境（自然环境与社会环境）交往活动中逐渐形成并且发挥出来的。主体在其成长过程中不断参与实践，对各种价值不断进行体验、辨别、比较，在吸收外来知识和规范的同时不断激活“沉睡”在自己潜意识里的价值“沉淀”，而这一连续不断的过程的维持，需要人格系统结构必须具有一种专司协调、平衡和校对的机能——反馈机能。这种反馈机能的存在，下牵个体的自然本能，上连个体的理想追求，掌控着个体的日常言行，对个体的自我表现起着积极的平衡作用。

个体正是在人格系统的三种机能的交互作用下实现了智慧、品德和历美的合而为一，形成了“合金”——主体生活的理想信念。从而在人生的各个阶段，在活动的各种场合，主体都能坚定不移地按照自己的理想信念去生活、去做人。这里特别需要强调的是，理论的抽象分析是为了揭示事物发展的内在联系，形而上的抽象是学术探讨的需要而非人为的肢解与割裂。我们应该清醒地看到，无论是上图示意的人格系统，还是此处讨论的几种机能，在生活的真实情境里，所有的因素、结构、特点、规律、价值、机能统统都是以气雾般的状态存在于个体的心里，混沌氤氲、伯仲难分。

（四）人格系统的核心——信念对品德的意义

作为人格系统的核心——信念的形成以及作用的发挥是有其特点和规律的。① 在对待智育与德育的关系问题上，我国教育工作者有一个共识：知识教育主要解决学生“知道不知道（真伪）”的问题，品德教育主要

① 参见赵志毅、蔡卫东：《论信仰的结构、本质及其对德育的意义》，《南京师大学报》（社会科学版）2000 年第 1 期。

解决学生“相信不相信(善恶)”的问题。这两句话揭示了智育与德育的功能区别。笔者认为,历美教育主要解决学生对于生命(所有的生命——包括动植物)的态度问题,回答“生命中追求不追求美”的问题。德智美(“体”是具体的存在实体,是德智美的物质载体,严格意义上讲不属于个体的意识范畴)的“合金”——信念对各个子系统起着统驭和调控的作用。智慧结构在知识学习过程里是智慧的“中枢机关”,在道德品质的形成过程中,它是重要的智力条件,在审美教育中,它是形成审美理念的“门户”;品德结构在知识的获得过程中专司“监管”的作用,在品德养成的教育里,它是“首脑”,在审美教育中,它起着“铸模”的作用;审美结构在知识学习中起着激励的作用,在品德教育中,它起“催化”的作用,在审美教育中,它是当之无愧的“司令”,起着发号施令的作用。而这一切只有围绕信念展开的时候才有意义:丰富的认知,高尚的品德,对美的追求均以生活需要(自然的生理需要与人际交往的社会需要)为依据,为出发点,经过主体的努力以及外界因素的激发,实现“同化”和“顺应”,达至内外转化,在个体信念的支配下形成良好的行为习惯。信念是整个人格系统的核心,它的作用覆盖人的精神,渗透于个体心理的每一个环节。此处,我们将之概括为追求智慧的信念(学习信念)、追求德性的信念(品德信念)和追求(含鉴赏、体验、践行)美的信念(历美的信念)。三者之和构成了我们平常所说的人生信念。

鉴于本文的主题是探讨品德结构问题,以下对品德结构稍做展开。品德结构可以分为品德意识与品德能力两部分。品德意识与智慧意识、历美意识构成了品德智慧;品德能力与智慧能力、历美能力形成了品德智能,品德的智慧与智能在品德活动中具有驱动、导向和调整的功能,保证了主体的品德行为的实施,与此同时,刺激相应的品德能力系统得以提高。品德能力系统是直接影响人的活动效率,使品德活动得以顺利进行的个性特征。按照在品德活动中的不同作用,品德能力又分为品德判断能力、品德应激能力和品德实践能力三种。① 品德判断能力是指当主体

① 参见赵志毅、王淳:《试析品德能力的结构与特点》,《课程·教材·教法》1988 年第 9 期。

面临一定的道德情境时，能够迅速调集自己的有关知识、智慧、经验和观念对情境中的是非善恶迅速作出判断，确定自己所应采取的行为，并能准确把握这种决定的道德意义的能力。品德应激能力是伴随着认知而产生的，它主要是指人在一定的道德情境中形成的品德动机和情感体验等态度方面的能力。研究者认为，造成人们在紧急状况下对弱者不伸出援手的原因，除了道德情感的冷漠与胆怯之外，也有时是因为缺乏道德行为的应激能力所致。品德实践能力是主体在品德智能与品德情意的启发指导下采取品德行为的能力。个体之间的品德实践能力差异很大，面对同样的道德情境，不同的个体对品德行为的选择大相径庭，导致的结果也完全不同，造成这种现象的一个重要原因就是个体之间品德实践能力的差异。品德实验与观察研究表明，品德实践能力与个体的品德体验、品德意志和品德信念有很高的相关性。个体在其品德结构的发展完善中，在优质教育的积极影响下，日常品德活动的经验会朝着两个方向进发，一是不断地在同"伪善"、"缺德"、"邪恶"的外来影响的斗争中逐渐升华到超意识中去，成为个体坚定而高尚的道德信仰，进而使个体的生命向着健康或正确的人生目标前进。二是在与自己内心的"贪婪"、"自私"、"邪恶"的欲望的博弈中沉淀到人格系统的基础——潜意识的深处，久而久之便内化成品德行为习惯，形成良好的品德修养，进而改变着人的动物本能，实现着人性对兽性的改造，完成着品德的进化。良好的品德行为习惯既可满足个体的品德需要，又可成为主体后续行动的内驱力。"信念"作为人格系统中的上位概念不但是德育研究的内容，也是哲学、艺术、宗教乃至整个人文学科共同关注的对象。

七、从多元争鸣到综合融通——品德结构研究回顾与展望

品德结构问题是德育学中最具理论性的内容之一。从 20 世纪 70 年

代末到现在的三十多年里，学界对品德具有何种结构以及在德育实践中的作用先后提出过数十种观点。沿着我国社会改革开放的历史轨迹，分析各种学说的理论贡献，描绘学术研究与时代发展的演变路径，对构建中国特色德育理论具有十分重要的意义。

（一）1979—1989年，我国社会意识形态由“无产阶级政治挂帅”转向“以社会主义经济建设为中心”，德育界由追求“崇高理想”转向寻找“普世价值”，品德结构研究从由点线相连的“因素说”转向了丰富多彩的“结构说”

20世纪70年代末，我国社会的改革开放给文化教育领域带来了新的气息，跨文化的思想交流荡涤着“文化大革命”的尘埃，瓦解着故步自封的本土文化，多元文化、多元价值观逐渐兴起。意识形态的历史性转变，政治对德育的“松绑”，西方道德价值观的传入，催生了中国德育理论研究的春天，肩负着历史重任与时代希望的学者们在艰难中起步，摸索前行，在广泛引介西方理论成果的基础上，努力探寻中国德育的新出路，品德结构理论的研究由此掀起了第一朵浪花。

1. 研究产生的理论背景

以品德结构为对象的研究思路根植于西方结构主义，结构主义的诞生可追溯到20世纪之初。学者们对人文科学领域只求局部、不讲整体的倾向普遍不满，他们渴望恢复自文艺复兴以来被中断了的综合研究的传统，提出了系统论、结构论的思想，希望从系统的角度研究事物的规律性。结构主义将事物看做复杂的整体，其中任何一个组成部分都不可能孤立地存在。对于部分来说整体具有逻辑优先的重要性，人们只能把事物放在一个整体的关系网络中，即把它与其他部分联系起来才能被认识。结构主义者认为，事物的本质存在于我们对事物内部关系的把握，结构主义关注的正是关系模式的研究。结构主义是人文社会科学领域的一种研究视角，对整体性、共时性的强调具有方法论的意义。在介于自然科学和社会科学之间的心理学领域，出现了以研究心理结构为特征的认知心理学，这些都为品德结构研究提供了理论环境。皮亚杰将“结构”方法与“起源”或“发生”联系在一起，强调认识结构的存在及其能动性，他认为儿童的认知结构通过同化与顺应过程逐步建构起来，并通过主体的自我调节机制在“平衡—不平衡—新的平衡”的循环中不断得到丰富、提高和发展。科尔伯格继承了皮亚杰将结构主义与建构主义相统一的研究思路，提出结构的建构是一个不断地从低级水平向高级水平过渡的发展过程，他依据道德判断的结构划分了个体道德发展的阶段，涵括了一个比皮亚杰更为详细、系统的道德发展三水平六阶段理论。在他们的理论中，结构的建构不再是“先验”或“预存”的，而是在肯定与否定的变化中“组合”而成的，不同的水平的结构之间不能单向还原，只能互相同化。皮亚杰与科尔伯格在将结构主义作为一种开放性的科学方法进行道德发展研究时，将之与其他学科相协调，这种多学科交叉耦合的研究方式，为深入探讨儿童的活动提供了新工具。

西方发展心理学的传入为中国品德结构研究拓宽了理论思路。20世纪上半叶，心理学对品德的研究，主要集中于通过测量、测验或问卷的方式来探讨品德同智力、性别及个性品质的关系，对品德发展阶段的确定是这一时期最为重要的理论成果。20世纪六七十年代，教育心理学家、儿童心理学家、社会心理学家对青少年品德的形成和发展表现出浓厚的兴趣，其中，新精神分析学派的代表艾里克森提出的人格发展八阶段理论对后世产生了深远的影响。维果斯基认为儿童心理发展具有年龄特征，他将品德发展分为稳定期和转变期，前者表现为缓慢地变化，后者表现为剧烈的变化。在转变阶段，儿童易与周围环境发生冲突，并感到痛苦，表现出任性、固执、为所欲为的行为倾向。这种关于个体品德发展的阶段论和关键期的学说深深地影响了当时的教育理论，成为苏联儿童心理学的基础理论。

2. 关于品德结构问题的争论

20世纪80年代，中国社会意识形态由“阶级斗争为纲”、“无产阶级政治挂帅"转向"以经济建设为中心",学校德育也由培养"有社会主义觉悟的有文化的劳动者"转向培养"有理想、有纪律、有文化、有道德的社会主义建设者和接班人"。德育理论界开始关注品德结构问题的研究。西方品德结构理论强调心理过程,对品德心理成分的划分主要有"二分说"、"三分说"和"四分说"。"二分说"将心理划分为认识和意向(或行为)两种成分,以此为基础,品德被看做是道德知识和道德行为的统一体。"三分说"将心理划分为知、情、意三种成分,品德被看做是道德认识、道德情感和道德意向的统一体。"四分说"将心理划分为知、情、意、行四种成分,以此为基础,品德被看做是道德认识、道德情感、道德意志和道德行为的统一体,这种四分法具有概括、简缩的特点,实际上还包含着个体的多种内在品德成分,如道德观念、信念、道德需求,道德动机,道德评价和反馈,道德习惯等。

古人伏教授认为,品德结构包括三个方面,即政治品质、思想品质和道德品质。政治品质,是指一个人的政治立场、态度,这是一个人政治方向的具体体现。思想品质,是指一个人的思想认识水平、世界观和人生观,其中世界观是社会意识和个人意识的核心,它贯穿在历史观、人生观、道德观、审美观、价值观之中。道德品质,是指一个人的行为、作风所表现出来的思想、认识、品性等本质特征。思想品德是一个完整的概念,就其表现形式来说,政治思想是品德的内在本质,品德是其外在表现。人的行为总是受到其动机所支配的。因此,政治品质、思想品质和道德品质三者是相互联系、相互渗透的统一体。① 赵志毅的"三环结构说"②用辩证的系统的分析方法对品德作结构性的改造,提出以世界观为核心的思想品德三环结构的理论,认为品德完整的心理结构,是品德心理要素环、品德的个性倾向环和品德的能力环三方面的有机结合,每一环又都有自己的亚结构,形成多方面、多层次的统一体。在品德结构中世界观是核心,各种心理品质都排列在世界观的周围,受世界观的统驭,同时心理品质也给

① 参见古人伏:《德育学教程》,华东化工学院出版社 1993 年版,第 18—20 页。

② 参见赵志毅:《思想品德三环结构理论初探》,《教育研究》1987 年第 6 期。

世界观的形成与巩固以不同程度的影响。世界观包含的内容极其丰富，理想是世界观晶体的内核。朱本在《品德的心理结构与品德教育的心理标准》①一文中对当时流传的品德心理结构包含道德认识、道德情感、道德意志、道德动机和道德行为方式的“五分说”，表示质疑，认为其层次性存在问题：他将道德动机作为品德心理结构的核心，而道德动机最根本的源泉乃是道德需要，所以品德心理的核心成分是道德需要。朱本进一步分析了学生道德修养的心理标准：一是知、情、意、行的统一；二是动机与效果的统一；三是道德行为的随意性与不随意性的统一。朱本将品德心理结构理论与德育实际操作相连，使品德结构理论的现实意义得到凸显。林崇德在《论品德的结构》②一文中从价值概念与结构概念联系的角度探讨了品德结构。他认为，品德结构是人的道德活动特征的整体，是一个系统，既从属于社会系统，又从属于自然系统，还从属于心理系统；品德本身包含着许多子系统以及不同层次、不同水平、不同序列的亚系统，高层的系统整合着子系统；品德的结构是动态的，是一个通过信息变换、自我调节的开放系统；品德及其结构的发展呈现出阶段性。同年，万喜生的《品德的心理结构》③将品德结构定义为“个体品德的心理成分及其结合方式”，他总结了品德心理结构的特点：一是品德心理结构诸成分的对立统一性；二是品德心理结构的水平差异性；三是品德心理结构的培养多端性；四是品德心理结构的发展循序性。他探讨了品德心理与个性在结构上的关系及其相互作用，认为“个性倾向性是个性结构的核心”，“作为个体的品德，是个性结构中具有道德评价意义的核心部分”，个性倾向性以其导向性制约品德心理发展的方向，以其动力作用制约品德发展的积极性，以其调控功能制约品德心理发展的进程，以其总体特征制约品德心理发展的水平。而品德对个体倾向性的影响会扩展到个体的整个世界观。赵志毅在《试析品德能力的结构与特点》一文中，将对品德心理结构的研

① 参见朱本：《品德的心理结构与品德教育的心理标准》，《教育探索》1987 年第 1 期。

② 参见林崇德：《论品德的结构》，《北京师范大学学报》1988 年第 1 期。

③ 参见万喜生：《品德的心理结构》，《湖南科技大学学报》1988 年第 4 期。

究细化到品德能力层面，他将品德能力定义为“直接影响个体品德活动的效率，使活动顺利完成的个性品德心理特征”。品德能力包括完成一定品德活动的心理特征和实现一定品德活动的方式，由三个子系统组成：一是品德智力，其中包括品德认识能力、判断能力、评价能力；二是品德实践能力，其中包括品德行为的预见能力、活动能力、应急能力；三自我教育能力，其中包括品德目标的选择能力、自我激励能力和自我控制能力。品德活动的产生、持续和完成，是品德智力等能力因素与有关的非能力心理因素共同作用的结果，品德智力起着基础和前提的作用。品德能力不是天生的，它以人的遗传素质为自然物质前提，在人的现实的品德活动中产生、发展、提高，无论在质上还是在量上都具有动态的特点。针对当时学校德育中片面强调道德知识灌输的所谓正面教育的状况，赵志毅呼吁：“采用科学的教育方法，经常将学生置于真实或虚拟的冲突情景之中，培养和发展学生的品德能力以及与之有关的非能力心理因素。”①

3. 对 20 世纪 80 年代品德结构问题研究的反思

在改革开放的头十年里，学者们以拓荒者的气概打破了学术界的沉闷氛围，大胆吸收西方学术研究的先进理念，推陈出新，为深入探讨德育理论问题作了铺垫。在中国古代“形上谓道，形下谓器”传统思想影响下，思辨范式在中国人文研究中始终占据主导地位，“形而上”的大道哲学思想发达，“形而下”的实证研究比较缺失。通过逻辑论辩导出理论的价值与意义是此阶段国内教育研究的主要范式。一方面，概念辨析、逻辑论证是思想革新的内在风骨，使刻板的符号运算内蕴涵了主体的情感体验与责任操守，折射出主体灵魂深处对人性的领悟，引起思想的震撼；另一方面，这种内在的规范衍生出思想产品的同时也使学者自身陷入了“拍脑袋想问题”的思维怪圈。20 世纪 80 年代，国内虽也出现了运用实证研究方法对德育问题探讨的案例，但对品德结构做实证研究无人问津。

① 赵志毅、王淳：《试析品德能力的结构与特点》，《课程 · 教材 · 教法》1988 年第 9 期。

观察、感受、领悟、沉思、内省、演绎、类比等思维方式在把握品德结构的总体轮廓方面固然不可或缺，但缺乏实证依据的支撑使此阶段的研究成果的科学性受到人们的怀疑。

19—20世纪，孔德等人倡导将自然科学的实证精神贯彻于社会现象研究之中，主张通过实验来论证真理。在科学实证主义哲学观、自然科学方法论和自然科学技术的合力作用下，近现代西方教育研究强调以实证分析为主，在研究过程中摒除价值问题，通过数学、物理等手段用数据精确地描述还原事实问题，以求发现普适性的教育规律。这种研究范式因其客观性、普遍性和中立性，受到追捧。研究者以逻辑实证为核心思维方式，发展了实验、准实验、测量、调查研究、结构化访谈等具体方法，这些通过对简化了的对象的可控性研究达到对复杂现象认识的研究方法被西方研究者广泛用来处理教育学与心理学交叉领域的相关问题。方法论的突破是引导理论创新的关键。在后续研究中我们将看到，学者们不断修改完善自己的品德心理构型理论，从平面到立体，从历时到共时，从西方化到本土化，中国品德结构研究进入了高潮期。

（二）1989—1999年，我国社会由计划经济为主、市场调节为辅向市场经济转型，学校德育的价值追求由“一大二公”的集体主义转向合理的利己主义，形形色色的“立体结构说”呈现百花齐放的局面

如果说1979—1989年的品德结构研究是摸索前行的十年，那么品德结构研究在1989—1999年就是深入发展的十年。学者们在对前十年研究的思路和取得的成果质疑与检讨的同时，对于品德结构的理解更加系统化、清晰化，同时品德结构这个名词也渐渐走进了系统科学的领域。

1. 对前10年研究成果的质疑

(1)对“因素说”的质疑

有学者认为，各因素间不应该是并列的关系，其间的具体关系在之前

论述不明，[1]因素本身及其之间的关系不应当是一成不变的，发展变化的规律在前十年的研究中并未涉及，[2]因素说的品德结构是一个孤立的结构系统，与人的心理系统整体脱节，应进一步研究品德心理与心理系统之间的关系。仅从知情意行等一般心理过程分析品德心理，在理论上容易模糊品德的社会制约性，在实际应用上也有很大的局限，在发展初期比较适用，在分析较高发展阶段或较高层次的品德心理时，就会遇到很多困难，[3]行为与知情意并列也是不够的，行为是品德的客观内容，是品德的基本标志，是思想政治教育的直接目的。有学者认为要素说的根基是基于哲学思辨，抽象程度高，但是也很空洞，不够具体，无法很好地指导实践工作。[4]

（2）对"基本维度说"和"三维结构说"的质疑

"基本维度说"没有明确提出品德心理结构具体包含什么要素以及各要素间如何联系，同时在基本维度中仅仅强调了越是深层，稳定性越大，在整体的稳固性上起主要作用，而没有强调越是高层，社会性越强，而且这种说法还忽视了德育方面的内容如政治观、道德观，把人的本能、冲动作为结构的核心，还有待于研究。[5] "三维结构说"中的能力维度实际是系统的功能，并不是系统的结构，况且品德心理只是一个分系统，不能有独立的品德能力，而且"三维结构说"缺少对品德结构起点或核心的研究，而把能力作为其中一维，尚觉欠妥。因为能力（功能）是系统（结构的组成形式）发挥的作用，把它单独作为一维，有待进一步探讨。[6] 还有学者认为"基本维度说"与"三维结构说"虽然论及了社会内容，但将社会内容的政治、思想、道德与品德结构的心理内容一一对应，在社会内容的全面性、丰富性和复杂性上探讨不够，在社会作用与个体品德的互动关系上

---

① 参见刘惊铎：《品德结构新议》，《教育研究》1992 年第 3 期。

② 参见冉乃彦：《对品德心理结构的重新认识》，《教育研究》1990 年第 10 期。

③ 参见左其沛：《品德心理的形成与德育的科学化》，《教育研究》1990 年第 5 期。

④ 参见万文涛：《思想品德心理结构与当代学校德育》，《江西教育科研》1998 年第 6 期。

⑤ 参见肖兴政：《品德结构新论》，《西南师范大学学报》1996 年第 2 期。

⑥ 参见肖兴政：《品德结构新论》，《西南师范大学学报》1996 年第 2 期。

也考虑不够。①

(3)对“三环结构说”的质疑

有学者认为把世界观当成整个品德结构中的核心因素，起决定性主导作用，这是值得商榷的，因为世界观为中心的驾驭太高，缺乏普通的基本因素或品质的培养。② 还有的学者认为世界观是在心理结构中起联系作用的高级信息内容，信息内容本身也有一个系统，有其自己的核心，在反映对客体认识的信息系统中，世界观是核心，但它不是品德心理结构的核心。③ 更有学者认为对于尚未形成世界观而又具有思想品德的少年儿童来说，以“世界观为核心”欠妥，否则就是把世界观泛化了。而且心理要素、个性倾向应均归属于心理内容范畴，如果是这样的话，“三环”就只有“两环”了。

(4)对“三子系统说”的质疑

有学者认为“三子系统”中的三个子系统并不是实际并列存在的三个子系统，而是从三个角度来表述同一品德心理系统。品德动机系统是表述品德的深层结构与表层结构的关系；品德心理特征是表述心理活动与行为活动的关系；品德组织形式是指品德的定向、操作、反馈系统，而它们表述的实际上是品德心理的功能。同时，把道德习惯定为品德心理系统的“序参量”似乎不太恰当，至少它不是唯一的或主要的“序参量”。因为品德习惯并不是真正的本质性的变量，它的形式并不引起整个系统发生根本变化，也不主宰品德系统整个演化过程。三是它也把品德心理分系统人为地从心理系统整体中孤立出来，作为一个完整的系统进行研究。

2. 第二个十年的研究发展

(1)核心结构说的建立

核心结构说是“三环结构说”的进一步发展，支持者认为在品德结构中存在一个起支配作用的核心，有的学者认为世界观是品德的核心，无论

① 参见吴亚林：《品德结构探析》，《华中师范大学学报》1997 年第 3 期。

② 参见刘惊铎：《品德结构新议》，《教育研究》1992 年第 3 期。

③ 参见冉乃彦：《对品德心理结构的重新认识》，《教育研究》1990 年第 10 期。

是从人的道德还是从思想上研究品德结构都不止是心理要素，而应该突出思想和政治成分，思想品德结构是一个以世界观为核心的，由心理、思想和行为三个子系统的多种要素构成的具有稳定倾向性的整体，人的心理是思想品德的基础，无论何种思想品德都是在心理的基础上生长起来的，思想是指每个人所特有的价值取向，是人脑对主体自身社会存在的反映，是品德的社会内容和方向。有学者认为品德信念是品德的核心，以品德行为为外部表现，由社会内容系统、心理形式系统和品德能力系统有机结合而成的“球形四环多维立体结构”，其中各系统又有自己的亚结构，并形成多方面、多层次、具有稳定倾向性的统一整体。从各系统间的关系来看，品德结构内各要素系统之间发生着从不停顿的物质交换，如此成为一个具有反馈、调节等自组织功能的相对稳定的结构。① 核心结构说中还有一个分支是从因素说中衍生的，被称为品德的核团结构。它认为，作为一个相对独立的心理系统，品德结构是由三种道德心理要素组成的：一是道德动机系统，这是品德结构中的驱动因素，是品德发展和道德活动发生的根源之所在；二是道德智能、情意系统，这是与道德活动有关的认知、情意、能力要素，是直接影响道德活动的性质与效率的因素；三是道德行为调控系统，是实现道德行为的心理控制因素，包括有关道德行为的经验、习惯以及反馈等心理机制。三者以动机系统为核心，以智能、情意系统为中介，以行为调控系统为外缘，相互沟通、相互作用，构成一个类似原子结构的核团。因此被称为品德的核团结构。②

（2）层次结构说的建立

层次结构说从发展和系统的观点来考察品德结构，认为品德的心理结构是个具有层次性、动态稳定的非平衡结构。它包括表层结构和深层结构两个方面，表层结构包括道德认识、道德情感和道德行为三个要素，它们都是比较外显的，表层要素之间只是相关关系而没有直接的因果关系，一种要素的变化并不必然导致另一要素的变化，它们之间是通过某种

① 参见刘惊铎：《品德结构新议》，《教育研究》1992 年第 3 期。

② 参见李雁冰：《品德结构新探》，《齐鲁学刊》1995 年第 3 期。

中介的调节而发生联系的，而这种中介就是品德结构的深层要素。深层要素包括动机系统、自我调控系统。动机系统包括道德需要、道德兴趣、道德理想、道德信念和世界观。动机系统和自我调控系统中的各个成分都是认识、情感和行为三个方面的“合金”。这三个方面与表层结构中的道德认识、道德情感和道德行为是相互联系、不可分割的。① 1997年，又有学者将此理论进行深化，提出品德心理结构的表层系统包括道德认知、道德情感、道德意志和道德行为四个要素，道德情感来源于道德认知，而道德意志又表现于行动之中，它是道德认知、道德情感向道德行为转化的关键环节。这四要素之间的关系是通过某种中介而产生的，这个中介就是深层系统，深层系统包括道德需要、自我道德意识、道德信念。道德需要是道德活动的动因，当个体的自我意识发展到一定水平就会产生道德信念。②

（3）系统分析说的建立

系统分析说中有的学者把品德心理作为个性心理系统的一部分来分析，认为品德心理是由道德需要分系统和道德能力分系统构成，全都包括由需要所决定的动机、态度、理想、信念等，它决定着品德的方向、性质和发展水平，是品德心理的主导和核心成分。后者包括道德认识、道德判断能力、道德行为的技能和熟练等，它是实现动机与效果相统一的保证。③有的学者在“三子系统说”上进行深化，品德结构存在于“2+1”心理结构中（即人的心理主要是意向与认识分系统，此外还有起辅助作用的情绪系统），品德心理结构主要存在于心理的意向活动系统中，以意向活动为主，以认识、情绪系统协同发挥自己的功能。这个结构包括动机、目标、决策、意志、行动、评价等要素。品德发展实际上是个体成熟与环境影响、自组织与组织、自我教育与教育的结合过程，其发展变化的特点是新的结构基础上的重新构建，不是每一要素在量上的单纯积累，其中的序参量则是

① 参见张志学：《谈品德心理的结构》，《教育研究》1990年第7期。

② 参见彭兰：《品德心理结构新探》，《广西师范大学学报》1997年第12期。

③ 参见左沛其：《品德心理的发生发展与成长期的德育》，《教育研究》1990年第7期。

"自我意识"。[①] 还有的学者基于社会动力系统提出了品德结构可以从生成结构、执行结构和定型结构三个断面或维度上进行探讨。当这些结构和宏观的社会环境及微观的群体环境(包括人际关系、教育方式等)发生关联或相互制约时,就构成了一个包括品德机制在内的大的社会动力系统。他认为生成结构、执行结构和定型结构这三个结构是作为个体内部的动力系统而存在的。[②]

(4)互动结构因素说的建立

互动结构因素说认为品德是人的社会性表现,是社会规范、价值体系的个体显现,其内容是源于社会的;同时,品德又是个体的人的品德,是随着个体人格的形成于发展而形成和发展的,个体人格不仅是品德的物质载体,是社会内容个体化的内在机制,而且人格因其主观能动作用是品德的主体。所以,品德结构只有从社会和人格的互动因素入手,分析社会与人格的互动关系,才能揭示其成分和内部关系。品德结构是社会与个体人格的互动结构,一方面,既要从社会的决定作用又要从主体的能动性上去分析品德结构;另一方面,既要从品德的形成又要从品德的表现来探讨品德结构。同时这种互动结构是动态性和稳定性、接受性与表现性、多元统一性和个体差异性的统一。[③]

(5)螺旋结构说的建立

螺旋结构说认为人的品德结构是具有层次性而且是动态的。处于低层次的品德要素如人的本能、气质、性格(主要是生理需要);高层次的品德要素如品德需要(主要是心理和社会需要)、社会适应、道德观念、品德行为。其中,品德需要包括生理需要、心理需要和社会需要;社会适应和道德观念共同制约着世界观、政治观、道德观的形成;道德信念还包括知、情、意,而知除认知外,还有自发意识;情除了道德情感,还有心理内容;意除了自觉意识、意志,还有心理能力、自我调控。这样一个发散的要素组成形式。[④]

---

① 参见冉乃彦:《对品德心理结构的重新认识》,《教育研究》1990 年第 10 期。

② 参见章志光:《试论品德的心理结构》,《北京师范大学学报》1990 年第 1 期。

③ 参见吴亚林:《品德结构探析》,《华中师范大学学报》1997 年第 3 期。

④ 参见肖兴政:《品德结构新论》,《西南师范大学学报》1996 年第 2 期。

3. 对第二个十年研究的评析

这十年研究具有以下特点：

（1）从并列走向核心

因素说分析了品德结构中的各种并列地因素，核心结构说在质疑这种并列因素的同时，认为品德结构的构成是有核心因素的，并且围绕核心因素建立了立体的品德结构模式。虽然学者们对于核心因素的认识并不相同，但核心结构说的出现使得因素说在理论方面前进了一大步。

（2）从静态走向动态

学者对于品德结构的认识由静态走向了动态，学者们并不认为品德结构是层次分明、一成不变的，而是一种"动态稳定的非平衡结构"。① 这是有前沿性意义的，人的品德结构是在人的社会性成长的过程中形成的，在人与人、人与社会以及人与大自然的交往过程中，品德结构实现了"动态性和稳定性的统一"。②

（3）从平面走向立体

1979—1989 中出现的品德结构大多为平面结构，如"因素说"、"三维结构说"、"三子系统说"等，学者们大多考虑的不是品德的结构，而是品德的成分。其实"结构"应该是立体的，自 1987 年赵志毅在《教育研究》上率先提出"三环立体结构"说，在之后的十多年中，相继出现了"球形四环多维立体结构"③、品德的核团结构④、品德的螺旋结构⑤等立体结构说，学者们对于品德结构的深入挖掘到了一个鼎盛时期。

（4）从单子走向系统

这个特点在系统结构说中得到最充分的体现，之前的"三子系统说"虽然已经涉及将品德结构纳入系统研究中，但是比较浅显和粗略，三子系统并列的叙述使得三个子系统较为独立，而且没有将三个子系统纳入到

① 参见张志学：《谈品德心理的结构》，《教育研究》1990 年第 7 期。
② 参见吴亚林：《品德结构探析》，《华中师范大学学报》1997 年第 3 期。
③ 参见刘惊铎：《品德结构新议》，《教育研究》1992 年第 3 期。
④ 参见李雁冰：《品德结构新探》，《齐鲁学刊》1995 年第 3 期。
⑤ 参见肖兴政：《品德结构新论》，《西南师范大学学报》1996 年第 2 期。

整个大环境系统中加以讨论，后面的系统结构说真正地将品德结构这个概念纳入了系统论中，不仅讨论了品德结构的有机运转，①还将品德结构纳入到社会大环境系统中深入研究。②

经历十年深入的理论挖掘，学界对于品德结构的理论思考更加成熟，但是依然有值得改进之处，归纳如下：

第一，未能厘清品德结构的概念。这十年中的研究成果中未有学者对此给出详细的厘定，而且对于核心概念“品德结构”、“品德心理结构”、“思想品德结构”、“品德要素”等未作出辨析。在论述时，概念使用比较混乱。第二，未能结合实验验证进行理论推断。十年的研究基本为理论研究成果，这些理论研究成果的考证与核实应如何开展，也是值得思考的，毕竟对于品德结构的研究不是单纯的猜想与推断所能奏效。结合实验来验证理论是很重要的。第三，缺乏多学科视野的考察。对于品德结构的考察基本限制于教育学与心理学范畴内，如果扩大研究视角，让多学科的知识精髓融入其中，对实践的指导意义会更大。

（三）1999—2009 年，我国社会主义市场经济体制确立，学界批判知性德育而转向生活德育，提出“德育生活化”，品德结构问题的研究重心下移，转向寻找操作机制的“形下”阶段，各种独具特色的“职业品德结构说”应运而生

1. 品德结构的研究依然受到关注，但是元研究式微，学者们尝试着从不同的学科视野对品德结构进行新的阐释

王海明以伦理学的视野重新解读了品德的心理结构，③他提出“品德是一个人长期的伦理行为所形成和表现出来的稳定的心理自我，是一个人长期遵守或违背道德的行为所形成和表现出来的道德人格和道德个

① 参见左沛其：《品德心理的发生发展与成长期的德育》，《教育研究》1990 年第 7 期。

② 参见章志光：《试论品德的心理结构》，《北京师范大学学报》1990 年第 1 期。

③ 参见王海明：《论品德结构》，《湖南师范大学社会科学学报》2008 年第 2 期。

性，属于心理、人格和个性范畴，因而也不能不由知、情、意三者构成"。同时，他强调这里个人的道德认知（情感、意志）乃是作为品德结构一种成分的"道德认知（情感、意志）"，是个人对于人类道德认知（情感、意志）方面的人性的"得"。郭祖仪从社会心理学的角度探索了品德心理结构的转型。① 他从态度、结构、结构模式等基本概念的界定出发，将品德视为一种态度，并认为态度与品德是一般与个别的关系。在此基础上，他进一步列举了社会心理学视野下品德的态度结构模式具有四个方面的特点，即知、情及行为倾向始终是一个有机联系的整体，具有整体性特点；品德结构的基本要素具有确定性、不随意性的特点；具有逻辑上的严密性和简易性特点；态度结构具有简单、具体，易于操作的特点等。王健敏从学习理论的视角提出，品德就是个体通过学习建构起来的一种个性心理特征。② 王健敏认为品德的实质是交往经验结构，集中体现在个人对人、对事、对己的社会交往之中。品德结构具体包括两个组成部分，即动机部分和行为部分。其中，动机部分体现的是个体规范行为的需要，而行为部分体现的对规范的执行情况。品德结构的这个组成与态度的构成相一致，据此，他指出，品德结构也是一种态度结构，是对社会价值的倾向性态度体系。朱卫嘉以认知结构理论为支撑，提出了品德认知结构模式。③ 他认为较为完全的品德心理结构成分是由道德知识、道德情感、道德意志、道德动机、道德行为、道德评价等组成。一个人的品德行为有哪些心理成分参与，道德知识起着什么作用，主要取决于品德认知活动的机制，而完全同化机制和完全顺应机制则是个人品德结构模式活动机制的两个典型形式。万文涛从品德心理动态发展的角度提出，④在短时记忆空间中展现的品德心理过程是包括"境、知、（情）、行"在内的周期性活动过程，这

① 参见郭祖仪：《论品德心理结构的社会心理模式》，《陕西师范大学学报》2000 年第 6 期。

② 参见王健敏：《道德学习论》，浙江教育出版社 2002 年版，第 9 页。

③ 参见朱卫嘉：《品德认知结构模式与社会变革时期的品德教育》，《西南师范大学学报》2001 年第 9 期。

④ 参见万文涛：《思想品德心理结构与当代学校德育》，《江西教育科研》1998 年第 6 期。

里的“境”即道德情境的感知,“知”即道德认识的延伸,“行”即道德行为的展现,“情”即道德情感变化的历程。当一个人所经历的全部“境、知、(情)、行”过程相继“刻入”潜在的长时记忆库,就形成了这个人的品德结构。张海平从思想政治教育的角度出发,将思想与品德结合起来,提出了思想品德结构的说法。① 他认为思想品德结构是一个以世界观、人生观、价值观为核心的,由心理、思想和行为等三个子系统的多种要素构成的具有稳定倾向性的整体,是心理、思想和行为等系统中诸要素之间和诸要素功能之间的组织与构成的方式。

新世纪以来,学者们对品德结构的研究显示出新的特点,他们不再局限于单纯从教育心理学的角度去建立独特的静态或是动态的品德结构体系,而是尝试着从不同的学科视野对品德结构进行新的阐释,这为品德结构研究的进一步发展提供了新的视野和研究思路。与传统的品德结构研究相比,当下很多学者对品德结构的研究,更加呈现出一种跨文化的思维,跨学科的发展,品德结构的研究渐趋边缘化、融合化。然而,这种跨学科的研究也存在简单移植的现象,在科学技术快速发展的今天,品德结构到底是怎样的呢?各个学科视野下的品德结构观点之间难以相互支持,却又各自自圆其说,这在一定程度上也为品德结构的本质探讨设置了障碍。

2. 比较教育学视野下的品德结构研究增多,不少学者将视线转向西方学者关于品德结构的相关性研究

杨韶刚关注的是美国品格教育的发展,②美国的品格教育研究所把品格教育界定为学校、家庭和社会深思熟虑地努力帮助年轻人理解、关心和实施核心的道德价值观,认为品格的构成要素包含了“关怀、公民道德与公民的权利和义务、公平与公正、尊重、责任、可信以及其他被申请者认

① 参见张海平等:《试论思想品德的内在结构与形成过程》,《湖北大学学报》2003 年第 11 期。

② 参见杨韶刚:《美国品格教育的最新发展研究》,《江西师范大学学报》2002 年第 5 期。

为适当的因素”。万增奎在其关于道德同一性的著作中,介绍了伯科威茨(M. W. Berkowitz)的道德人格模式。① 伯科威茨把道德人格模式解剖成七种成分,具体包括:道德行为、道德价值、道德情感、道德推理与道德影响力、道德同一性和元道德特性,同时这些成分在人格和品德发展中各有自身的地位和作用,贯穿其中的还包含着自律和坚持不懈。李太平以比较研究的视野,分析了20世纪西方道德教育理论流派思想中的共同特点及其思想根源。② 他认为20世纪西方道德教育理论主要有以下特点:其一,在道德教育目的上重视学生道德判断和选择能力的发展,而不是特定社会或集团的道德规范。其二,在道德教育内容上强调个人主义、国家主义、人类中心主义。其三,非常重视学生认知心理因素的培养。陈超从中西方民族道德价值体系的比较着手,阐述了中西方“四德”的内容与意蕴,折射出中西方关于品德结构内容的差异。③ 以“仁义礼智”为代表的中国四德,是一个以情感为主体的德性机制,其结构是良知与良能的统一。其中,以“仁”为“至德”,“仁”是儒家道德的核心原则,其也必然是品德结构的核心要素。而“智慧、公正、节制和勇敢”为代表的西方四德,是西方伦理德性中的“极德”或是“达德”,其中“智慧”是古希腊的最高德性,也是西方文化中的首要成分,而理性则是智慧的主体。新世纪以来,道德教育的比较研究侧重于对西方道德教育思想流派的梳理和介绍,比较教育研究的目光并非单纯关注品德结构,而是把对品德结构的关注寓于道德教育之中,所以使得品德结构的研究更具整体的、实践的意义。这些研究很大程度上促进了中西方品德结构研究的交流,为国内的品德结构研究打开了思路,提供了有益的借鉴。然而,这些比较教育的研究往往侧重于对西方研究成果的介绍,相对缺少对西方德育思想本土化的思考,多数学者也没有从这些思想中概括和提炼出品德结构的构成要素、特

① 参见万增奎:《道德同一性的心理学研究》,上海教育出版社2009年版,第20—21页。

② 参见李太平:《20世纪西方道德教育理论的特点及其思想根源》,《比较教育研究》2003年第9期。

③ 参见陈超:《中西“四德”的价值诠释——中西道德比较与现代道德重建》,《福建论坛》2006年第4期。

点，并探索我国品德教育的实施路径。

3. 有关品德结构的应用性研究增多，表现为以已有或是适当调整的品德结构理论为依据，从不同的工作领域，解析特定人群的品德结构及其形成过程，并探索在实践层面如何加强和改善道德教育

赵国祥和他的团队以实证的方法，探索了河南省处级党政干部领导品德的内容结构。① 他在实验中把领导品德作为一个独立的因素放到了领导概念的显著位置。他们认为领导品德来源于品德又高于品德，是领导者在领导活动过程中依据一定的道德行为准则行动时所表现出来的某些稳固的特征与倾向。他们认为领导品德是个多维结构，主要由五个方面构成，即诚实正直、服务性、自律性、敬业性和包容性。郭维平认为高校教师的品德结构既符合一般规律，又因其职业的特殊性而具有独特蕴涵。② 他提出，高校教师的品德结构是一个由心理过程、思想观念、行为表现、人格倾向四个子系统构成的呈螺旋式上升又可循环往复的四维空间结构，而且各子系统、各要素之间不是相互割裂的，而是“你中有我，我中有你”，相互联系与影响并组合成一个有机整体。刘晓燕以品德结构的“五因素说”为基本框架，提出护士的品德心理结构应包括医德认识，医德情感、医德意志、医德信念及医德行为等。③ 据此，提出要培养从护人员的品德结构，必修坚持医德灌输、言传身教、自身修养、实践锻炼和奖惩激励的方法。陈岸然提出军人品德结构是一个由军人政治品质、道德品质和个性心理品质构成的有机系统。④ 然后，他从两个角度对三要素进行了秩序和规则的阐述。首先，是品德结构三要素在一定的经济基础上的客观秩序和规则，其中政治品质与物质生活生产方式联系最直接，是品德结构三要素的最高层次。其次，从人的品德形成过程这个进路出发，认为发现品

① 参见赵国祥等：《处级干部领导品德结构研究》，《心理科学》2007 年第 3 期。

② 参见郭维平：《高校教师品德结构与建构过程分析》，《现代教育科学》2008 年第 4 期。

③ 参见刘晓燕等：《护士品德心理结构及培养》，《现代护理》2004 年第 8 期。

④ 参见陈岸然：《军人品德结构“三要素”初探》，《军队政工理论研究》2000 年第 6 期。

德结构三要素之间存在着主客观相统一的层次关系。品德结构的应用性研究在新世纪呈现出很大的增幅，而且这些研究在方法上突破了传统的纯理论演绎的做法，不少学者都是采取了实证和实验研究的方法，他们对品德结构的要素界定更具有实践的意义，这些研究成果在很大程度上对提升特定领域道德教育的实效性具有重要的指导意义。但是，我们也可以看到，各个学者在应用性研究中所依据的品德结构学说存在较大差异，而且多数是简单的移植，缺少以实践的视野验证和发展品德结构理论的思考。

4. 品德结构研究的综述性的文献有所增加，不同学者作出了不同角度的论述，同时也有学者进行了反思性的研究

关于品德结构研究的文献多数是从“静态、动态和本质”三个角度来进行综述的，这其中杨韶刚在《道德教育心理学》一书中的综述较为完整，评价也较为客观。① 他在概念分析的基础上，概括了品德心理结构研究的阶段性特点。其一，是静态的结构成分分析，包括品德心理因素说、四项意识说、三环结构说。其二，是动态的功能系统分析，包括功能结构理论、系统结构理论、三维结构说、品德结构层次系统说、球形四环多维立体结构说等。其三，发展的价值结构分析，包括道德价值结构说、态度模式说、品德心理运行结构说、道德学习说等。谢慧盈从不同的角度来考察和分析西方学者对品德结构的研究。② 她指出，就目前看，研究者主要从道德教育内容、品德结构形成主体的心理、品德结构形成机制三个角度研究品德结构。在此基础上，她总结出品德结构具有三个基本特点，即整体协调性、动态发展性和相对稳定性。高德胜从受教育者和教育者的角度反思了现代德育的割裂，③具体表现为：品德结构存在形式和内容的割裂；在品德形式结构中还存在理性与非理性的割裂。一言以蔽之，现代德育是有“脑”（判断和理性）无“心”（情感和动机等非理性）。

① 参见杨韶刚：《道德教育心理学》，浙江教育出版社 2002 年版，第 9 页。
② 参见谢慧盈：《从三个角度看品德结构》，《上海教育科研》2000 年第 10 期。
③ 参见高德胜：《割裂的现代德育》，《上海教育科研》2000 年第 6 期。

（四）2009年以后，在“以人为本”的科学发展观指导下，学界反思、质疑“生活德育论”，提出实践理性的观点，品德结构的研究出现向人格本体“形上”复归的态势，表现出与时俱进的时代特征

“实践理性德育”汲取了以“生活世界”为核心的生活德育论的积极因素，同时囊括了以“道德知识传授，道德判断能力训练”为主要内容的知性德育的合理成分，无论在理论上还是实践中更具有合理性。学校德育改革应跳出“生活德育”走向“实践理性德育”。人与自然、人与社会的关系是人们面临的最为基本的关系，实践理性立足于此来确立现代社会中人们的基本行为规范。把理性当做实践理性来看待，把现代性道德危机的拯救归结到实践理性的建构有着巨大的历史意义，有利于确立起道德及其教育的自然之维和社会之维，既协调好人与自然的关系，也协调好人与自然背后的人与人之间的关系，实现人与自然、人与社会的和谐共生。① 实践理性的提出既避免了理性走向理性至上主义的膨胀式发展，也避免了后现代中非理性对理性的解构，唯“生活”是从。实践理性为重构当今社会的道德教育开辟了新的途径，品德结构的研究呈现出向人格本体“形上”复归的态势，②表现出与时俱进的时代特征。

八、“德目主义”德育哲学引论

“德目主义”道德教育流派在19世纪后半期的西方盛行一时，该派

① 参见赵志毅等：《走向实践理性的德育——读〈关于“道德教育回归生活世界”的自我质疑〉一文的启示》，载《静水流深见气象——鲁洁先生的教育思想与教育情怀》，教育科学出版社2010年版，第175页。

② 参见赵志毅：《论品德结构与人格系统的关系》，《教育研究》2011年第1期。

重视以内容为本的道德教育，强调德育的目的在于教授规范，着重灌输为主的德育方法。“德目主义”所指的道德教育仿佛是一个“美德袋”（科尔伯格语），教育者把经过选择的道德观念、道德规范如诚实、忠孝、勤劳、宽容等，逐条列成目录加以讲解和训练，进而培养出受教育者的德目所要求的道德性格特征和道德实践力。学者们以道德标准的不同又将“德目主义”划分为不同的学派。笔者对德目主义学派的众多观点进行分析、归纳，在肯定其积极意义的同时指出其理论盲点。

（一）祖训与良知：崇拜权威的德育哲学

日常生活中的许多规范是无法用理性思维推断、用客观方法证明的。成人教儿童时一般是依据权威的理论，其出发点是权威崇拜，“道德常识”即属此例。在众人心目中，道德无非是约束行为的具体规范，往往在这些规范背后并无理由好讲，只因为这些规范出自“圣人”、“经典”或“师长”。传统德育认为要做好孩子，就必须循规蹈矩，规范不外是某些行为表现的戒律（例如，小学生要听大人的话），这些戒律有什么道理（为什么小学生不可以和大人协商处理事情）？儿童并不明白。如果这些规定受到质疑或是遭到否定，坚持者还说：“以前就是这样的，这是老师教导的，所以是对的”，这种态度就是典型的权威崇拜。权威不一定是传统的价值和古老保守的教训，有可能是某种生活方式或区域文化的“规定”。尊奉的人常常是本着某种朴素的感情和简单的信念行事的，往往连他们自己也说不清这样做的真正原因究竟是什么。例如，有些人量入为出，节俭度日；而其他人则依靠借贷消费，用明天的钱办今天的事。有的人强调素食主义，客观上起到了维护自然生态平衡的作用，另有人则信奉动物脂肪对人的营养价值而喜欢大鱼大肉的生活方式。这些信念并非完全来自经书，而是某种地区或文化上的“遗传”。其实权威崇拜不限于道德问题，生活的每一个角落都有其影子。一般来说，权威崇拜较少出现在抽象的原则方面，而多出现在具体的规范方面，因为抽象的原则需要每个人按照当前情况来诠释并作出选择，具体的规范一般是不容许个人判断只能依照命令行事的。因此,有人对权威崇拜道德观提出质疑:单凭外在权威来决定对错是很难使人信服的。在日常生活中,不能因为某人说某事是对的,那件事就一定是对的。实践是检验真理的唯一标准,遵从权威而表现出来的行为可能具有一定的历史合理性,但不一定是道德行为,凡是道德行为都应该自由选择和独立判断。因此,我们不能单凭权威决定对错,但这并不等于说一切权威都是错的,都应该被推翻,人人都去自己发明一套道德来指导各自的行为而不受任何外在因素的制约。诉诸权威并不是坏事,盲从权威才是危险的。① 例如,某学生认为儿童撒谎、说假话是不对的,这种观点因其没有经过个体的道德思维还不能算是道德判断。如果该生是在听了大人的话后经过思考并且了解了撒谎、说假话产生的危害之后得出上述结论,这才是一个道德判断。可见,"道德"与"权威"的关系是对立统一的,两者相辅相成。个体道德行为的培养需要权威的指导,但更需要个体的自我思考和选择。在日常生活中,人不能单凭一己的经验判断对错,有时我们需要尊重"先哲"的道德箴言。人类进化的历史长河中积淀了数不清的道德精华,先哲们发人深省的警句名言常常令我们茅塞顿开,备受鼓舞。

权威崇拜的道德观因其内容是由权威的管理者预先订好的规范,受教育者只能无条件服从,不能有任何异议。该派所注重德育方法比较刻薄、严厉,认为乖巧、顺从的学生就是好学生,一切与权威制定的规范所不同的观点都被管理者看成是对秩序的破坏而必然招致严厉的惩罚。在现实生活中,教师或家长摆出权威身份要求孩子做有道德的事是无可厚非的,但是,高压手段是不可滥用的,强调儿童接受权威制定的规范时一定要通过儿童自己的体验与选择才是合乎道德原则的。如果成人一意孤行,对儿童提出的道德问题摆出一副"我说你听,我打你通"的权威架势势必会造成"我说东来,他朝西"、"我撵鸭子,他撵鸡"的逆反心理,教育影响必然大打折扣。令儿童听话并不是道德教育的全部内容,乖孩子未

① 参见 Straughan. R, Can We Teach Children to Be Good?: Basic issues in Moral, *Personal and Social Education*(New Edition). Open University Press,1988,p.74。

必是好孩子。美国心理学家科尔伯格（Kohlberg）的儿童道德发展阶段理论认为，处在前习俗水平的儿童是以成人的奖惩来判断事情的对错的，如果行为结果受到奖励，那一定是对的；反之，则是错的。他告诉我们，诉诸权威是儿童道德发展的阶段之一。随着年龄的增长，儿童逐渐产生了逆反心理，他们开始怀疑家长，怀疑老师，怀疑权威。我们教育者期望儿童能够逐步养成自我判断、明辨是非的能力，不盲从权威。那就要在面对儿童的时候力所能及的解释规范背后的理由。例如，除了告诉儿童"不准玩火"的"戒律"之外，还要向他们讲明擅自玩火可能带来的重大隐患以及生活当中火的正确使用的方法，而这样做比简单的制止更有意义。长此以往，孩子自然会形成理性的生活习惯。

美国教育学家 Roger Straughan 认为，对个体来说良知是其内心深处最高的权威。良知是善恶的终极指导，良知就像是竞技场上的裁判一样判定个体行为是否合乎规则。[①] 个体生而具有一定的道德判断能力，个体的所言所行是否符合道德规范的评价标准不是外在的规定而是"发自内在的良心的声音"。究竟良知是否是个体道德判断的最高权威，进而作为人们行动的最终依据？取决于人们对"良知"的理解。目前对此有两种看法：一种看法认为良知是幼儿接触到的大人的命令、禁忌和习俗，在长期的生活中潜移默化地内化为意识的一部分，成年之后，个体一旦作出违反这种"意识"的事，内心就会出现负罪、焦虑、耻辱等负面情感；另一种观点则认为，人的意识分为理性和非理性两大类，非理性的核心是情感，理性的核心是良知，是自我道德批判的主宰，帮助个体尽量用客观的态度分析自己的言行。[②] 人们对良知的争论似乎说明了良知不可能作为道德的终极权威，因为两种"良知"都不能被用来做个人行动的标准。以"非理性"的良知观来说，那不过是自小沉淀在意识里的一堆"规范的木屑"，个体幼年时的生活背景与成长体验殊多不同，成年之后的行为方式

---

① 参见 Straughan. R, Can We Teach Children to Be Good?: Basic issues in Moral, *Personal and Social Education*(New Edition). Open University Press, 1988, p. 78。

② 参见 Straughan. R, Can We Teach Children to Be Good?: Basic issues in Moral, *Personal and Social Education*(New Edition). Open University Press, 1988, p. 79。

所带来的感觉经验必然大相径庭;这些经验都是外在影响的主观感受,道德与否难以言说。而“理性”良知说虽然会有道德思考的成分,却不能成为言行是否道德的判断依据,因为对个体来说谁也无法保证自己受客观因素的制约而产生的思维盲点,而这些思维盲点却在很大程度上制约着人的理性的健康发展,而理性的羁越导致人精神的堕落,往往成为人类道德重建的巨大障碍。“理性的良知”,无非是个体的判断与选择,根据的是个体“自以为是”的行为准则。如果教育工作者在实际生活当中仅仅以自己的喜怒哀乐作为对学生教育的原则,并将其视为唯一权威,是很危险的。诚然,学校德育的确肩负着“赋予儿童良知”的历史使命,把良知当做道德的权威的确有其合理之处,讨论德育问题绝不能忽略“体验”和“动机”的因素。但这种观点并不全面,事实上,德育工作者往往需要跟儿童的“非理性良知”作斗争,因为“非理性良知”常令儿童无故内疚紧张,偏见重重,家长和教师既要注重儿童对道德事件的体验与感受,鼓励儿童在生活情景中按照道德原则做事,而非盲目服从权威,又要妥善处理好儿童的理性成长与精神发育的内在关系。教育者应该指导受教育者关心道德问题,培养道德情感,做有道德的人。

(二) 天成与人为:自然主义的德育哲学

自然主义是一种从大自然的规律和人的自然本性中探寻影响人的行为的因素并且运用自然科学的知识进行论证的道德理论。该理论对当下学校德育回归儿童的现实生活,坚持以儿童为本的德育发展观具有十分重要的意义。该论思想源远流长,从古希腊的赫拉克利特、伊壁鸠鲁到18世纪法国唯物主义者的合理利己主义;从19世纪英国的J. 边沁和J. S. 密尔的功利主义到德国唯物主义哲学家L. 费尔巴哈和俄国革命民主主义者H. Г. 车尔尼雪夫斯基的人本主义伦理思想都闪烁着自然主义的思想光辉。在西方伦理思想史中自然主义曾起过反对宗教道德观和批判现存社会生活条件的进步作用。20世纪英国哲学家、伦理学家G. E. 摩尔,最初提出“自然主义”和“非自然主义”的划分,他将以往的伦理学说归之为“自然主义”而加以批判。其中,既包括以人的自然本性为道德本原的快乐主义、幸福论、功利主义,也包括某些宗教道德理论和马克思主义。20世纪中叶以来,西方社会面临的道德问题日益突出,现代自然科学特别是生物学、遗传学的重大发展,促使一些哲学家和自然科学家在伦理学问题上转向自然主义。不仅弗洛伊德主义道德理论的影响不断扩大,而且出现了现代进化论伦理学、B. F. 斯金纳的“行为技术学”、弗来切尔的“境遇伦理学”、J. 罗尔斯的“正义论”等学派。他们试图利用自然科学的成果解释人类的行为和道德,讨论道德和个人道德行为的根源以及改变人的行为的途径等问题。有的认为道德价值只源于人的生物本性,只同自然进化相联系。他们把人的行为看做是动物行为的继续,认为动物的伦理和人的道德基本上是相同的。甚至提出采用遗传工程的基因移植方法改变社会道德和人的行为。也有人把人的道德行为看做由“操作行为”和强化体系获得。“操作行为”在强化因素(鼓励和惩罚)的作用下,可以改变环境,改变或形成人的行为。

自然主义与超自然主义相对立,认为整个现实世界不包括超自然的事物,人类自己发展的研究方法足以解释自然现象,当然也包括道德现象。自然主义与形而上学相对立,反对通过形而上学和先天理性来理解道德,认为理性是一种自然能力,可以通过科学方法去理解它,而不是纯粹的先验方法。自然主义和科学的发展密切相关,科学的发展促进了自然主义伦理学的发展。伦理学中的自然主义主张科学和理性的探究方法同样能够用来检验道德陈述和解决人的问题。尽管不能以简单的方式从事实中推导出价值,但事实总是决定和制约着我们的思想和选择,我们的伦理价值和道德原则是可以通过关于自然的知识、人性、处理问题的手段、因果条件和行为结果来改变的。当代自然主义主张道德词语既具有描述性意义,也具有评价性意义。认为善及其他价值和道德性质是与自然事物相联系的,在本质上都隐含着评价性。善和人的行为有关,善主要是用于指导人们的实践。杜威指出:“道德的善和目的只有在有什么事要做的时候才存在。健康、富有、勤勉、节制、可爱、有礼、学问、审美的才能、创造、勇敢、忍耐、周到和其他许多已概括的目的,都是人所公认的善。”杜威所强调的善不是一个抽象的理念，也不是一个瞬间的快乐，而是解决具体情境中的问题的连续的行动和过程。善不是占有或获得某种状态，而是行动。善的内容是社会建构的。自然主义者把善看做是描述或解释性探究而不是对善的不同用法的语言分析。这些探究主要关注的是对价值现象与价值经验材料的理解。认为事实和价值之间存在着一种重要关系，但这种关系不是演绎的关系，而是由实践决定的。自然主义者强调要在社会历史条件与人类具体实践中理解善。善不是衡量价值的永恒尺度，而是随着社会历史和人类实践需要变化的。

自然主义因对人与环境关系认识的角度不同又分为不同的流派，各自所信奉的“自然事实”不同，其德育意义也别具特色；他们的观点不少是“普通常识”式的道德假设，而非哲学分析。自然主义道德观最明显的例子就是把某些现象和行为看做是“天经地义”的“自然产物”，而把另外一些则看做“非自然”或“反自然”的，进而认为前者是合乎道德的，后者是不道德的。这种诉诸自然的道德观在学界引起争议，有学者问，“自然”究竟指什么？依据什么来界定？人类如何做事算是顺应自然？怎样做事算是违反自然？自然规律与人类习俗关系如何？冲突何来？原因何在？只要我们深入探究任何一种“自然”现象，问题即显而易见。例如，在中国传统文化中，“忠”、“孝”准则乃千古不变之道德真理，人们必须遵守，反之则不道德。我们怎么能证明这是自然规律而非社会传统的人为制定呢？考古学家与历史学家的研究表明，不同文化与历史时期的社会成人与儿童的角色地位差异悬殊，教育方式大相径庭，很难主观武断地对其进行所谓道德与否的判断与归纳。为什么自然的必然就是道德的？当我们指责别人“违反自然规律”的时候是否应反躬自问：我们的这种指责真的合乎道德吗？人的自然本性不是充满着“恶”吗？人的妒忌、粗暴、贪婪、自私本性有什么“善”可言？弗洛伊德认为，男孩的“自然本性”是弑父娶母，这不啻是说弑父与乱伦是“自然本性”、“天理常道”！① 如果

① Straughan. R, Can We Teach Children to Be Good?: Basic issues in Moral, *Personal and Social Education* (New Edition). Open University Press, 1988, p. 82.

人的“自然本性”真的可以分为是非善恶的话，那么在日常生活中间我们该拿哪一条来作为道德的标准？现实中那些凶悍成性的恐怖分子、厚颜无耻的诈骗者、猜忌贪婪的配偶们，是“自然秉性”所致还是“社会因素”所为？诸如此类的问题都是自然主义道德论者所无法回答的。除了拿人性作为自然的准则外，自然主义道德观还有其他一些表现形式：比如有些人把长寿的原因归结为某种生活方式进而认为该种生活方式是“好”的，合乎自然的，因此是合乎道德的。自然主义假设了从事实之中可以引申出道德结论。导致了“自然主义的谬误”，我们不能因为有的教师虐待学生，就推论说“施虐”是教师的职业嗜好。对教育工作者来说，分清“实然”与“应然”的关系是非常重要的。

自然主义对学校德育的影响深远而巨大，其中以法国教育家卢梭（Rousseau）的自然主义教育观为代表，“出自造物主之手的东西，都是好的，而一到了人的手里，就全变坏了”①。认为“人最先出现的动静永远是对的”（卢梭语）。按照自然主义德育观，道德教育不是把外在的规范强加在儿童的身上，而是循循善诱，帮助儿童内在的道德观念成长。卢梭规定儿童教育不得讲授道理、不得惩罚，以免儿童养成“人为”的习惯，产生偏见。儿童只有不受拘束的探索发现自己行动的后果，才能以自然的方式自由的成长。他认为大人绝不应该强迫儿童接受他们自然本性不易接受的价值观。总之，自然本性是儿童的天性，是一切美好事物的根源。这种理论有其合理性，然而，“自然”、“天性”的“好”、“坏”究竟何以区分？儿童的本性何以与道德发生必然联系？并没有令人信服的理论依据。其实，“自然”本身是中性的，没有所谓善恶好坏之分。因此，拿人的自然本性作为行为准则，犯了自然主义的谬误。② 无论是学界的研究，还是教育实践的经验都表明，儿童道德品质的形成既有其内在的“自然”机制，又离不开外在的社会规范和成人的谆谆教诲。近年来素质教育的普及与新课程改革对学校德育提出了新的要求，德育受到前所未有的重视。学校

---

① 卢梭：《爱弥尔》，商务印书馆 1996 年版，第 5 页。

② Straughan. R, Can We Teach Children to Be Good?: Basic issues in Moral, *Personal and Social Education*(New Edition). Open University Press, 1988, p. 86.

教育中的知识科目通常只提供知识事实，较少价值判断，然而，掌握知识并不等于懂得道德判断。其实师生在教室里讨论政治、环境、社会、生物等问题的时候往往是道德教育的最佳时机。因此，德育不应该成为经验式科目的附录，而应该有自己的位置。教师应该分清楚“应然”与“实然”的区别，在实施道德教育时，既注重儿童品德发展的客观需要又注意到自然主义的思想局限。

（三）群体的福祉：诉诸幸福的德育哲学

将个体的行为道德与否的标准归因于权威或自然的观点都有其无法自圆其说之处，持此论的学者其思想上的盲区是显而易见的。那么将道德是非的判断标准归因于人类群体的福祉就成为道德研究者和广大教育工作者共同追求的道德目标。凡以造福大众为目的的行为都是合乎道德的；相反，则不道德。依照此论，有人主张道德的原则在于满足人类的需要、欲望，增加人类的福祉，体现群体的幸福快乐，减少大众的痛苦忧愁。此论的特色体现在两个方面：一是强调人类的幸福是道德的主体，对人民大众有益的事就是好事，就应积极提倡和发扬，反之，有损人民群众利益的事就是坏事，就应在摒弃之列。二是此论具有广泛的群众基础和操作价值。因为人类的幸福是有具体可指的事实依据的，如丰衣足食、小康富裕等，这些看得着，摸得见的关系国计民生的事毫无疑问是头等的大好事，当成为人们普遍追求的道德目标；反之，为了一小撮人的利益而置广大民众的利益于不顾的思想与做法当然是不道德的或是反道德的。由此可见，道德标准不是个人的主观看法，而是众人皆知可以衡量的客观事实。这种道德观听起来很有道理，容易为人们所接受，因为它跟我们的直觉感受、经验常识对道德的设想十分吻合。我们平日判定某种行动对不对时往往是看该行动的后果对大众有利还是有害。进入21世纪以来，随着物质生活的不断改善，人类的精神追求也随着社会文明的不断进步而日新月异，往日甚嚣尘上的人类中心主义思想在物种平等的新进化论思想和绿色和平组织的生态伦理观大潮的冲击下逐渐式微。以往，人类为了自己更好地生存，为了自己的幸福生活在战天斗地的旗帜下无休止地向自然宣战，土地的过度开垦，森林的急剧减少，江河的不断污染，动物的濒临绝种，向这种追求幸福的理念敲响了警钟。人类如何将对自己幸福生活的追求与整个大自然的生态平衡保持协调一致？如何和地球上其他的生命物种平等相处？成为人类新的道德价值追求。

人类的每一个行动真的必须增进人类的福祉才算合乎道德吗？与人类同处于地球上的其他生物又该置于何种地步呢？人对待大自然、外太空的态度不也涉及道德问题吗？如果人类的福利跟其他动物的生存发生冲突，就必然优先考虑人类的福祉吗？僧家的放生与食素和俗家的杀戮与吃荤哪个更合乎道德？笔者与幼儿园大班的孩子讨论"舍身救鹤"的故事时，不少儿童认为人类的生命与动物的生命同等重要。在日常生活里，有些道德原则，跟人类的整体的福祉并没有直接关系。事实上道德所涉及的范围，应该比可见的人类幸福内涵更深，外延更广。人类幸福是很难度量的，把客观事实变作道德原则之前，我们时常会加入个体的主观判断，这是不言而喻的事实。例如，某人说："有学生自杀了"，这句话是对事实的客观描述；而他接着说："死者是被人逼死的"，这就是一种道德判断，其中牵涉到说话者的价值观，"学生被逼自杀是不幸的"。生活中许多道德判断都不是如此简单浅显，我们在表述自己的道德判断时是从自己的主观好恶出发的。有人说："凡增进人类幸福的行为就是合乎道德的"，这句话足以成为衡量行为好坏的标准，然而"幸福快乐"是典型的价值判断，此说的主观性显而易见。因此，黑尔指出，我们不赞许某人的决定和欲望时，即使该人的欲望得到满足，我们也会反对说他是幸福快乐的。比如人们不承认瘾君子有足够的鸦片就快乐，道理就在这里。可见，以所谓人类福利的事实来衡量行为道德不道德，也多有不妥，有些道德的问题不在人类福利范围内，而且人类福利很难有精确的方法来衡量。

九、论“全面主义”道德教育学派——兼议对我国学校德育创新的启示

“全面主义”又称“形式主义”,是20世纪中后期西方道德教育理论发展的重要思潮。该理论重视道德教育的基本范畴、结构、功能和语言的分析,反对对现实道德问题的描述,坚持道德形式特征的培养,反对具体规则的教授,关心道德教育的过程,轻视道德教育的具体内容,代表人物是黑尔、彼特斯、威尔逊、赫斯特、谢佛勒等人。不同的形式主义哲学家所持的形式化标准不同,大多把“普遍性”(universality)作为道德判断标准。所谓普遍性是指一种道德原则是公正的、无偏颇的,适用于所有的人。因此,在价值立场上,形式主义坚持“中立”(neutrality),反对对任何道德观点进行评价。

“全面主义”,由既有联系又有区别的多种学派组成,有的学者着眼于道德语言的规则与结构;有的则偏重道德“体验”与“感受”对人的作用;有的强调“自我选择”的重要性;有的主张通过分析达致道德结论所采用的推理方法。

(一)指令式的道德观

当代英国道德哲学家、语言分析学派的代表人物黑尔认为道德与语言有“异曲同工”之妙,人们若想知晓道德的内涵就必须研究道德所依附的物质载体——语言。他运用逻辑与语言分析方法探讨道德语言的性质、意义和功能,揭示了道德判断的指令性和普遍性特征,提出了道德思维应包括直觉性和批判性两个层次。

黑尔在《道德的语言》一书中写道:语言由字词组成,有特定的形式和结构,使用者根据自己的愿望在不同的环境中表达或褒或贬的意思。

道德是指令性的语言，道德语言的作用不是告诉我们这个世界的构成要素，不是像科学那样描述事实，不能用实验的方法证明描述的内涵是否正确，而是用指令的方式要求人们去行动。黑尔认为，“伦理学”的任务在于弄清诸如“应该”之类道德语言的意义以及相关道德语言的逻辑性质，即人们所说的话意味着什么。道德语言的特殊性在于它是一种规定性语言，与祈使句类似，祈使句的本质特征是它与行动有密切的联系。认可一个祈使句，逻辑上就要求在适当的场合作出相应的行动。例如，甲对乙说：“请借用一下你的彩笔！”如果乙认可了这句话，他就要作出把彩笔借给甲的行为。如果他不这样做，他就不算是真诚地认可这个祈使句。赞同一个陈述句即相信某事，而赞同一个祈使句即做某事。规定性语言除了包括一般命令句（祈使句）以外，还包括价值判断，价值判断又包含有道德的价值判断和非道德的价值判断（如美学中的审美判断、日常语言等）。① 黑尔指出：“行为之所以能以特殊方式展示道德原则，其原因在于，道德原则的作用就是指导行为。”②可见，道德的规定性在于帮助人们在行动的过程中进行选择，告诉人们选择这一事物而不是选择另一事物，做这件事情而不是做另一件事情。道德本身正是以其特殊的语言功能——规定性指导人们的行为的。因此，道德语言的规定性意味着，当一个人说“我应该……”时，他就应付诸行动。道德语言跟人们的日常行为有密切关系，即知行合一。我们了解某人道德品质最直接的办法不是看他的语言而是看他的行为。教师对学生说“做人应该学会感恩”，那老师在实际生活中就应是一个知恩图报的人，否则他的说法就失去了意义。现实生活中，人们必须把这种判断转化为对自己的命令，如某人承诺“我要做诚实守信的人”，此承诺必须是发自内心且付诸实践才具有道德意义。

有学者批评黑尔把道德语言等同于命令句，把复杂的问题简单化，忽视了道德语言的丰富性和多样性。道德语言的日常用法远比单纯的命令

---

① 参见孙伟平：《论赫尔的普遍规定主义伦理思想》，《求索》2002 年第 2 期。

② 黑尔：《道德语言》，商务印书馆 1999 年版，第 5 页。

更丰富。另一类批评者则认为，黑尔对于其重要思想——诚实地赞同一个道德判断等于赞同蕴涵于其中的命令，即赞同这一道德判断的人必然按照这一道德判断去行动，并没有具体说明在何种意义上这个推论是有效的。[①] 生活现象表明，人们明明是赞同某一道德判断的，可是却不付诸行动。比如，"报恩"和"扶贫"，基本上所有的人都会认同这一说法，但是真正付诸行动的人又有多少呢？一个人可能委身于某种道德评价，但不把它当做行动的指导；一个人可能持有某种道德原则，即使在能够实施它的条件下，他也可能不付诸实践。人们赞同一个道德判断便会按照它行动，这在实际生活中往往会打折扣。因为正确的认识只是行动的必要条件，人们在理性上接受一个道德原则，并不意味着他一定会去做。行动不仅需要认识，更需要意志和情感。正确的认识只有转化为情感和意志并在它们的强化下才可能付诸行动。尽管道德语言具有命令的特征，但生活中人们的语言并非全是道德命令句，如"刚吃完饭不要剧烈运动"、"请按照技术规程操作"等祈使句，就不是道德判断。因此，如何区分祈使句的道德判断和同样是祈使句的非道德判断是黑尔面临的难题。在他看来，区分道德判断和非道德判断祈使句的标准在于道德语言的"普遍性"。即，非道德的命令总是特殊的，不具普遍性的，它是对某一特定时间、特定地点、特定人的行为的规定（命令），而道德命令则必定是普遍的，它适用于任何相似的环境。"请勿高声喧哗"总是在某一时刻对某些人的命令，而"不要说谎"则是对一切人都适用的命令。因而，前者是非道德的命令，而后者则是道德命令。因此，他认为道德语言不仅具有规定性的特征，而且也具有普遍性的特征。其实，并非所有非道德语言都是特殊的、不具有普遍性的。我们经常看到药品外包装上写着"饭前（或饭后）服用"，这种祈使句就不是针对某一具体时间、地点和对象的，它是对所有准备从事某一行为（服药）的人说的。因此它也是具有普遍性的，但它绝不是道德语言。

道德语言的指令性意味着当一个人说"我应该……"时，他就必须如

① 参见孙伟平:《论赫尔的普遍规定主义伦理思想》,《求索》2002 年第 2 期。

此行动。而普遍性则意味着，当说“我应该……”时，就意味着在相似的情景中，任何人都应该这样做。因此，所谓道德语言的普遍性可以表述为，如果一个人提出一个道德原则，他就必须把自己的言行置于该原则之内，这才称得上是一个道德判断，否则这个道德判断就不成立。黑尔认为，当说“你不应该做那件事”时，便在逻辑上隐含着某种普遍原则，即你自己在任何相似情景下都不可以做那类事，那件事里蕴涵着那类事。道德语言的普适性特征是说在同样情况下某个道德规则一经制定，大家都要遵守。按照指令式的道德观，道德是一种指导语言，任何人都该遵守并付诸行动。如果你认为随地吐痰有违社会公德，那么你就应该从自己做起。黑尔关于道德语言的普遍性观点虽然在逻辑上是清晰的，但其在道德应用上却产生了争论。具有指令性与普适性的语言都含道德判断意义吗？世界著名建筑大师提出建造大厦应该遵循若干原则，他的说法在建筑领域内也许是对的，既具指令性又有普适性，但是这与道德有什么关系呢？除了上述的两个条件，道德语言的构成一定还有其他条件。首先，黑尔的道德语言的普遍性是纯形式和逻辑的方法，要求不偏不倚地对待自己和他人的偏好，这在很大程度上依赖于角色转化，但是在经验中或者说具体道德实践中角色转换存在很大的困难，因为任何人实际上都不可能真正成为他人并同时拥有他人的欲望和偏好。设身处地把自己看做他人，这种角色转换只具备逻辑上的可能性，在行动中却难于实现，因为任何人都不可能真正成为他人。其次，黑尔道德语言的普遍性在道德应用上假设了一个重要的前提，即严格相似的境遇。但何种境遇才算是严格相似？不同的道德哲学家给出的理由也各不相同。综合看来，道德哲学家们提出了以下关于“严格相似”的标准：“(1)取决于人们行为的具体意图和惯例；(2)取决于行为结果与普遍福利的关系；(3)取决于那些有助于达到人人平等的东西；(4)取决于道德判断者是否愿意将某种规范转化为普遍原则；(5)取决于任意专断；(6)取决于历史或先例；(7)取决于那些与行为的类型具有必然的、非任意的关联的东西，等等。”①因此，判

① 孙伟平：《论赫尔的普遍规定主义伦理思想》，《求索》2002年第2期。

断两个境遇是否严格相似的标准具有很大的主观随意性，实际操作存在很大的困难。再次，功利主义的支持者认为黑尔的功利主义体现了爱人如己的仁爱精神、一视同仁的平等精神。但是，功利主义的这种“爱人如己”和“一视同仁”却是以抹杀人的分立性为代价的。[①] 人人都有自己独特的个性，因此，在研究人类的道德判断时，我们需要承认人的差异性。

黑尔基于逻辑语言分析的道德观对教育工作者有很大的意义。当我们说“你做得很好”时，这里的“好”是有具体内容的，它内在地包含了行为者的各种活动，因此当我们作出这个道德判断时，本身就含有鼓励人们去效仿的意思。黑尔对道德教育方法的探讨体现在他对道德思维的层次性问题的探讨上。[②] 他认为，人类道德思维的发展显示出两个层次，即直觉思维的层次和批判思维的层次。直觉思维的层次主要是对一般道德原则的认识，直觉思维主要用来认识和思考一般的伦理行为，比如我们在公民道德实施纲要中规定的道德行为。它的作用是基本的、重要的和有限的。其主要问题在于它不能帮助我们解决道德冲突。也就是说直觉思维使我们认识到有许多道德律令，但是，实际的道德生活是复杂的，出现道德冲突是正常的，我们经常会面临多个“应该”而只能做单项选择，如“忠孝不能两全”，这时，直觉思维就不起作用了。当我们发现自己处在一种相互冲突的情境之中时，这就要求我们用某种其他的、非直觉的思维来解决这种冲突，而这种非直觉的思维就是批判思维。批判性思维作出的决定是在道德冲突境况中经过怀疑和批判，或者是经过激烈的内心冲突和思想斗争之后作出的决定。

按照黑尔的理论，道德教育应将两种层次的思维结合起来，在教给受教育者原则的同时应该给受教育者充分的机会，让他们在具体情况中学会作出决定。黑尔在回答“应当如何教养孩子”时，说到两种教育方式：[③]

---

① 参见郭立东：《R. M. 黑尔对功利主义的论证》，《西南民族大学学报》（人文社科版）2003 年第 24 期。

② 参见张传有、鲁晨：《黑尔·建构伦理理论与伦理实践的桥梁》，《武汉大学学报》（人文科学版）2002 年第 55 期。

③ 参见张传有、鲁晨：《黑尔·建构伦理理论与伦理实践的桥梁》，《武汉大学学报》（人文科学版）2002 年第 55 期。

一种是父母通过言传身教，辅之以惩罚和心理学方法来传授原则，结果把孩子培养成一个“出色的直觉主义者”。但是仅仅教给孩子道德原则是不行的，因为这只是一种直觉思维的方式，它能使孩子学会按规则做事，却不能让孩子学会处理各种问题。另一些父母不教给孩子原则，只让他们根据具体情况去作出决定，这样培养出来的孩子就可能是一些机会主义者。也就是说，仅仅教给孩子批判思想也是不行的，因为没有原则，也就无法作出符合原则的事来，其行为也就只能是随机的。这两种道德教育的方法都是片面的。道德教育应当是既教给孩子以普遍的原则，又要让孩子学会根据普遍原则处理特殊情况和作出正确决定的能力。

黑尔道德语言的指令性与普遍性原则，适宜中小学校的道德教育工作者。由于中小学生的年龄特征，使得他们比较容易成为指令性道德语言的接受者，教师应该积极利用生活中道德楷模的力量，宣扬社会的道德信念，有了正确的道德信念，就能让学生运用并指导自己的行为。

将指令式道德观的两大特征指令性与普适性应用到学校德育中来，以下原则值得思考：其一，道德判断的目的只有一条——指导行动。道德的教授者如果不是“学高为师、身正为范”的道德楷模，至少应诚心实践自己所宣扬的道德信念，不能口是心非，言行不一。其二，道德语言的本质既是描述性的又是指令性的。德育过程不能止步于道德条目，还要带领学生前行于道德选择的原则的探寻上，和学生一起过“道德的生活”。其三，注重教学生设身处地了解别人，充分考虑自己的言行对别人产生的影响，做到换位思考。其四，道德语言是普适性的，道德原则对所有人同样适用，判断对错时应将自己摆进去。其五，教育学生爱周围的人和环境，尊重和理解他人，把他人的利益与自己的利益同等看待。

（二）情绪主义的道德观

情绪主义是道德相对主义的主要代表。该派认为，在特定社会中，每个人的价值都是相对的，不存在评判个人行为正当与否的客观标准，对个人的行为和判断无法进行道德上的评判，企图把社会价值标准强加给个人的任何做法都是错误的。情绪主义认为,判断一种行为的道德价值的唯一方法是询问行为主体对这一行为的感受如何。对个体来讲,某个行为之所以是好的、善的,那是因为该行为引起了他赞成或愉快的情绪体验。反之,一种行为之所以是坏的、恶的,那是因为该事物或行为引起了个体不愉快或不赞成的情绪体验。如艾耶尔就认为,道德判断不具有任何客观标准,它只是人们情绪的表达,不反映任何事实,因此,没有一个标准可以认定道德判断是正确的,每个人都有自己的道德判断和情绪体验,不存在哪一个好、哪一个坏的问题。所以说,进行一种价值判断只表示判断者的个人喜好,表示判断者对事物价值的估计。总之,情绪主义认为道德完全是主观的感受与控制的过程,而非理性的宣传,一个人道德与否与增加知识及了解世界无关。

从人类进化和文化发展的角度看,"情绪主义"比"指令主义"的历史久远得多。二者的共同之处在于,道德判断不是对事物的描述,道德语言的特点在于它表达的内容。情绪主义者认为:道德语言的功能在于传达施教者自己的情绪和态度以及对他人的"心情"的影响,进而改变他人的态度。换句话说,作道德判断其实是表达个人的主观体验,说明赞成或反对某种事情,并且试图与他人分享这种感受。在情绪主义者眼里,道德变成了表达自己感受以影响他人的言行,因此,道德的话语成了纯粹主观的东西。古今中外之所以对道德问题仁者见仁,智者见智,众说纷纭,莫衷一是,皆因于此。

对于学校教师而言,情绪主义的积极影响主要表现在以下几个方面:首先,道德判断和道德决定的主体是人,是人皆有情感,因此,道德判断的情感保证是客观存在,不是哪个人想让它有它就有,想让它无它就无的。其次,道德的概念无论是定义为行为规范也好还是定义为生活方式也罢,总要反映人的态度倾向,表达人的喜怒哀乐,从而体现一定的价值追求,学校德育更是要以向学生传授道德知识、培养学生情感体验为出发点。再次,道德信条的讨论与文化知识传承的最大不同就在于前者的人文性与后者的科学性。没有了科学性的知识只能是一大堆无用的"木屑",失去了以情感为主色调的人文关怀的道德信条也只能是一堆令人生厌生畏的繁文缛节。表达行为主体的情绪是道德判断的特色。最后,人们行为规范产生的过程说到底是为了满足人们以欲望为核心的情感的需要。道德规范的发展过程正是人们情感不断丰富、不断完善的过程。离开了“情”这个核心,规范的价值就会面目苍白、软弱乏力。因此,重视德育过程中的情感因素正是情绪主义者对学校德育的最大贡献。

情绪主义的消极面表现在:其一,由于每一个人都是生活在一定的环境中间,个人的主观感受都依照对某种既定生活方式或情景的体验而定,而表达个人感受,试图与他人分享这种感受的过程并非都适用道德判断的尺度。单是表达感受,劝人同意自己的看法,不能算是道德判断。其二,其由于情绪的多变性与不稳定性,为了表示客观公正,在现实生活中当事人理性的道德对话经常需要淡化情绪色彩。其三,如果在道德问题上,当事人只是从个人的好恶情感出发,奉行“走自己的路,让别人去说吧”,将会导致道德教育变成毫无客观标准的事情,家长、教师会进退两难、无所适从。其四,学校德育的目的是让儿童学习道德语言并内化为自己的信念,如果道德语言仅是传达施教者的情绪体验,那么这无异于是教儿童接受教师的态度和看法,并且通晓表达术(教儿童“作秀”)的过程,德育内容变成了纯粹主观的事情,完全由话语霸权的支配者——成人所垄断,长此以往会压制儿童的道德火花,泯灭儿童的人格创造力。

情绪主义的德育观对道德工作的启示是:首先,教师、家长要保持清醒的头脑,充分认识到成人在对儿童施以道德教育时表达的只是个人的感受。既然是个人的感受,自然很难做到客观公允,成人的主观体验带有明显的局限性。其次,情绪主义的道德判断必然带有浓厚的专制色彩,施教者必然是用心理压力来迫使学习者接受自己的观点。因此,德育过程往往会变成另一种形式的游说、劝喻和洗脑,古今中外一切专制主义者推行的正是这一套。最后,情绪主义将人的道德判断归咎于从自己的情感体验而来,犯了简单化的错误。情绪主义认为,我们因某人某事而觉得愤怒、讨厌或可喜可贺,这种情绪令我们以道德判断的形式表达自己的憎恶喜好,从理性的角度说人是先有认知才有情绪反应的,我们是因为判断某事不合道德才感觉震惊与不耻的。德育过程中,我们不能命令儿童对某事采取既定的情绪态度，儿童的情绪态度是对事实有了了解之后才产生的。如果感受是表达我们对世界的解释和认识，那么教育在帮助儿童发展及修正这些解释和认识方面会产生很大作用。

辩证地看待情绪主义的道德教育观点，把握运用其合理的内容，避免其不合理之处，对学校德育的发展具有积极的意义。

（三）存在主义道德观

存在主义代表人物萨特在《存在主义与人文主义》一书中说："虽然道德的内容是可变的，但道德的某些形式是普遍的"，此说对道德判断有重要意义。萨特的道德观认为凡是自由决定与实行的行动都是合乎道德的。"人什么都不是，把自己造成什么就是什么。""人是依据所选择的内容来肯定自己的价值，不能靠外在的权威或原则来决定选择的对与错。我们选择时，唯一可以凭借的是自己的判断。"自己为自己选择的行动后果负责。萨特举了一个真实的故事说明这个道理。第二次世界大战时，有个学生在父母离异后与母亲住在一起，该学生的哥哥在打仗时牺牲后，他便成了母亲唯一的安慰。然而，由于战事紧张，他觉得自己有义务到英国参加"解放法国部队"，尽国民的责任。究竟他应该投入反纳粹的战争以报国，还是留在家里陪伴老母？萨特认为这个学生面临抉择：他可以为民族利益而奋斗，也可以为个人的幸福而努力。前一个选择远大而且悲壮，后一个选择狭窄但却实在。萨特认为，这个学生终归还是要自己决定，不是诉诸什么忠、孝、爱、勇的原则。天下本无可以客观评定究竟他对母亲的责任大，还是对国家的责任大的标准，唯有"信任自己的本能"。这个年轻人"一定要为自己发明律法"。我们碰到这类道德选择时，连感受也不能依赖，因为我们未做某件事之前，不可能知道做的时候有什么感受。即便是有预感，那也是根据经验而产生的猜测，与实际的体验大相径庭，这就是道德抉择的独特之处，人每一次必须按情形自由选择，世上并无时常合用的指导原则。

强调自由选择，不是存在主义独有的立场，许多道德哲学家也同样认为有了自由选择才有所谓对与错。有人对萨特的“自由选择”提出质疑，认为除了“自由选择”的概念不易界定外，还因为这种说法引起很多问题。难道“自由选择”是我们做某事的唯一标准吗？自己不管“发明”什么律法都必定是“对”的吗？那个年轻人所做的任何“自由选择”都会合乎道德吗？照萨特的意思，似乎是将那个青年的选择限定在参军救国或是孝顺母亲之中，这是自相矛盾的，因为他一方面提倡“信任自己的本能”、“替自己发明律法”，不受外在原则约束，一方面以为那个青年人没有别的选择。假如那个青年人靠本性指引，认为当前的选择不是萨特所提出的那两个，而是与女友私奔，或是设法套取母亲的遗产，又该怎么办呢？这种推理虽然极端但却不能排除。

由此可见，萨特的“道德”含义的局限性极其明显，那个青年人选择尽忠尽孝都是对的，那是因为“孝”与“忠”两种选择都是合乎传统道德的。所以这个人的抉择不能算是真正的道德抉择。这个例子的讽刺性在于萨特本来是想拿它来推翻传统的道德观的，到头来反而掉进了预先假设的一大套道德原则（忠孝等）的条条框框之中。其实萨特也暗示过究竟这些额外的道德原则是什么，有时他甚至接受黑尔对道德判断的普遍观念：我们说替自己选择，既是指每个人都必须替自己选择，同时也等于是在替所有人选择，例如，在艰难困苦中我选择坚定地生活下去，这不但是替自己作出选择，而且也是以自己的实际行动证明人类精神与理性的价值。萨特其实也相信普遍价值的存在。萨特的观点确是矛盾的：一方面强调自由，不受既定标准规限的选择；另一方面又承认要遵守普遍性的原则。

存在主义道德观强调人透过选择行动来创造自己，凡是“自由决定与实施”的行动，都是合乎道德的。这种道德观对道德教育极具启发意义。儿童学习独立判断，不靠外在权威或现成的原则作道德决定，这正是道德教育的基石。萨特所强调的内容正是我们教育工作者所要反省与思考的。我们是不可能“教”儿童做“好”的，我们只可以培养他们的责任感，让他们懂得对自己的决定与行动负责，明白“自己发明律法”的重要性，不盲从传统道德戒律。这种道德教育的立场，正好与近代教育理论家的主张不谋而合,例如,尼尔(Neil)相信大人必须不把自己的价值观念强加在儿童身上,儿童只有通过自由选择才能培育道德观念。尼尔说:“对于儿童来说,自由是不可少的,因为有了自由,儿童才可以自然成长,而自然成长是唯一好的教育方法。”

对此持不同观点的学者则认为,儿童怎样做到自己“发明律法”?儿童又是怎样自然而然地养成正确道德观的?没有成人的指导、解释、示范,这种学习何以可能?如果真的需要指导示范,儿童岂不是一样要接受外在的权威、规诫和原则?如果儿童“自然”喜欢将玩具随手就摔,我们不依靠权威式的“教育”去改变他的行为,他们怎么会明白这种行动是需要改变的?我们恐怕还是少不了解释、劝说,甚至强迫他接受一些行为规则,承认那样做是不对的。人的道德感受与后天的学习与培养密不可分,所谓儿童凭本能而知善恶的说法缺乏事实依据。我们研究儿童道德发展及学习情况,发现萨特存在主义道德观其实是建筑在一套规矩、原则和假设之上的,可他却否认这些存在。根据萨特的道德定义:教儿童做好孩子就不要给他们预订行为规矩,而是应该鼓励他们自由地选择和行动,然而幼儿培养与成长的事实却说明:教导行为规矩是幼儿道德启蒙的第一步。

(四) 行为准则道德观

两千多年前的亚里士多德提出“凡是按照原则去做的事,都是合乎道德的”,“有原则的人”就是有道德的人。后人根据亚里士多德的这一说法推衍出许多关于道德的理论,对儿童的道德教育产生了深远的影响。毫无疑问,处事做人是一定要坚持原则的,所谓没有规矩无以成方圆,规矩就是原则,一旦制定出来就要遵守。问题在于坚持原则是否必然合乎道德要求,这还要视“原则”与“道德”的普遍程度而定。原则本身只是一些抽象笼统的条文,并不规定某人碰到某事时的具体做法,并且原则与原则之间经常会发生矛盾。例如,时下的中小学有一种普遍的做法,即在全班学生中按分数排名次,有的学校将每次周测验的成绩都张榜公布。老师们拿“激励学生比学赶超”这一原则来为自己辩护,认为此举合乎道德。而持不同观点的人则认为这种做法违反了“尊重学生隐私”的原则，不值得提倡。这种强调普遍原则的道德观，跟指令主义道德观有相同之处，而跟情绪主义与存在主义的道德观颇不相同。指令主义认为一切道德原则都要具有普遍性；相反，情绪主义道德观认为道德判断是个人的情绪态度，是具体的、私人的、鲜活的。而存在主义拒绝运用外在普遍原则来帮助个体做道德判断。我们究竟该如何理解普遍原则跟道德决策（道德判断与道德行为）之间的关系呢？亚里士多德认为道德决定由三个因素组成：第一，承认普遍原则的存在，肯定这些原则的价值导向，如“讲诚信是对的，反之是错的”；第二，判明某个情况属于某类行为，受此原则约束，如我承诺帮助因病缺课的同学补习功课；第三，得出正确结论，如我应该兑现承诺，为那位同学补课。以此而论，人犯道德错误，就是没能认真落实道德原则，不知道当前的情况受哪个原则约束，或是道德推理的过程出现障碍，没能获得正确结论。这种道德判断方法的积极意义在于帮助教育工作者运用已掌握的道德思维的方法去教学生道德推理，但问题在于不是任何原则都可以得出道德结论的。天下放之四海而皆准的原则汗牛充栋、数不胜数，并非什么原则都可以跟道德扯上关系，只有当事人心目中最关心、最重视的原则才可能与道德问题挂钩。其次，原则终归是抽象的，我们不可能直接拿原则来解决道德问题，原则与原则之间的冲突常常使当事者举棋不定，左右为难。我们只能权衡利弊，具体问题具体对待。这种思索判断的过程，也是道德的活动，而上述那种传统的道德观，并未顾及这一点，比如：有个老师按照“坦诚相见”原则，把本班某学生父母离异导致学生心理障碍的问题告知班委会同学，想以此获得大家的帮助，但是此举却忽视了“教师应该保护学生的隐私”的原则而备受非议。其实，这个老师应该在事前认真权衡利弊，考虑各种因素后再做决定，才合乎道德。退一步说，即使所涉及的原则并无冲突，当事人也会因为不理解原则的确切含义而不把原则付诸实行，这种困境在生活中经常碰到。譬如张榜公布学生成绩的老师往往自以为是为了学生的前途，鼓励学生进步才这样做的，这种“为学生进步着想”的原则没有错。问题在于怎样实行？他向学生隐瞒分数算是“为学生着想”，他公布成绩也可以算是

“为学生着想”,这些行动都可以说是应用同一个原则,我们不能靠诠释原则来判断究竟怎样做才对。单凭逻辑推理无法知道某个具体行动受到哪个原则支配,人们在做道德抉择时需要的是道德敏感力与想象力。公开课上的“做秀”行为、应付检查时的造假行为、填表格时隐瞒事实、乘巴士地铁时的长坐短买都等于偷窃,都应该受到“偷东西不道德”原则的管辖。由此看来,“应用原则付诸实行”的道德观的确阐明了重要的道德问题,但离对道德本质真理性的认识还有很长的路要走。

把这种道德观应用到学校德育的好处是可以清楚明白地教儿童进行正确总结、判断所需要的步骤,而消极面在于遇到原则之间的冲突时,个体依然得根据自己的经验和知识做判断,不能完全依靠原则。对于教育者来说,这种道德观提供了一些可供操作的内容。正如科学难题和历史悬案一样,可以用理性的方式讨论,而不是像情绪主义道德观,把道德只是当做纯粹主观的东西,也不像存在主义道德观,把道德当做完全自由的选择。然而,根据这种“应用原则”的道德观,儿童需要掌握一种把原则应用于实际的方法,并演绎出结论,知道什么该做,什么不该做。问题在于,我们怎么可能不教儿童具体的内容,而只是教他们掌握方法?这样做,等于只教儿童科学思维的方法,却不教他们科学知识的内容。事实上,除了道德的形式可以分辨之外,道德的内容也是至关重要的。总之,照这种方式教儿童道德思维,必须加入道德内容,纯形式的原则是行不通的。在现实生活里,我们并非做每件事之前都要逐步推断。这样做既不可能,也没有必要。儿童的道德行为都是在实践活动中习得的,只有亲身体验才能把道德要求转化为道德原则。

十、高校德育研究的后现代语境

当前我国高校德育存在许多问题,很大程度上是中国现代化进程中的不足在高校德育中的反映,当然也有历史遗留的弊端。因此,有必要探究后现代思潮,反思德育现状,以期有所启示。

（一）高校德育目标

自古以来,中国传统文化就以其“中庸”、“和谐”强调“大一统”,主张“和为贵”之特色闻名于世并且历久不衰。时至今日,中国社会仍以一元价值观为主流。反映在高校德育上,就是把一整套社会主流价值观、行为规范灌输给大学生,这种方式在培养了一批又一批高精尖人才的同时,又因其忽视不同民族和地区社会文化道德的差异和具体性,忽视不同人群经济地位、文化修养、精神境界的不平衡性和特殊性从而使整个德育失去了活力。正如后现代主义者所批判的,“现代性下的教育目的往往是为了培养优势文化的支持者”①,即只看到德育的社会性、文化的共同性、社会的同一性,却无视它们之间的相对性和多元性。时下的中国德育界有学者主张告别整体性、同一性,倡导差异性、多元化。毫无疑问,高校德育过程是教育者把社会规范内化为大学生德性的过程,同时又是激活与唤醒受教育者主体道德意识的过程。对这一过程的理解应从道德本身所具有的社会性和个别性两个方面去把握:一方面,道德具有社会性。道德是以人类的社会生活为基础,随着人类的发展而不断变化着的。不同的社会有不同的价值观和行为规范,即使在同一社会中,由于历史和现实的原因,道德及其教育也往往存在着多种差异。所以,高校的德育要考虑种种差异的丰富性;另一方面道德具有个别性,道德原本是人类在社会中作为人的生存,基于自身的要求而产生的,因此,除了社会性外,道德还具有道德主体自身创造的层面,即个别性、自律性和能动性。因此,高校德育目标的确立至少应从三个层面来考虑:第一个层面是较为低层次的与大学生生活紧密相联的日常规范。这是每一个大学生所必须遵守的近景性的行为规范,是人安身立命的道德底线。第二个层面是中景性的道德规

① 转引自陆有铨:《躁动的百年——20 世纪的教育历程》,山东教育出版社 1997 年版,第 169 页。

范——模范公民的道德规范。身为大学生,又是在高等学府接受教育,他同时在经历着人类优秀道德文化的洗礼,理应更加诚实、守信、勤奋、进取,理应成为社会道德的模范执行者,这一点应为大学生们所牢记并躬行践履、付诸行动。第三个层面,追求高尚。身为高校学生,在他们中间理应产生一批又一批的追求上进者、追求理想者、追求高尚者。而这些人真正是时代的楷模,是普通民众效仿的榜样,是民族兴旺发达的中坚力量。所以,笔者认为,高校德育目标的设置应分层次、有档次,既应培养社会公民,又应培养时代精英。既应坚持普适性规范,又应重视多元价值,还应激励大学生崇高理想的产生。环环相连、丝丝入扣,形成高校德育培养的层次目标体系。正如后现代教育学家吉鲁所言:"教育目的要从优势文化决定的解释中解放出来,肯定个人的经验及其代表的特殊文化。学生在批判能力的培养过程中,逐渐深入了解自己与他人之间的关系,认同自己也认同不同文化背景下具有不同价值观的他人。"①由此看来,高校德育的目的并不完全是接受一个社会的绝对价值标准,而是在尽量追求具有普适性的社会规范的同时,最大限度容忍异质性,引导大学生了解他人道德价值选择的差异性及其合理性,学会求同存异。积极鼓励大学生坚持道德底线,践行公民美德,同时还应激励他们追求道德理想。这应成为当今高校德育工作者在制定德育目标时所应遵循的准则。

(二)高校德育课程

现代社会是工业文明基础上科技高度发达的社会,反映在文化上,提倡"勇敢地使用自己的理智",并以"合理性"、"可计算性"和"可控性"为标准达到对自然的控制,相信历史的发展是"合目的的"和"进步的",这种思想使当前高等教育呈现一种线性的、唯一的、可预测的"决定论"倾向。在课程领域,现行的德育课程使用的基本上是泰勒模式,这是一种现

① 转引自陆有铨:《躁动的百年——20 世纪的教育历程》,山东教育出版社 1997 年版,第 170 页。

代化过程中封闭课程体系的产物。它围绕学校应达到的目标、提供实现这些目标的经验、有效组织教育经验的方法以及判断目标达到与否的评价标准四个问题进行。在这种课程模式的指导下，高校德育课程远离了大学生的生活实践，从概念到概念，从理论到理论，枯燥乏味的理论传授，晦涩难懂的抽象说教，正如大学生抱怨的，我们需要的（内容）德育课不教，德育课所教的（内容）我们不需要。目前高校德育课程的纯理性化趋势要求教师根据预设的理论指标体系，对学生进行量化评价。因此，师生双方关注的是“结果”，而非过程。事实告诉我们，没有经历过程的“结果”是不真实的，是没有吸引力的。一味强调结果的高校德育课程只能导致德育教师课堂上念讲义，学生课上记笔记，考前背重点，考完全忘记。这种急功近利、浮躁潦草的德育课教学非但效果不好，更为糟糕的是使大学生的人格发生畸变。因此，目标模式没有发挥其监督、导向、调控的功能，更谈不上实现大学生良好品德的形成和建构大学生道德人格的目的。后现代主义者多尔指出：泰勒把目标的选择高校德育研究的后现代语境放在首位。由于目标是“精心选择”的，它往往被提升而超越或外在于教育过程本身。他没有意识到四环节是相互依赖、相互作用的。目标模式的推广与运用导致忽视了教育过程中新生成的知识和体验。更尖锐的问题在于这种“目标”的设置，无一例外的是从理论出发而非大学生的身心特点及其实际需要出发，这种课程模式导致大学生的逆反心理。而这一现象恰恰是时下高校德育的通病。

针对于泰勒模式的缺陷，多尔提出了新的课程原理，即丰富性、循环性、关联性、严肃性。新理论认为各学科是相互联系的，同时每个学科又是丰富的。反映在高校德育课程改革上，即把德育课程放在一个整体的、客观的背景下考察，同时，注重在科际整合下整体建构德育课程。课程模式是不断螺旋上升的结构，因此不断地在过程中反思，获得生成性的体验，这是一种开放的课程观。我们要注意科学主义传授的“具有普遍性”的“真理”，同时还要注重过程和情境，注重尊重每个个体发展的独特性，注重所有道德经验的联系性，注重大学生个体在其各具特色的道德生活中纷繁复杂的道德体验。这一理论对于我们建立整体的、开放的以范式教学为主体的德育课程体系过程具有重要的借鉴意义。笔者在高校德育课程改革实践中，将多尔的新观点与根舍因的范例教学理念相结合，将高校德育大纲中规定的理论课程与大学生的经验课程以及我们挖掘整理出来的生活课程密切联系起来，形成三结合的课程共同体，将大学生关注的道德问题归纳为多个案例，如"假如我在泰坦尼克号上——大学生生命教育"、"亲情、友情与爱情——大学生道德情感教育"、"扫一屋与扫天下——大学生责任感教育"、"军医救老农：值吗？——大学生利他主义教育"，等等。从大学生身边事说起，不断推陈出新，每周讨论一个案例。在课堂教学中启发大家集思广益，用"头脑风暴"法进行观点碰撞，思想交流，对话沟通。在价值澄清的同时鼓励大家身体力行。

（三）高校德育策略

我国高校德育策略，从总体来看仍以单向度的信息传授和知识灌输为主导。虽经改革开放三十多年的探索与更新，德育目标与内容也经历了政治化、经济化两大历史变动，新世纪以来正朝着生活化的目标内容挺进，但德育生活化的问题仍处于理论呼吁阶段。雷声大，雨点小，远未进入实际操作程序。现代性的一个重要特点就是批量生产社会所需要的人，于是，在班级授课制教学组织形式下，德育教学重书本知识，轻实践经验，重逻辑方法，轻情感体验。表面看来，教学效率不低，学生获得了大量的知识，实际上，高校德育方式已不能适应社会对人才培养的要求，为老师们所津津乐道的道德知识很大程度上并没有满足大学生的道德需要，没有内化为大学生的道德品质，更谈不上激发大学生的道德动机了。言行不一、表里相悖现象在大学里十分普遍。高校德育实效性差是不争的事实。

多元化是后现代主义者所极力推崇的，它反对同一性和整体性，推崇差异性。后现代主义者主张开发各种歧见差异，主张为正各种不同之名而努力。对他们来说，差异不应该消除，而应该保留。他们认为任何方法都有自己的局限性，主张多种方法，容纳各种思想，摆脱僵化的形式理性，从个体的差异性出发，建立开放、多元的方法体系。提倡理解、关心和道德对话。使得道德教育注重培养大学生在对自我和他人的理解基础上，自发、主动地关心他人，鼓励学生与他人真诚沟通和对话，在多元文化背景下设身处地地了解他人。在价值判断上，避免独断专行和主观随意性。这与当年蔡元培先生所提倡的“思想自由、兼容并包”颇多相似之处。同时，作为德育理论研究者，我们也要清楚地认识到，多种思潮蜂拥而至的结果导致生活的丰富性和教学的多样性：多姿多彩的生活实际，极大地增加了高校德育内容的复杂性和艰巨性，多种多样的人性化措施纷纷出台，形形色色的“生本主义”管理理念和育人模式使人眼花缭乱，在德育圈内尚未建构起一整套行之有效的大家公认的德育策略之前，单纯“解构”，而不“建构”，会造成价值观动荡甚至思想的混乱。因此，高校德育在提倡多元方式时，应培养学生选择正确价值观和行为规范的能力和意识。我们在借鉴后现代的多元观点的同时，要和中国高校道德教育实际结合起来，在现代和后现代的张力之中寻求最佳结合点，在一元和多元之中把握好尺度，毕竟万事万物都是有限与无限的整合，一元与多元的统一，单纯从一个极端跳到另一个极端的做法非但不可取，甚至是有害的。

（四）高校德育中的师生关系

“尊师重教”是我国几千年的优良传统，长期以来，教师以知识与道德的权威，真理与理想的化身自居对学生进行知识传授与道德说教。这种师道尊严高校德育研究的后现代语境的德育模式，无疑对小农经济占主导地位的计划经济下的学校德育起到过一定的积极作用。但随着社会主义市场经济的全面建成和高校德育思想与体制改革的深入，这种陈旧的德育模式的弊端充分显露。由于“教师的作用主要停留在将主流社会认可的知识、规范、技能等传递给受教育者”，而学生则扮演着被动的、驯服的、无知者的角色，因此过度强调教师权威在有知的教师和无知的学生之间便形成了教师的教学话语霸权。教师的“霸权话语”支配着师生之间的对话形式。突出表现在：在教学过程中，完全按照教材的内容和教师自己的意图进行设计,很少考虑学生的意图和价值,学生处于被指导、被控制的地位;在教学模式上,采取以教师为中心的单向度的、静态的、独白式的讲解;在教学方法上,主要采用灌输式、填鸭式的方法。教师变成了教书的机器,学生变成了考试的机器,教学则变成了训练的工具。这种师生关系的不平等造成了师生之间的对立和冲突,也使得高校德育课教学流于形式。虽然,许多高校教师在德育课上以"一个学习团体中平等的成员"自居,"屈尊"让学生讲话,但是大多数情况下学生讲的话并不是自己的心声,而是逢场作戏的"官话"、"大话"、"套话",即使个别学生说出了自己真实的可能与主题"不符"的想法,也会被教师以"合理的理由"否定。① 从而压抑了学生的主体性,使师生关系对立,教学气氛僵化。

现代社会已进入信息化时代,通过大众传媒和计算机网络,各种信息纷至沓来,大大突破了时间和空间的限制,"文化反哺"现象在客观上打破了原有的教师权威地位。大学生的独立意识和新的道德观念日渐增强,尽管有许多的不成熟,但也有许多值得成人学习的地方。德育的本质是通过心灵互动,建构受教育者的优良人格,把他培养成社会主流文化所需要的合格公民。后现代师生观主张建立师生间新型的合作对话、民主平等的关系。它以后现代知识观和民主平等的对话观为基础,认为应当消解知识的权威性,消除教师的权威性,去中心、去圣化。教学的主要任务,不是传授,而是让知识在平等对话中活起来,让师生在平等对话中动起来。平等对话的实质并非是一方抛弃自己的观点或用一种观点强加于另一方观点之上,而是综合双方的观点,以达到一种"双赢"。通过课堂道德问题的对话和讨论,学生真正成为主体从而达到对受教育者的人格建构,在互动中使大学生不断地自我建构、自我发展。只有通过这种方式,才能真正培养大学生的批判意识、批判精神和批判能力。只有通过这种方式,才能不断生成新的观点,促进师生共同提高。诚然,由于师生双方的文化背景、知识素养、所处环境、承担责任多有不同,其作用必然有所差异。这就更加需要教师从外在于学生的专制者,变为内在于情景的引

① 参见赵志毅:《文本与人本》,南京师范大学出版社2004年版,第15页。

导者，从发号施令的说教者转变为道德生活的参与者，真正实现“权威道德”向“人文道德”的转化。①

总之，后现代主义有其内在的反复性和不确定性，但它确实为我们重新审视和思考高校德育问题提供了新的角度和方法，对我们反思现代德育理念有一定的启发意义。从后现代教育理念的语境中审视高校德育，我们发现，高校德育在许多方面被异化了，具体表现在：高校德育目标绝对化；课程内容封闭化；德育方式简单化；师生关系隔离化。因此，我们借鉴后现代教育思想的研究成果，抛弃其绝对化的糟粕，剔除其不合理的成分，在德育目标上，提倡异质多元的价值取向的同时，坚持主流文化价值的导向性；在德育课程上，主张挖掘高校德育资源，开垦新的德育荒地，贴近大学生的思想实际，解剖大学生遇到的道德问题；在德育方式上，主张各抒己见、观点碰撞、激活思维、知识创新；在师生关系上，主张消解霸权、平等对话。从而建构一个生动、开放、高效的高校德育新体系。

① 参见崔景贵：《后现代德育教育观述评》，《山东教育科研》2001 年第 11 期。

寻根：实证探寻

一、中小学当代主流价值观教育研究

“八荣八耻”概括了社会主义价值观的核心内容，它虽然不能涵盖社会主义主流价值观教育的全部内容，但它具有代表性，表征着社会主义主流价值观教育状况。认真检视主流价值观教育状况，有利于重新认识中小学主流价值观的教育机制，推动中小学主流价值观教育的健康发展。

（一）调查研究的方法与样本

研究方法包括问卷调查、个别访谈、班组座谈及文献分析法等。问卷调查样本：在江苏省和安徽省分别选取了城市、城镇、农村不同类型的中小学共七所，综合考虑了学生性别、父母职业、文化程度及家庭收入等多种因素，随机抽取小学一年级至高中三年级的学生共4000人。分别针对学生、教师、家长设计调查问卷和访谈提纲。发放问卷4000份，剔除无效问卷215份，共统计学生问卷3785份，有效问卷回收率为94.63%。此外，为了配合问卷调查，课题组对部分同学和老师进行了深度访谈。本研究收集和研读了价值观相关方面的文献，借助互联网进行资料搜索。课题组深入中小学校园，听课、评课一百余节，包括语文课、思品课、艺术课、活动课等，并对课程开展记录观察，从细节发现问题。调研的学校分别是江苏省南京市游府西街小学、赤壁路小学、南京第九中学、梅园中学、新沂港头中学、瓦窑中学、安徽省和县的历阳镇三小。

本研究设计两套问卷，分别是小学生问卷和中学生问卷。小学发放问卷1500份，收回有效问卷1473份，有效回收率98.2%。中学共发放问卷1300份，收回有效问卷1234份，有效回收率为94.9%。其中城市中学收回606份，农村中学收回628份。

（二）中小学价值观教育现状

小学部分的调查分别从小学生的年龄层次、性别等角度对价值观教育情况进行相关分析。中学部分在年龄与性别差异的基础上增加了家庭背景对价值观的影响，比较分析了城市中学生和农村中学生家庭背景对主流价值观教育影响的差异。

1.关于热爱祖国的调查

社会主义主流价值观教育把爱国主义教育放在首位，就是要求进一步加强学校的爱国主义、社会主义和民族精神教育，引导广大中小学生增强爱国情感。我们主要围绕中小学生对中国传统节日的认同、国际比赛中国家荣誉感、科技发展的祖国自豪感、对国家政治的关注意识、爱国的知情意着重点、爱国两难情景中的选择六个方面进行。

（1）小学生热爱祖国教育调研分析

①爱国价值观教育各小题整体分析。一是小学生总体上对中国传统节日的认同率不高，甚至低于圣诞节，小学高年级对中国传统节日的认同比小学低年级稍强。二是在国际比赛中，大部分学生有较强的国家荣誉感，仅有极少数人显示出不关心。三是对科技发展的祖国，大部分学生有祖国自豪感，仅有极少数人显示出不关心。四是对国家政治的关注，大部分学生是有时关注，有少部分同学从不关注。五是在对小学生爱国的知情意着重点上，大体上呈平均趋势，爱国情感、爱国意志略高。小学高年

级爱国情感比小学低年级略强;同时小学高年级的爱国意志比小学低年级稍弱。六是在对小学生爱国两难情景中的选择中,有少部分人选择"保住自己的生命,交出国家机密"。大部分学生选择"坚决不交出机密,不能让国家利益受损害",小学高年级比小学低年级选择"犹豫不决"的多;同时小学高年级选择"保住自己的生命,交出国家机密"的人与小学低年级相比呈下降趋势。

②小学生年级、性别与爱国价值观的相关分析。从小学生爱国价值观与年级、性别的相关分析来看,小学生的年级与传统节日认同、爱国知情意以及爱国两难情境的选择呈显著相关(p<0.01);小学生的性别与国际比赛中国家荣誉感呈显著相关(p<0.01)。具体表现为:一是传统节日认同感呈现出随年级增高而加强的趋势。选中秋节的比例呈上升的趋势。二是爱国知情意表现为年级越高,爱国情感加深,爱国意志或行为减弱的趋势。选"我愿意这样做"的比例呈增高的趋势,选"我决定这样做"的比例呈递减趋势。三是对"国家机密与个人生命"两难情境的选择中,表现为年级越高,选"犹豫不决"的比例呈增高的趋势,选"交出国家机密"的比例呈递减趋势。四是对国际比赛中的国家荣誉感,女同学显示出比男同学更多的"激动",更少的"不关心"。

表1　小学生爱国价值观与年级、性别的相关分析

	爱国	传统节日认同	国家比赛胜利的荣誉感	国家科技发展自豪感	国家政治意识	爱国知情意	爱国两难情境
年级	皮尔逊系数 显著性水平 调查人数	.086(**) .001 1473	-.007 .781 1473	.008 .768 1473	-.014 .595 1473	-.119(**) .000 1473	.089(**) .001 1472
年级	皮尔逊系数 显著性水平 调查人数	.024 .536 1473	-.121(**) .002 1473	-.065 .091 1473	-.059 .127 1473	-.036 .350 1473	.072 .0625 678

(2)中学生爱国价值观教育调研分析

①总体分析。从整体来看,中学生的爱国价值观具有不同于小学生的特征,在国际比赛中的国家荣誉感、科技发展的祖国自豪感、爱国两难

情境的选择、爱国认知方面与小学生接近，其积极性略弱于小学生，受学校教育的影响，中学生对国家政治的关注意识比较强，远远超过小学生。

②中学生年级、性别、城乡变量与爱国价值观的相关分析。从中学生爱国价值观的年级、性别的相关分析来看，中学生的年级与国际比赛中的国家荣誉感、科技发展的祖国自豪感、爱国两难情境的选择、爱国情感呈显著相关（$p<0.05$）；中学生的性别与国际比赛中国家荣誉感、国家政治的关注意识、爱国两难情境的选择呈显著相关（$p<0.05$）；城乡中学生与国际比赛中的国家荣誉感、科技发展的祖国自豪感、爱国两难情境的选择、爱国情感呈显著相关（$p<0.05$）。

具体表现为：一是国际比赛中的国家荣誉感呈现出随年级增高而下降的趋势。选择感到“一般”与感到“不关心”的人数随年级略有升高。二是科技发展的祖国自豪感呈现出随年级增高而下降的趋势，选择感到“不关心”与感到“一般”的人数随年级略有升高。三是在国家机密与个人生命的两难情境的选择中，表现为年级越高，选择“犹豫不决”与“交出国家机密”的比例呈增高的趋势。高中生选“交出国家机密”的比例明显高于初中生。四是在爱国认知方面呈现出随年级增高而下降的趋势，选择感到“无所谓”与没有自豪感的人数随年级略有升高。五是对国家政治的关注意识的性别差异上，男同学比女同学更能经常关注。六是国际比赛中的国家荣誉感的性别差异上，女生比男生更多的“激动”，而且更少的“不关心”。七是在国家机密与个人生命的两难情境选择的性别差异上，女同学显示出比男同学更多的“坚决不交，不能让国家受损”，而且更少的“交出国家机密”。

表 2　中学生爱国价值观的年级、性别与城乡的相关分析

爱国		国家比赛胜利的荣誉感	国家科技发展自豪感	国家政治意识	爱国两难情境	爱国情感
年级	皮尔逊系数 显著性水平	.059(*) .037	-.065(*) .023	-.021 .459	-.142(**) .000	.076(**) .007
性别	皮尔逊系数 显著性水平	-.061(*) .032	.037 .195	.088(**) .002	.076(**) .009	-.044 .123

续表

爱国		国家比赛胜利的荣誉感	国家科技发展自豪感	国家政治意识	爱国两难情境	爱国情感
城乡	皮尔逊系数 显著性水平	.199(**) .000	-.297(**) .000	-.014 .623	-.218(**) .000	.182(**) 000
调查人数		1234	1234	1234	1234	1234

表3　中学生家庭背景与爱国价值观的相关分析

		国家比赛胜利的荣誉感	国家科技发展自豪感	国家政治意识	爱国两难情境	爱国情感
父亲职业	皮尔逊系数 显著性水平	-.019 .514	.073(**) .010	.062(*) .028	.012 .668	-.062(*) .030
母亲职业	皮尔逊系数 显著性水平	.007 .793	.039 .170	.047 .100	.033 .250	-.083(**) .004
父亲学历	皮尔逊系数 显著性水平	-.156(**) .000	.222(**) .000	.030 .292	.198(**) .000	-.129(**) .000
母亲学历	皮尔逊系数 显著性水平	-.185(**) .000	.250(**) .000	.015 .589	.200(**) .000	-.170(**) .000
家庭收入	调查人数 皮尔逊系数	.096(**) .001	-.164(**) .000	-.030 .286	-.128(**) .000	.104(**) .000
与谁谈心	显著性水平 调查人数	.061(*) .033	-.075(**) .009	.026 .358	.009 .748	.069(*) .015
家庭和谐	皮尔逊系数 显著性水平	.170(**) .000	-.216(**) .000	.119(**) .000	-.138(**) .000	.110(**) .000
与父关系	调查人数 皮尔逊系数	-.194(**) .000	.158(**) .000	-.030 .300	.061(*) .031	-.110(**) .000
与母关系	显著性水平 调查人数	-.180(**) .000	.158(**) .000	-.025 .379	.090(**) .002	-.065(*) .022
父亲辅导	皮尔逊系数 显著性水平	.055 .053	-.036 .202	.010 .728	-.044 .121	.054 .060
母亲辅导	调查人数 皮尔逊系数	-.018 .529	-.014 .632	-.007 .804	-.023 .421	.057(*) .046
调查人数		1234	1234	1234	1234	1234

③中学生家庭背景对爱国价值观的影响。从中学生家庭背景与爱国

价值观的相关分析来看，中学生爱国价值观与家庭背景显著相关，具体表现为：一是中学生爱国价值观中受家庭背景影响最多的选项是爱国认知（对中国人的自豪感），除父亲辅导方式外，各项家庭背景都与之呈显著相关（$p<0.05$）。二是中学生爱国价值观中受家庭背景影响最少的选项是对国家政治的关注意识，除父亲职业与家庭和谐程度与之呈显著相关（$p<0.05$）外，其余各项家庭背景都与之不相关。三是在中学生家庭背景中，与爱国价值观各选项都显著相关的是家庭和谐度（$p<0.01$），与爱国价值观各选项都没有相关的是父亲的辅导方式。四是在中学生家庭背景中，与爱国价值观各选项显著相关比较多的是父亲学历、母亲学历、家庭收入、父亲与你的关系，母亲与你的关系（$p<0.05$）。相关较少的是母亲职业、母亲的辅导方式。

2. 关于服务人民的调查

中小学生服务教育是指养成中小学生服务他人的品德的教育，是指学校根据社会对中小学生关心他人服务他人的品质的要求，遵循中小学生的认识规律，有目的、有计划、有组织地对中小学生施加影响，加深其服务人民的认识，培养其服务人民的道德情感，坚定其服务人民的意志，养成其服务人民的行为习惯，培养其行为活动的教育。当今社会处在转型中，经济体制转变、社会变革，中小学生的人生观、价值观也随着社会的变迁而发生变化。同样，中小学生的服务他人的意识在新时期表现出不同特征。根据中小学生成长特点，结合服务人民的思想，我们采用访谈法和专家咨询法共设计了 5 个题目（对清洁工作的态度、帮助他人、让座、志愿者、为人民服务，简称为“服务 1、2、3、4、5”）进行调查分析。

（1）小学生服务人民价值观教育调研分析

①服务人民价值观教育各小题整体分析。一是对于处于劣势地位的工作，小学生们都很尊重，很少有歧视的看法。在认知层面上，大部分小学生认为像清洁工这样的工作是必要的、不是丢人的职业。二是对于是否愿意帮助需要帮助的人，多数孩子的表现很积极，很愿意向他人伸出援助之手，然而，也有一小部分同学表示没有想过或不会，这是不容忽视的。

三是对于是否会主动让座这一常见现象，近九成以上的小学生表示愿意“主动让座”。四是对于参加志愿者活动，近一半的同学表示没有参加过，相当比例的学生也只是有时参加，经常参加的学生则很少。这需要学校和社会对此予以配合、实施。五是对于是否要为人民服务这一项知情意的调查，大部分学生表示愿意或决定这样做。

②小学生年级、性别与服务人民价值观的相关分析。小学生所在年级与服务1、4之间没有相关性，与服务2、3、5题都显著相关。对待环卫工人的工作，不管年级高低，都有80%以上的同学对环卫工人的工作表示尊重。对待参加志愿者服务的态度，不同年级的学生并无很大差异，大多数都是有时候参加。随着年级升高，主动捐出零花钱帮助灾区小朋友的人数越来越多，而主动给人让座的同学越来越少。小学生对服务人民的认识、情感上随着年级的增长呈递增趋势，而在意志上却随着年级的增长而递减。

小学生性别与服务1有相关性，与服务2显著相关，与服务3、4、5无相关性。对环卫工人的工作，男生有90.3%尊重，女生93.8%的人表示尊重，女生瞧不起环卫工人工作的人数比男生少。对于捐出零花钱的态度，男生有87.6%会积极援助灾区，女生有95.9%的人更乐于为灾区服务，女生不会捐出零花钱的人仅占0.6%，比例小于男生的1.8%。对于让座、参加志愿服务、服务人民的知情意的考察，男生女生并没有显著差异。

表4 年级、性别与服务人民的相关分析

		服务1	服务2	服务3	服务4	服务5
年级	皮尔逊系数	.014	-.087**	.074**	-.005	-.167**
	显著性水平	.581	.001	.005	.836	.000
	调查人数	1473	1473	1473	1473	1473
性别	皮尔逊系数	-.078*	-.142**	-.026	-.036	.040
	显著性水平	.043	.000	.493	.347	.301
	调查人数	679	679	679	679	679

(2)中学生服务人民价值观教育调研分析

①服务人民价值观教育各小题整体分析。一是对待环卫工人这一职业,中学生基本表示尊重。然而,数据显示,农村中学生对这一职业的认可度更高,而城市中学生仍有一定比率的人很瞧不起此职业。二是对于援助他人的行为,农村中学生比城市中学生更有同情心和爱心。在回答愿意捐钱的选项的调查中,农村中学生与城市中学生比例差异很大。三是对于让座行为,中学生们表现都比较积极,没有明显的地域差异。四是在参加志愿者活动方面,无论是农村学生还是城市学生参加的都是比较少的。农村中学生的次数相对城市中学生更少,近半成来自农村的学生都没有参加过志愿者活动。这与农村的教学环境和条件相对落后有关。五是对于为人民服务的态度,中学生虽然能够认识到它的重要性,但在情感、意志上的表现相对薄弱。有相当一部分同学仍处于模糊认识的状态中,甚至一些同学认为不应该为人民服务。

②中学生年级、性别、家庭背景与服务人民价值观的相关分析。中学生所在年级和性别与服务人民的价值观显著相关。总体上,年级越高,服务人民的意识越弱。女生服务人民的意识比男生高。父母职业不影响大多数中学生的价值观意识,但父母职业越好,中学生服务于人民的意识越弱。父母学历不影响中学生是否给有需要的人让座,但学历越高,中学生服务于人民的思想与行动相对较强。家庭收入越高,中学生越不尊重环卫工人的工作,参加志愿服务的人数越少,服务人民的意识越弱。家庭收入高低不影响中学生支援灾区和让座的行为。家庭交流对象不影响中学生服务人民的价值观意识。家庭关系越和谐,中学生越尊重环卫工人的工作,越愿意支援灾区同学,越愿意服务人民。与父母关系越好,中学生越尊重环卫工作,越愿意帮助灾区同学,越愿意主动让座,在服务人人民的知情意方面履行得更好。父母辅导方式总体上不影响中学生服务人民的价值观思想与实践行为。

表5 年级、性别、家庭背景与服务人民的相关分析

		服务1	服务2	服务3	服务4	服务5
年级	皮尔逊系数 显著性水平	.077 ** .007	-.130 ** .000	.077 ** .007	-.079 ** .005	-.080 ** .005
性别	皮尔逊系数 显著性水平	-.061 * .032	.091 **.001	-.115 ** .000	-.053 .064	-.080 ** .005
父亲职业	皮尔逊系数 显著性水平	-.070 * .014	.039 .171	-.067 * .018	-.068 * .017	-.035 .216
母亲职业	皮尔逊系数 显著性水平	-.023 .428	.000 .993	-.007 .817	.089 ** .002	-.059 * .039
父亲学历	皮尔逊系数 显著性水平	-.159 ** .000	.108 ** .000	-.030 .300	.162 ** .000	-.106 ** .000
母亲学历	皮尔逊系数 显著性水平	-.145 ** .000	.106 ** .000	-.042 .141	.176 ** .000	-.133 ** .000
家庭收入	皮尔逊系数 显著性水平	.127 ** .000	-.046 .105	-.011 .693	-.157 ** .000	.087 **.002
与谁谈心	皮尔逊系数 显著性水平	.010 .729	-.050 .077	.008 .787	.045 .112	.063 * .028
家庭和谐	皮尔逊系数 显著性水平	.159 ** .000	-.132 ** .000	.052 .067	-.004 .900	.133 ** .000
与父关系	皮尔逊系数 显著性水平	-.080 ** .005	.149 ** .000	-.089 ** .002	.008 .778	-.081 ** .005
与母关系	皮尔逊系数 显著性水平	-.177 ** .000	.168 ** .000	-.122 ** .000	-.000 .989	-.070 * .015
父亲辅导	皮尔逊系数 显著性水平	-.013 .637	-.064 * .024	.047 .099	.043 .135	-.010 .726
母亲辅导	皮尔逊系数 显著性水平	.061 * .031	-.045 .117	-.010 .733	.050 .079	-.012 .667
调查人数		1234	1234	1234	1234	1234

3. 关于崇尚科学的调查

(1)小学生崇尚科学价值观教育调研分析

①崇尚科学价值观教育各小题整体分析。一是关于星座的说法是否科学，选择“科学”的学生占32.5%，选择“说不清”的学生占33.8%，选

择“不科学”的学生占33.7%，这说明只有三分之一的小学生能理性、科学地看待“星座学”，清醒地认识自己，积极地对待生活。另有三分之一的小学生深受“星座学”的危害，错误地把它等同于科学，在访谈中我们还了解到，少数小学生甚至以此指导自己的生活，把自己的未来和人生交给了星座。剩下的三分之一学生对“星座学”持半信半疑的态度，不能正确地认识到其伪科学性。二是对“有人到庙里烧香拜佛求神保佑”的态度，认为“对”的学生占29.1%，选择“说不清”的学生占29%，选择“错”的学生占42%。说明对迷信神灵现象持理性态度的小学生占四成多，但是还有一半以上的小学生没有深刻认识到这种现象的心理、社会、文化因素，对“神灵”还抱着一定的幻想。三是对“我们要崇尚科学”态度，选择“我知道这很重要”的学生占25.2%，选择“我愿意这样做”的学生占35.8%，选择“我决定这样做”的学生占39%，选择后两项选项的人数明显高于前一项。说明大多数学生很愿意参与到热爱科学的学习和活动中去，四成的学生能在行动上体现崇尚科学的理念，但仍有四分之一的小学生只是认识到科学的重要性，却缺乏参与科学活动的热情和相应的行动。四是当问及“有人跟你说他遇到鬼了，你相信他说的话吗”时，选择“相信”的学生人数是32人，占2.2%，选择“说不清”的学生人数是72人，占4.9%，选择“不相信”的学生人数是1369人，占92.9%。大多数小学生能够理性地认识到“鬼”的故事不科学，不相信世界上真的有鬼，但也有极少数学生因为家庭、环境的缘故相信有鬼，害怕鬼。五是当问及“某风景点，敲击塔上的石块就会产生蛙鸣的声音，你认为这是什么原因”时，选择“自然现象”的学生占74.9%，选择“不知道”的学生占21.8%，选择“神灵的作用”的学生占3.3%，选择第一项选项的人数明显占优势。表明大多数学生能了解基本的科学常识，并自觉地以科学解释生活中出现的现象，即使不清楚真正的原因，也能实事求是地承认自己知识上的不足，而只有极少数的小学生会以迷信的眼光去解释这些自然现象。

②小学生年级、性别与崇尚科学价值观的相关分析。随着年龄的增加和知识水平的提高，小学生对星座学有着越来越清晰、理性、科学的认识，教育的效果很明显地体现出来。低年级学生对烧香拜佛现象接受率

较高，缺乏必要的科学认识，随着年龄的增加和对周围环境敏感性的提高，他们开始渐渐理性地认识到烧香拜佛的消极影响。这说明随着年级的提高，学生自主思维、综合分析的能力也随之加强，渐渐认识到烧香拜佛的文化和宗教根源，并能宽容、辩证地对待一些社会现象。

低年级学生对科学知识的了解还比较贫乏，随着年级的升高，他们通过学习，越来越自觉地运用科学知识解释周围世界，对迷信思想的抵制力也越来越强。选择“不知道”的总体人数比率也远远大于选择“神灵的作用”的总体人数比率，这说明绝大多数小学生能够远离迷信思想的腐蚀，以实事求是的科学态度对待未知的事物。

小学生在崇尚科学的价值观意识方面男生女生无显著差异，不管男生还是女生，他们对科学的态度相差无几。但相对而言，女生更愿意承认烧香拜佛有正确性。

表6　小学生年级、性别与崇尚科学的相关分析

		科学1	科学2	科学3	科学4	科学5
年级	皮尔逊系数	.382**	.335**	-.068**	-.038	-.313**
	显著性水平	.000	.000	.010	.142	.000
	调查人数	1473	1473	1473	1473	1473
性别	皮尔逊系数	.060	-.104**	.017	.047	-.002
	显著性水平	.118	.007	.656	.223	.958
	调查人数	679	679	679	.679	679

(2)中学生崇尚科学价值观教育调研分析

①崇尚科学价值观教育各小题整体分析。一是只有三分之一的城市中学生能理性、科学地看待“星座学”，清醒地认识自己，积极地对待生活。另有一半以上的城市中学生持半信半疑的态度，不能正确地认识到其伪科学性，对相关的学说有兴趣，但又说不清楚到底对不对，值不值得相信。此外还有一成以上的中学生迷信“星座学”，错误地把它等同于科学，在访谈中我们了解到，少数城市中学生甚至将生活中的运气、交友、成败等现象与“星座”直接挂钩，不能积极地克服忧郁、自私、自卑等心理障

碍,一味地依赖星座学说,消极地对待生活、学习中的挫折。

和城市中学进行比较,农村中学对星座学说持有科学观的人数比城市中学多5个百分点,持怀疑态度的人数比城市中学少6个百分点,迷信星座学说的人数百分比城乡差异很小。这也许与城乡学生的生长环境有关,农村学生有更多的机会接触大自然,做家务劳动,和家人、邻居、同龄人交往,而城市学生放学后,更多的是独处。另外,在访谈中我们发现农村学生较少有机会接触星座说,对其缺乏了解,而城市学生通过上网、街头报刊等多种途径了解更多的相关信息,受其影响更大。

调查结果显示,无论在城市中学还是农村中学,都有相当部分的中学生迷信星座说。

二是半数以上的城市中学生对烧香拜佛现象的看法。很多学生表示:"这是一种信仰,是人的一种精神寄托。只要不盲目迷信神灵,用这种方式表达自己对宗教的崇拜也可以理解。"还有学生提到老人们借此寻找自己最终的归宿,这对他们来说也是一种精神安慰。一成以上的城市中学生认可这种烧香拜佛现象,这与他们的社区环境、家庭信仰以及接触的文艺作品等有关。

农村中学对烧香拜佛现象持否定态度的人数较多,而城市中学对烧香拜佛现象持理解、宽容态度的人数较多。这也许与城乡学生的知识范围、娱乐方式有关,城市学生接触到更多的宗教知识和更复杂多样的影视作品。但城乡学生在否定选项上百分比相当,说明中学生们普遍认为信奉神灵是不科学的。

调查结果显示,无论在城市中学还是农村中学,大部分的中学生已经能思考拜神现象的深层原因,能够用自己的眼光和头脑去辨析科学与宗教文化的异同。教育工作者们应摒弃一味宣扬灌输的教育方式,提供相应的资料观点,鼓励学生自己寻找科学的观点。

三是当问及"有人跟你说他遇到鬼了,你相信他说的话吗"时,城市中学生选择"不相信"的人数占61.2%,选择"说不清"的人数占25.1%,选择"相信"的人数占13.7%。农村中学生选择"不相信"的人数占77.5%,选择"说不清"的人数占17.4%,选择"相信"的人数占5.1%,选择第一项选项的人数明显占多数，而选择最后一项的人数最少，只有 5 个百分点。和城市中学比较，农村中学对“鬼”的说法持科学态度的人数比城市中学多 16%，持迷信态度的人数比城市中学少 8 个百分点。从整体上看，农村中学比城市中学更能理性地对待“鬼”说法。

四是当问及“某风景点，敲击塔上的石块就会产生蛙鸣的声音，你认为这是什么原因”时，城市中学生选择“自然现象”的学生人数占 89.8%，选择“不知道”的人数占 8.4%，选择“神灵的作用”的人数占 1.8%。农村中学生选择“自然现象”的人数占 87.9%，选择“不知道”的人数是占 10.7%，选择“神灵的作用”的人数占 1.4%，选择第一项选项的人数近九成。在此题中城乡差异并不大，农村中学生对科学知识的掌握略差于城市中学生。绝大多数中学生都能够了解基本的科学常识，并自觉用科学的眼光观察和解释生活中出现的奇怪现象，而只有极少数的中学生会以迷信的眼光去解释这些自然现象。

五是对“我认为科学很重要”的态度，城市中学生选择“是”的人数占 93.9%，选择“说不清”的人数占 5.3%，选择“不是”的人数占 0.8%。农村中学生选择“是”的人数占 96.2%，选择“说不清”的人数占 2.9%，选择“不是”的人数占 1%。

和城市中学相比，农村中学有更多的学生相信科学很重要，对科学和科学家的崇拜心理更加浓厚。但无论农村还是城市，中学生都能把科学放在重要的位置，并认为科学在生活中的作用非常大。

②中学生年级、性别、家庭背景与崇尚科学价值观的相关分析。不同的年级由于年龄层次、认知水平的差异，对于崇尚科学的认识和理解也有一定差异。随着年龄的增加和知识水平的提高，中学生对烧香拜佛有着更加社会化、人文化的认识，不再盲目、一竿子打死地对待这种现象，而是更多的从宗教、文化传统等多因素、多角度地考虑。他们不再轻易受周围环境的影响，而是用自己的眼光科学地看待这种现象。

中学生的性别不影响他们崇尚科学的价值观的认识，不管是男生还是女生，他们对崇尚科学的认识上并无差别。

城市中学生科学观中受家庭背景影响最多的选项是科学 3（有人跟

你说他遇到鬼了，你相信他说的话吗?)，家庭关系、与父亲的关系、父亲的辅导方式都与之呈显著相关（$p<0.05$）。城市中学生科学观中受家庭背景影响最少的选项是科学1和科学2，每一项家庭背景都与之不相关。在城市中学生家庭背景中，与科学观各选项显著相关比较多的是与父亲的关系、家庭关系、与母亲的关系（$p<0.05$）。其余的家庭背景选项与科学观选项不相关。父亲是本科、研究生及以上学历的学生，选择"自然现象"的学生比率明显高于父亲是高中、中专、大专学历的学生，而父亲是高中、中专、大专学历的学生，选择"自然现象"的学生比率明显高于父亲只是初中及以下学历的学生。家庭关系越和谐，选择"不相信"的学生比率越高，选择"相信"的学生比率越低；家庭关系越不和谐，选择"不相信"的学生比率越低，选择"相信"的学生比率越高。父亲付出关爱的学生选"不相信"的人数比率比父亲不关心或与子女关系紧张的学生人数比率高，父子关系紧张的学生更加的不认为科学重要。母子关系的和谐程度与学生对科学的态度有着明显的关系，母子关系越和谐，母亲对子女付出的关爱越多，学生对科学越重视。从农村中学生家庭背景与科学观的相关分析来看，农村中学生价值观与家庭背景不相关（$p>0.05$）。农村中学生父母的职业、父母学历、家庭收入、在家交流对象、家庭关系、家庭和睦程度、父母的辅导方式等都不影响他们对崇尚科学的价值观的看法。

4. 关于热爱劳动的调查

为了深入了解城乡中小学学生的劳动价值观，我们在问卷中设置了5道题，分别从做家务、对班级劳动的态度、对投机成功的态度、对"农民整天劳动却赚很少的钱，没出息"的看法，及对辛勤劳动的看法来透析学生的劳动价值观。调查结果显示，辛勤劳动与年级呈显著负相关，而且具有明显的城乡差异。城市中学生的物质生活条件好于农村中学生的物质条件，但农村与城市中学生的家庭关系都趋向和谐为主。农村中学的学生对劳动价值的认可与实践都要高于城市中学生，绝大多数中学生对劳动都是肯定的。从总体上讲，中小学劳动教育在受重视程度、教育过程的控制、教育手段的运用及教育效果等方面都不能令人满意，劳动教育的滞后仍是困扰素质教育实施的一大难题,是教育工作者思考和研究的重要课题。中小学生“辛勤劳动”的行动方面与年级呈负相关。对“你在家做家务吗”的问题,现在的学生,还是知道做家务的重要性的,但是这不代表他们真正明白劳动的价值,这些学生做家务的主动性随着年龄的增加而减少。这主要是因为课业压力以及社会上、生活中的好逸恶劳的不良风气所致。

5. 关于团结互助的调查

团结互助,是人与人之间的理解、尊重与帮助,既指强者对弱者的同情,富者对贫者的资助,平安者对患难者的援手,又指后者对前者的感恩、铭记与回报。这是一种发自内心的付出,是无怨无悔的选择,是人际关系的美好体现,是人的类本质的聚集和凝结。对身陷逆境的人来说,团结互助是一种心灵安慰,是一种人文关怀,更是一种劫后复生的力量源泉。

年级高低对小学生的“团结互助”思想有直接影响。年级高低与是否经常帮助同学、团结互助的知情意认识、喜欢个人成功还是班级成功之间相关性更显著。随着年级增高,经常帮助同学的人数比例增大,从不帮助同学的人数比例逐渐减小;随着年级增高,知道要团结互助的人越来越多,愿意团结互助的人也逐渐增多,而决定要团结互助的人却越来越少;随着年级增高,倾向于个人成功的人越来越多,倾向于班级成功的人越来越少。小学生年级随着年龄增长,他们的个人主义倾向也随之增强,集体主义倾向越来越弱。从性别变量看,女生团结互助的思想与行动表现都优于男生,女生更容易将团结互助的思想与行动结合起来,在团结互助的社会行动方面,女生更愿意付诸实践,而男生更容易产生知行分离现象,他们的言行脱节现象更明显。

6. 关于诚实守信的调查

调查结果说明当代中小学生的诚信道德状况主流是好的,他们普遍为人诚实守信,对大部分的诚信品质有比较正确的认识,遵纪守法,责任心强,是一个讲文明、讲道德的良好群体。但是,由于受多种因素的影响,也有一部分学生出现了诚信迷失的情况，且随着年级的升高诚信迷失的现象越严重，城乡和不同性别的学生在诚信观上也表现出不同的特点。一是诚信认知与诚信行为分离。从调查中发现，超过90%的叙述都认同诚实、正直、守信、履约等诚信基本道德品质，"认为诚实守信很重要"。但实际行动中却是另外一种状况，在调查中，当问到"当店主多找钱给你的时候"时，只有80.71%的学生选择"还回去"，再问到"当你看到班上有同学作弊"时，回答"厌恶"的人数只占60.10%。许多中学生都知道做人要诚实守信的道理，但在实际行动中却不去落实，"语言巨人，行动矮子"的倾向十分明显。二是女生的诚信道德意识强于男生。调查中我们发现，女生的诚信道德意识强于男生。笔者认为这是性别期待与性别教育所致。

7. 关于遵纪守法的调查

通过调查分析，中小学生法纪意识的总体状况令人满意，但也存在着不同程度的问题。随着年龄的增长，学生的法纪意识却随之减弱，这种现象无论是在小学还是中学，在城市还是乡村，都是普遍存在的。整体而言，女生的法纪意识要明显强于男生，如何做到因性施教值得思考。农村与城市中学生的家庭关系大体上都以和谐为主，但农村中学生的生活幸福感要高一些，农村中学的学生对法纪意识的认可与实践都要高于城市中学生。在家庭影响因素方面，母亲对孩子的影响是关键要素，家长的教养方式对孩子法纪意识的形成有着极大的影响。如何发挥教育合力，培养中小学生的法纪意识，值得每一位教育工作者思考。调查结果表明：在遵纪守法的具体行动上女生比男生更自觉；总体上，随着年龄的增长，中学生违纪现象呈上升趋势。

8. 关于艰苦奋斗教育状况的调查

调查结果说明大部分中小学生对于艰苦奋斗的价值观有正确的认识并愿意践行艰苦奋斗的精神的。大部分学生都能够在日常生活中做到勤俭节约，并能够以正确的态度看待名牌的问题，但是有少数的学生还是有错误的思想意识。这就要求教育者有针对性地对学生的具体问题展开教育。

（三）教育对策

1. 切实加强学校社会主义主流价值观教育的针对性

学校价值观教育是学校德育工作的中心环节，是整个价值观教育体系中的主体部分，也是价值观教育能否取得实效的关键部分。学校价值观教育作为有目的、有组织的系统，对年轻一代形成正确的价值观有非常重要的作用，同时对整个社会主导价值观的形成也有强大的促进作用。因此，青少年学生能否树立正确的价值观，将直接影响学校德育工作和整个教育工作的质量，也将直接影响到我国社会主义现代化建设事业的成败和民族的兴衰。

(1)根据不同年级学生的年龄特征与心理特点，进行有针对性的教育

随着年龄的增长，学生的价值观意识却随之减弱，这种现象无论是在小学还是中学，在城市还是乡村，都是普遍存在的。从道德行为发展来看，中小学生道德意志控制力和自觉性明显增强，但还离不开外部检查和督促，小学生道德观念影响源主要是其家长和教师道德观念，所以他们的思想观念、言论和行动都会直接反映出他们所接受的教育内容，因而言行比较一致。到高年级就复杂得多，影响源增多了，行为控制能力也发展了，所以对自己道德需要或掩饰或延迟表决，有言行不一的现象。这就要求学校在价值观培养方面，把工作细化，对不同年级的学生进行有针对性的教育。一般说来，青少年某一方面思想观念发展的程度，往往表现在概念、价值认识、基本态度、行为模式等多个方面。中小学生在价值观上的成熟，也应该表现在对基本概念的认识、基本价值的认同、正确的价值态度和在价值观制约下的行为几个方面，而这正是学校价值观教育要涵盖的内容。

(2)进行主流价值观教育，要充分考虑性别因素

女生的法纪意识要明显强于男生，如何做到因性施教值得思考。教育的一条基本原则就是从学生的实际情况出发。因而性别教育应包括在教育目标之内，在理论上明确提出“因性施教”的观念对于教育教学具有很大的促进作用。因性施教是指教育者根据男女学生生理与心理的差异，采用不同的教育措施，使受教育者两性都获得充分、自由、平等、全面的发展。因性施教是在男女平等的前提下进行的，其实质在于如何使受教育者两性都获得全面的发展。对于不同的科目，教师提出的课堂教学目标应该因为受教育者性别的不同而有所差异，从而让男女学生的潜能都尽可能地得到发挥。具体到中小学生价值观意识的培养上，就是要加强对男生的教育，让他们以女生为榜样，认真实践社会主义价值观。

2. 大力改善家庭的主流价值观教育

中小学阶段，是人生至关重要的一个时期，是人生走向青年期的过渡阶段。处于这一特殊时期的孩子，无论从生理上还是心理上，都经历着一场巨大的变化。他们求知欲强，富有幻想与冲动，容易感情用事，有较强的独立意识和逆反心理，父母通常情况下都陪伴在孩子周围，更能了解孩子的特点和需要，对孩子的成长影响也最大，所以，父母要主动积极的承担起这份责任，为中小学生的成长与成才献上一份来自于家庭的力量。

(1)家长要以身作则，为孩子树立榜样

家长要提高自身文化与道德修养，努力做一个知耻明礼的好公民，为孩子的日常生活起到模范带头作用。家庭是青少年的第一个社会生活环境，家庭作为教育的摇篮，道德教育的“航母”，是他们接受德育最长久的场所。家长要时时处处做孩子的榜样，尤其在孩子面前，与人交往要谦虚有礼，温文尔雅；处理家庭、社会矛盾时，要不急不躁，真正担当起孩子第一任教师的职责，充分发挥家庭教育的积极作用。

(2)多与孩子谈心交流，及时了解孩子的心理变化

中小学生处于身体快速发育、心理逐步从幼稚走向成熟、从依赖走向独立的阶段。随着年龄的增长，自我意识的增强，他们的世界观、人生观正在形成，但尚不成熟，这些就决定了中小学生的价值观具有不稳定性和

可塑性强的特点。家长要善于做孩子的知心朋友，同孩子多谈心，把握他们的思想脉搏，对他们思想中暴露出来的一些与法相悖的东西要及时纠正，防微杜渐。

(3)营造民主和谐的家庭氛围

从孩子思想实际出发，调整自身的角色定位和方法，建立一个平等对话、促进发展的家庭价值观教育的平台。父母要掌握多方面的知识，运用各种科学的教育方法，用温暖、宽容、真诚的亲情来感染子女，建立起和谐的家庭互动关系。在家庭里，这种宽松、平等、民主的家庭氛围是实现价值观念由外在向内在转化的基本条件。在家庭中开展价值观教育一定要注意方式方法，要“晓之以理，以理服人；动之以情，以情感人”。

3. 努力营造良好的社会环境

对中学生进行价值观教育，还必须依靠良好的社会风尚和公正而强大的社会舆论，这种社会大环境形成后，会大大促进中学生完整人格的发展和正确价值观的确立。当前我国处于社会转型时期，人们的利益关系和思想价值取向已呈现多样性和复杂性，在商品交换原则作用下产生的见利忘义等不良习气，也更多的侵蚀到人的精神领域。

农村与城市中学生的家庭关系大体上都以和谐为主，但农村中学生的生活幸福感要高一些，农村中学的学生对法纪意识的认可与实践都要高于城市中学生。这主要是由于城乡中学生生活环境的不同所致。随着城市文明的发展，多元化价值观日益凸显，城市中学生所受影响较大，而农村的社会环境相对要单纯一些。环境因素对青少年的不良影响令人堪忧，中小学生早期教育时期形成的一些好品质在逐渐淡化。

瑞士心理学家皮亚杰认为：认识既不是起因于自我意识的主体，也不是起因于业已形成的、会把自己烙印在主体上的客体，认识起因于主客体之间的相互作用，人在适应外界的过程中，不断地同化外部信息于自身认识结构中，同时不断地改变自身结构以顺应外界环境。美国当代著名的社会心理学家班杜拉的社会学习理论认为，人的内部因素、行为、外部环境三者之间是双向地相互影响、相互决定的。人类行为的大多数类型是由个人经验组织起来的，正是因为人类具有一定的可塑性和诸多认知能力，如符号化能力、预谋能力、替代能力、自我调节能力、自我反省能力等，才能学到各种思想和行为。他特别强调社会环境因素和社会学习以及个人内部因素这两者在儿童少年品德形成中的作用。在影响品德形成的外部因素中，教育最为重要，道德教化乃人性发展之必需。因此，大力发展经济，改良社会风气为中小学生学习和生活提供坚实的物质基础和各种丰富的精神食粮，提高整个社会的道德素质才是青少年品德教育的有力保证。

4. 国家应该均衡发展区域教育，缩小城乡教育差距，加强城乡小中学教育沟通与衔接工作，将社会对公平与正义的追求落实在学校教育之中

作为实施教育的主要场所，学校应该制订一套完善的规章制度，用以规范中小学生的学习习惯和生活习惯，让他们养成“以团结互助为荣，以损人利己为耻”的良好品行。针对年龄差异对团结互助意识和行动的影响，学校应该制订一套针对不同年级学生的教育方案，从低年级到高年级的教育内容和途径应有所区别，教育内容由易到难，由形式到内容发展，教育途径应多种多样，体现不同年级学生的兴趣差异。

针对性别对团结互助的影响，应该做好学校教育和家庭教育之间的衔接工作，老师和家长都应该重视对男女学生的教育，教育应该无性别之分，优秀的道德品质应在男生女生身上同时得以体现。针对城乡调查的对比分析结果和所存在的问题，要加强中小学的主流价值观教育必须从城乡两方面做起。首先，要坚持做好城市学生与农村学生之间的交流与沟通工作，让城市学生体验农村学生的学习、生活，让农村学生观察城市学生生活境遇，尽可能减少城乡学生的发展水平差距；其次，可以从区域教育的均衡发展着手，缩小城乡教育差距，达到区域教育均衡发展的目标，在资金投入和人才投入方面尽量做到城乡比例均衡，让城乡学生都有机会接触到各种社会信息资源。例如，可以给农村学生创造机会体验城市学习生活，同时给城市学生创造机会体验农村生活，尤其是农村学生生

活在一个大家庭里的团结互助的生活方式。再次，鉴于家庭背景对中学生团结互助思想的影响，要对城乡中学生进行积极正面的价值观教育。中学生虽然较小学生年龄大，但他们接受信息的来源也较多，容易受社会不良思想的侵蚀，加上处于青少年这个特殊时期，中学生在各方面容易攀比，如果没有正确的指导方式，加上他们的积极思想得不到肯定，消极思想得不到抑制，他们就容易走弯路，导致他们没有正确的价值观念，因此，对中学生的积极的思想教育就显得很有必要。

二、城市中小学生公民责任意识的缺失及其对策——基于杭州部分学校的抽样调查

责任意识是公民对个体所担当的社会角色以及该角色应履行的义务的自觉认识。它有角色职责和角色义务两层涵义。它不仅是个体人格完善的标志，而且是维系正常社会关系、保证社会结构有序运行的重要保障。在现代社会，每个公民的成长都离不开他人乃至整个社会的关心和帮助，因此作为社会人理应对他人、对社会、对国家履行自己的义务。中小学生的责任意识的培养是当下学校德育的重中之重。对中小学生公民责任意识现状进行调查，了解少年儿童在公民意识方面存在的问题，不仅能揭示出当今中小学生责任意识的发展情况，并且能为深入探索中小学生公民责任意识的发生机制以及对其进行有效的公民责任意识教育干预提供参考。责任意识体现在公共领域个体的行为自觉上，也体现在公民对待家庭、他人的方式上。因此，本调查中公民责任意识主要从以下几个方面来考察，即对同学、对家庭、对社会的责任意识。

（一）调查对象和调查方法

本调查对杭州市 11 所中小学校的学生进行了抽样调查，其中小学 4

所,分别是学军小学、星洲小学、和睦小学、时代小学;初中 4 所,分别是杭州市风帆中学、景芳中学、第十三中学和杭州市第十五中学;高中 2 所,分别是杭州电子职业学校和学军中学。调查总人数为 4134 人,有效问卷 4063 份,其中小学 1466 份,初中 1973 份,高中 624 份。

本调查的问卷分为两个部分:第一部分是学生的基本情况,包括:所在年级、性别、父亲职业、母亲职业、父亲学历程度、母亲学历程度;第二部分是中小学公民意识问卷。本调查参考《中国公民意识调查问卷》,将公民意识划分为国家认同感和自豪感、公正意识、法律意识、权利意识、责任意识五个维度。每个维度设计相应问题,如在"社会责任感"的维度上设计了"公共汽车上主动给有需要的乘客让座",询问学生对此的态度和看法。回答以量表的形式,分为非常赞同、赞同、不赞同、说不清四个等级。问卷回收后进行数据编录并运用 SPSS 软件进行数据统计与分析。本文所讨论的内容仅限于本次问卷中的第 5 个维度"责任意识"。

(二)对调查结果的分析和讨论

结果显示,相对中学生而言,小学生在问卷中表现的比较好,80% 左右的小学生会选择总是按时完成作业、做好值日卫生工作、外出向父母说明去向等。在其他维度上的问题也普遍好于初高中生。如 56.6% 的小学生总是会帮助父母做家务,而只有 18% 的初中生选择总是会帮父母做家务。

1. 对同学的责任意识

学校是中小学生的主要生活场所,同学是他们的主要交往对象。因此对同学的责任意识是中小学生公民意识的重要部分。在此方面,问卷设计了"我主动劝慰情绪低落的同学"等问题来调查其现状,详见表 13。

表 7　对同学的责任意识　　（单位:%）

	问题	总是这样	偶尔这样	从没这样	不知道
小学	帮助学习有困难同学	37.0	52.1	8.2	2.7
	有人欺负小同学主动去劝阻	55.5	37.0	4.3	3.3
初中	我主动劝慰情绪低落的同学	22.5	38.2	34.2	5.1
	我主动调解同学之间发生的争执	17.1	28.7	46.5	7.7
	做了错事我会主动认错道歉	27.9	45.0	23.8	3.3
高中	见同学情绪低落我会主动去劝慰	21.5	42.1	33.0	3.4

从数据可以看出,选择“总是”和“偶尔”主动劝慰情绪低落的同学的初高中学生比例分别是60.7%和63.6%,这说明总的来看中学生对同学具备一定程度的责任意识。但是值得注意的是,在高中生中从未劝慰情绪低落的同学比例高达33.0%,从不主动调节同学之间发生争执的初中生比例达46.5%。这一数据表明,有相当一部分的中学生并不认同主动去调节争执和劝慰同学是自己应尽的义务,究其原因与市场经济的发展造成个人主义的盛行有关。在经济利益多元化使得原有的强调统一、集体的社会道德信念和价值体系模糊和动摇这一背景下,当代青年具有更强烈的个体意识,更加关注自身的利益,更追求自主独立。但是如果这种对个体利益的追求被过度强化,就会造成个体不具备同理心,以自我为中心,与其他同学之间互不关心,见到同学遇到困难不会主动提出帮助。

2. 对家庭的责任意识

在对家庭的责任意识这一维度上,调查问卷设计了“主动帮父母做家务”、“外出说明去向不让父母担心”以及“父母生病我会主动照顾”等问题。

表8 对家庭的责任意识 （单位:%）

	问题	总是这样	偶尔这样	从没这样	不知道
小学	主动帮父母做家务	56.6	40.9	1.8	0.7
	外出说明去向不让父母担心	86.7	9.5	2.9	0.9
初中	每次外出我主动跟家人说明去向	47.4	30.3	19.0	3.3
	我主动帮助父母做家务	18.0	34.6	42.2	5.2
高中	父母生病我会主动照顾	23.4	41.5	32.5	2.6

数据表明,小学生选择“总是”帮助父母做家务和外出时向父母说明去向的比例最高,只有47.4%的初中生会主动跟家人说明外出去向,18%的初中生会主动帮助父母做家务,从不做家务的初中生比例高达42.2%,父母生病时从不主动照顾的高中生比例达32.5%。分析原因,一方面,这与中学生的身心发展特点有关。中学生自我意识迅速发展,很多事情不愿意和父母分享,有自己的小秘密;另一方面,这与父母的教育观念有关。家长对独生子女倾注了很多关爱,致使青少年学生在优越的物质条件中成长,养尊处优。我们经常可以听到家长对孩子说:“家里什么也不用你管,只要好好读书,我们再苦再累也情愿。”有的家长甚至看到孩子做家务时就制止,认为做家务会妨碍了学习。

3. 对社会的责任意识

对社会的责任意识是一切品德的基础和出发点,是现代公民素质的重要组成部分,也是我国社会主义核心价值体系中不可缺少的重要内容。在中小学阶段,牢固打下一个人的社会责任意识和履行社会责任的能力基础,不仅对一个人的全面发展具有重要意义,也是构建和谐社会的重要的、基础性的建设。问卷设计了闯红灯、垃圾分类、保护环境、关心国事、给乘客让座等方面的问题来考察中小学生对社会的责任意识,详见表9。

表9　对社会的责任意识　（单位：%）

	问题	总是这样	偶尔这样	从没这样	不知道
小学	没人时我会闯红灯	6.3	11.8	80.6	1.3
	外出游玩时，我会保护环境	85.4	10.8	2.7	1.2
	注意垃圾分类投放	64.2	28.4	5.5	1.9
初中	日常生活中我自觉做好垃圾分类	17.5	26.1	42.3	14.1
	我当前任务是读书，对其他事不关心	9.5	19.9	36.1	34.5
	公共汽车上主动给有需要的乘客让座	29.8	34.2	29.5	6.5
	我自觉遵守交通规则	50.3	36.2	10.5	3.0
高中	我会看新闻报道，关心社会热点	25.2	37.3	32.9	4.6
	我会去敬老院或福利院服务	5.0	6.1	51.6	37.3
	公交车上主动给有需要的乘客让座	30.8	38.5	26.9	3.8
	我敢于制止其他人的不正当行为	6.6	13.8	58.7	21.0

从数据分析来看，小学生普遍具有较好的环境保护意识和交通规则意识，85.4%和64.2%的小学生总是会在外出时保护环境和注意垃圾分类。初中生的垃圾分类意识较薄弱，仅有17.5%的学生总是会注意垃圾分类。在公交车上从不让座的初高中生达30%左右（初中生为29.5%，高中生为26.9%）。高中生中关心国家大事的比例较低，25.2%的高中生总是看新闻，37.3%的偶尔为之，而总是去敬老院或福利院服务的高中生仅为5.0%，偶尔去的为6.1%。这足以说明现今高中生对公益活动的关注非常匮乏。对于“我敢于制止其他人的不正当行为”这一问题，选择“总是这样”的高中生比例非常之低，仅为6.6%，选择“偶尔这样”的比例为13.8%。究其原因，与目前社会的大环境有关。当今社会见死不救、路见不平不敢拔刀相助、英雄流血又流泪的情形屡见不鲜，以怨报德的现象比比皆是，导致人们在看到不平事时往往需要在心中先画个问号：“他不会是来敲诈的吧？”在这样的背景下，青少年面对困境时，往往缺乏道德勇气，不敢有所作为。

（三）调查结论

总的来看，中学生的责任意识有待提高，相对而言，小学生责任意识反而较强。究其原因，这与责任心的发展规律有关。心理学研究表明：儿童责任心的发展划分为三个阶段：①第一阶段是强制性责任水平。此时幼儿把某一任务的责任看成是毫无疑问地必须去完成的，但并不理解责任的内涵。他们强调的是成人的外在标准和要求。第二阶段是半理解责任水平。儿童逐渐摆脱成人权威的约束，在一定程度上基于对责任的理解，基于责任对他人、集体、社会的重要性而作出判断。但这种理解尚不全面、深刻，还没有成为信念。第三阶段是原则的责任水平。这种水平儿童基本上摆脱了对成人权威的畏惧，不仅会估计不负责任的后果，而且还考虑到它的间接、长远的影响。这时个体的责任心已内化成自身的价值标准，不易受外界因素的干扰。因此，小学生在问卷作答时可能并未真正理解“责任”的意义，只是机械地服从家长或是老师权威，认为自己就应该帮助父母同学、遵守规则。而随着认知水平的提高，中学生逐渐开始思考这些外在规则的合理性，形成自己的道德判断。

在对同学的责任意识方面，33.0%的高中生中从未劝慰情绪低落的同学，46.5%的初中生从不主动调节同学之间的争执。这与市场经济的发展造成个人主义的盛行有关，中学生更易受此社会环境的影响，导致自我为中心，不关心身边的人。

在对家庭的责任意识方面，95%以上的小学生会主动跟家人说明外出去向和做家务，但只有77.7%的初中生会主动跟家人说明外出去向，42.2%的初中生从不做家务，32.5%的高中生在父母生病时从不主动照顾。分析原因，这既与中学生自我意识发展、不愿父母干涉自己去向的心理发展特点有关，也与父母溺爱孩子、认为做家务妨碍学习的错误教育观念有关。

---

① 参见庞丽娟、姜勇：《幼儿责任心发展的研究》，《心理发展与教育》1999年第3期。

在对社会的责任意识方面，小学生普遍具有较好的环境保护意识和交通规则意识，而仅有17.5%的初中生总是会注意垃圾分类。近30%的初高中生从不让座。关心国家大事的高中生较少，去敬老院或福利院服务的高中生仅为11.1%，只有20.4%的高中生敢于制止其他人的不正当行为。这是因为社会上总是出现好心出手相救却被反咬一口、以怨报德的现象导致青少年面对困境时往往缺乏道德勇气，不敢有所作为。

（四）教育对策

在培养中小学生公民责任意识方面，我们教育工作者应着重考虑以下几点：

首先，公民责任教育应注重不同年龄少年儿童的身心特点与发展阶段。作为公民的道德责任的形成是个体自主选择的结果，是他律自律的统一，这就要求我们尊重学生的选择，把学生的学习发展看做一个积极主动的过程，而非外物“内化”的被动过程。以往的学校德育有意无意地走上了“两级跳跃”的“歧途”：要么，以“圈养”方式对待学生，完全忽视学生的自由，剥夺了学生选择的权利；要么，以“放养”方式对待学生，放任自流，在所谓“尊重、关爱”学生的口号下，放弃对学生应该有的监管引导和纪律约束。这两种做法的本质其实是一样的，即导致受教育者丧失了主体性，丧失了自由，只能在外力消极影响下，行为虚假，人格畸形。我们应该批判和摒弃这种“非此即彼”的德育方法论，树立以尊重人格与教育引导相结合，鼓励创新与纪律约束相统一的“即此即彼”的新教风和新学风，既关注学生的行为规范的养成又关注学生的自由选择，只有这样，才能使学生适应进而超越现行的道德规范，成为道德的践履者，同时又是新道德的探索者。

其次，公民责任教育应为学生提供自主选择并积极参加的活动机会。活动是体现参与者权利、义务和责任的最佳结合场合。在活动中，大家一起提出、讨论、制定规则，又在规则的实施过程中体验、修订和删改规则，同时也亲身体验着责任的重要、神圣与伟大。因为，责任产生并存在于实际的人际交往中，个体也只有通过各种合作与交往活动，才能亲身体验人与人之间利益相关的现实状况，深刻理解相互尊重、彼此合作的必要性，切实感受到自己所担负的道义上的责任，从而萌生责任动机，履行自己的责任。教育者在实施责任教育时，要忠于职守，从人民教师的职业操守出发，要求学生按规则待人处事，同时，应当充分发扬民主，为学生开辟广阔的空间，努力创设相互尊重、民主平等的合作氛围，在各种由学生举办的活动中，扮演不同的角色，考虑各种观点，解决各种冲突，关心各种关系，体认各种责任，不断增强履行责任的能力。

再次，学校德育中责任意识教育的目的是为社会培养合格的公民。教育者要教育学生对自己负责，对他人负责，为社会负责。教师要强化学生和老师共同"从我做起"的认识和理念而非传统教育中只是单纯要求学生去做。提倡师生共同反省自己的道德行为。在实践中，不断提高对责任意识的体验、控制和评价的能力。学校要特别强调校长和教师作为社会公民的表率作用，学生才会耳濡目染、潜移默化，再加上校园里理论化、系统化的公民责任教育的熏陶和影响，学生才会逐渐领悟自己作为一名社会公民、世界公民的使命与内涵，进而将这种使命表现在自己的行为上。

最后，从家庭教育的角度来看，学生的责任意识淡漠，并且这种淡漠随着孩子的年龄升高成上升趋势，这与被试全部为城市独生子女有关。这些孩子常常受着爷奶公婆和爸爸妈妈两代人、三个家庭的宠爱与娇惯，缺乏起码的家庭责任感与同伴责任感，其中男生的责任意识比女生淡薄。调查显示，父母亲的职业状况和学历程度对学生责任意识的影响差异不显著，也说明当代中国处于不同阶层的家长们在对待孩子责任感教育方面所犯的错误——惯养与放纵——是一致的。看看当今社会俯拾皆是的贪腐案件和层出不穷的责任事故就会得出明确的结论：家长、成人（包括官吏）应该检讨自己的责任意识，反思自己的为人之道，为我们的孩子——未来社会的公民——作出表率。

三、担当与践行:城市小学生社会责任感问题个案研究

改革开放以来,作为东部沿海发达城市,杭州的发展呈现出勃勃生机,连续七年被评为中国幸福感指数最高的城市,这些变化必然引起杭州市民公民意识的变化。小学教育在培养学生良好公民意识方面起着奠基的作用,为此,笔者带领课题组就小学生的社会责任感问题在杭州市下沙区文海实验学校的四、五、六年级学生中随机抽取440名学生进行调查问卷,有效问卷431份,回收率为98%。其中男生占50.3%。问卷从六个维度考查学生的社会责任感问题,分别为:国家认同感与自豪感、对国家与地方事务的关注度、法规意识、公正意识、责任意识与权利意识。对于调查数据,运用SPSS17.0统计软件进行统计分析。笔者在该校实验班听课、评课一年之久,获取了丰富的第一手资料。

(一) 小学生社会责任感教育存在的问题

1. 重自我行为轻社会规范的行为选择

调查表明,小学生的自我责任感比较强。能做到经常整理自己身边东西的小学生占82.1%,偶尔整理的也能占到12.5%。对自身的衣着与卫生,经常能做到干净、整洁的占到93.1%,说明小学生比较重视自身良好生活习惯的养成。小学生的社会责任感就相形见绌了。当问及“每次上完厕所会自觉冲水吗”,回答“总是冲”的小学生只有15.8%。当问及“会坚持随手关灯吗”,回答“总是能”的小学生只占19.5%。对“做了有损集体荣誉的事,是否会自责”的问题,回答“总是会”的小学生占24.1%。在现实生活中,每一个有责任感的公民如果做错事,理应认真反思自责,但在问卷中我们发现,“总是会”自责的小学生所占比例不足三

成，况且每百人中就有5人“从不自责”，尽管所占比例并不高，然而，对小学生的品德教育而言，这一现象折射出来的问题的危害性以及对孩子未来人格的消极影响是不可低估的。小学生遵守交通规则既是对自己负责，也是对社会负责。当问及“在没人看见时是否会闯红灯”时，回答“从不闯”的小学生占13.9%，“总是闯”的占8.5%。这样的回答和笔者观察的结果相似。总之，现在的小学生社会责任感较差，以自我为中心的倾向比较明显。

2. 重个人功利轻服务他人的价值取向

对“我愿意主动帮老师做些力所能及的事”这一问题，回答“偶尔做”的占11.4%，“较少做”的占25.2%，两者之和为36.6%，这个数据说明三成多的小学生不爱主动帮助老师做事，主动服务他人的意识淡薄；回答“从来不做”的学生占3%，人数虽少，但不可轻视。学生对与自己朝夕相处的老师尚且如此，对于其他人的态度可想而知。对“我会帮助学习有困难的同学”这一选择，回答“总是”的人占32.5%，而回答“从来没有”的占6.7%。对“轮到我值日时，我会尽力把卫生搞好”的选择，回答“总是会”的只占17.6%，“较常会”的占78.2%。“体育比赛中，我会为我班队员加油鼓劲”的选择，回答“总是这样”的占18.3%，“较常这样”的占73.5%。这样的结果并不理想，每个班级成员都有责任为班级加油鼓劲，生活在集体中，要有集体责任感，集体的荣誉就是个人的荣誉，“为班级服务”是应该且必需的。对于“我主动整理班级里的课外图书”的选择，回答“总是做”的占22%，“较常做”的占19.5%，而“偶尔做”的高达32%，“较少做”和“没有做”之和占26.5%。现在的学生学习资源很丰富，城市学校每间教室都配有课外图书，主动整理书籍的学生只有4成，反映出学生集体责任感的缺失。在回答“如果有机会，我在排队时会插队”相关问题时，回答“总是插队”“较常插队”的小学生总共为27.6%，接近三成，理直气壮地回答“从不插队”的人只有3.7%！众所周知，在公共场合，讲求次序是一个公民起码的道德素质，随心所欲的插队满足了自己，却耽误了别人。此一指标显示出小学生重自己，轻社会的价值取向。

如今的小学生受多种因素的影响,以自我为中心,重视个人利益,忽视他人利益,重功利,轻奉献,缺乏关注社会的态度,值得我们认真思考。

3. 重知识学习轻品德教养的生活态度

对"我能做到按时到校不迟到""我总是带齐各学科学习用具""我上课时能做到积极发言""我习惯于按时完成作业""我自觉预习第二天的功课"等学习问题的调查结果显示,小学生学习态度比较认真。问及"我能克制住自己不去打扰爸爸妈妈的休息或工作"一题时,回答"总是这样"的占23.2%,"较常这样"的占63.3%。对于"惹得爸妈生气了,我能主动道歉",回答"总是会"的只占32.5%,"较常会"的占13.7%,"偶尔会"的占3.1%,"从来不会"的占13.7%,这样的结果令人担心。对于"我主动帮父母做家务,如扫地、擦地、刷碗等"的问题,回答"从来不做"的占18.3%,"总是做"的占37.1%,"比较常做"的占32.7%。对父母感恩就是对家庭负责,学校应该教会孩子从小理解父母,体谅父母,感恩父母。小学生身上重知识学习轻品德教养的生活态度应该改变。

(二) 原因分析与教育对策

对于小学生社会责任感弱化或缺乏的现象,笔者试从家庭教育、学校教育、社会教育以及东西方文化的关系等方面进行探讨并且提出相应对策。

1. 弥补家教缺失,纠正教育错位

有道是"父母是孩子的首任老师",家庭教育对孩子的影响最为深刻。家长应该为孩子作出表率,从细小的生活环节入手教育孩子:进门换鞋,出门关灯,节约用水,分装垃圾,孝敬老人,主动体贴家庭成员等,这一切对孩子都有潜移默化的教育意义。然而在现实生活中我们经常可以看到,不少家长赌博、酗酒,声色犬马,生活消极。由于受高考升学率的影响,追求分数的热情日益高涨,学校对学生的教育主要集中在分数上,对

孩子的责任感教育不够重视，这种教育的错位直接影响着孩子健康人格的形成。时下，社会上不断曝光的“拼爹”丑闻，就从一个侧面暴露出学校教育中责任感教育的错位到了何种严重的地步！

2. 注重养成教育，增强责任意识

儿童认知发展是有一定顺序与规律的，我们不能以成人的标准来要求儿童。也正因为儿童认知发展的不成熟性，使得他们对社会责任感的理解有失偏颇。小学生的活动范围一般是家庭和学校，需要自己负责的机会相对较少。加之社会经验相对贫乏，意志力不强，主动做事的意识差是一个普遍现象。就拿每天上学“背书包”来说，凡是由大人接送的小学生，孩子自己背书包的不到二成，今天一包不背，明日又如何背得起天下！在日本，从幼儿园就开始锻炼孩子吃苦耐劳的精神，小学生在冬天也是身着短裙短裤步行上学，这让许多中国家长匪夷所思。中日夏令营中，中国孩子的软弱也就不足为奇了。小学生可通过在校积极参加一些集体活动，在家主动帮助父母干自己力所能及的事来加强意志力锻炼，养成勇于担当责任的生活态度。

3. 加强网络监管，净化社会风气

中国目前处于社会转型期，以前相对稳定的生活秩序、较为传统的价值取向渐渐被打破，新的社会利益关系的建构需要假以时日，价值多元乃至价值动荡使得人们普遍感到社会秩序的混乱与无奈。市场经济条件下以追求享乐为目的的生活方式冲击着传统的道德观，“物质主义”“拜金主义”甚嚣尘上。另外，城市家庭电脑基本普及，网络“信息万花筒”使得小学生沉迷于网络游戏，必然受到色情、暴力信息的侵扰。他们往往分不清网上和网下、虚拟和现实的区别，以致思想矛盾，角色混乱。现实的阴暗面加上网络的虚拟化，使小学生尚在萌芽中的社会责任感面临着巨大的冲击。加强网络监管，净化社会风气，已经成为时下社会精神文明建设的重中之重。

4. 革新历史传统,兼容外来文化

中国传统文化中有很多强调社会责任感的内容,脍炙人口的诸葛亮的“鞠躬尽瘁,死而后已”、顾炎武的“天下兴亡,匹夫有责”、张载的“为天地立心,为生民立命,为往圣继绝学,为万世开太平”等都是对民众实施社会责任感教育的传世名言。但是这些传统思想是建立在封建宗法等级制度之上的,现今社会,如果我们不加批判地提倡这些口号,容易导致行为主体责任承担的抽象化与空洞化,出现责任意识的缥缈和道德冷漠现象。儒家提倡的“中庸”之道,有其积极的作用,但是在承担责任时“不偏不倚”“无过无不及”的思想其实是消极地躲避责任、明哲保身。小学生接触这些思想会感到大而空,感觉不到责任的分量与价值,最终使责任教育空洞化、虚无化。欲使小学生有社会责任感,责任必须是明确的、具体的,是与孩子们的生活密切相关的。20 世纪以来,西方实用主义、存在主义思潮强调权利本位,个人主义价值观对我国影响很大。中国目前正处于改革的关键期,贫富分化加剧了整个社会的不和谐,社会分配不均导致的问题愈益增多,教育我们的孩子学会关心、学会选择,养成既讲个人的权利,又具有敢于担当社会责任的勇气;在学校德育中,既讲个人利益,又讲奉献社会;既要教育学生学会合情合理合法地捍卫自我的利益,又要教学生帮助他人服务社会的思想观念,这些都是当今学校德育面临的时代难题。中国是发展中国家,在借鉴西方责任资源、责任制度和继承中国传统美德之间如何保持和谐与必要的张力,值得我们广大的教育工作者深思与求索。

四、从学校传统法制教育向公民法制教育转型——以杭州市部分中小学公民法制意识抽样调查为例

长期以来,我国的学校德育主要是进行思想品德教育。随着市场经济的不断发展,教育改革的深入进行,思想品德教育逐渐转型为公民教

育。而学校公民法制教育是公民教育的重要内容。学校应该将公民意识、公民权利作为公民法制教育的核心。因此,对中小学法制意识的现状进行调查尤为重要,它不仅能反映当今中小学生公民法制意识的发展情况,并且能为有效的教育干预提供参考。

（一）传统型法制教育与公民法制教育的区别

传统型法制教育是指在学校教育中通过对学生传授法律知识,提供法律案例,教育学生掌握法律知识,了解法律常识,学会遵从法律制度的教育。这样的教育强调对社会的遵从,对法律的依赖。公民法制教育是指通过“权利—义务”的关系来让学生了解法律,唤醒学生监督法、立法的意识。公民法律教育研究的范围主要是社会法制教育,教育的对象是具有法律行为的公民。知识经济、经济全球化、信息网络化是当今时代的三大重要特征,知识经济、信息网络化、经济全球化对我国当前普法教育的内容产生了深刻影响。① 我国普法教育应适应时代发展而拓展教育内容,以应对时代的挑战。公民参与法律是支撑法治运行的主体力量,对我国法治运行的各个环节都产生巨大的推动作用,尤其是对立法、执法环节的推动作用。公民参与立法能够表达与平衡多元化的利益,推动法律的民主化进程,提高法律的合法性;②公民参与执法有助于提高法律的实效性,增强法律的开放性及其自我修正机能。区分传统法制教育与现代公民法制教育在目的、理念上的不同,实现传统意义上的“管理型法制“向“权力型法制”转变。③ 推动现代公民社会的发展。“管理型法制”是指强调社会管理的法律制度及其理念的总称,这样的法律是治民之法,强调对社会的管理;所谓权利型法制,是指通过“权利—义务”的关系来协调

① 参见赵俊林:《时代发展与我国公民法制教育内容的拓展》,《中国司法》2006 年第 12 期。

② 参见李泽:《公民参与法律推动法治秩序的运行》,《法学与实践》2009 年第 1 期。

③ 参见蔡俊彬、刘杰文:《论公民法制教育理念与模式之转换》,《法制与社会》2010 年第 29 期。

人与人之间的关系,在承认公民享有基本权利的基础上,实现对社会关系的调整。我国已开展数次大规模的普法,这不仅有利于培养公民的法制意识,对于学校法制教育也产生重要的影响。但是在实施过程中,法制教育往往流于形式,有些地方只是简单的发放法律宣传画册或者举行法制教育的讲座,观摩一两次法庭审判等。学校法制教育的理念比较落后,仍然注重于法制知识灌输,主要表现为在法制教育的过程中注重于让学生了解法律规定了"不能做哪些事情",而不是让他们明白法律规定"你们有哪些权利"或者"你们可以做些什么"。学校贯彻落实公民法制教育的新理念已刻不容缓,将公民法制教育的模式从"传统法制教育"转变为"公民法制教育",从小让学生树立良好的法制观念,逐渐培养守法、督法、立法的意识。

(二) 调查结果的分析

法律意识不仅表现为公民知法、懂法、守法,而且体现在公民参与法律的制定过程、监督法律的执行过程中。提高公民的法律意识是我国实现法治社会的观念基础,是市场经济发展的必然要求。

1. 中小学生初步具备运用法律保护自身利益的意识

下表数据显示中小学生已初步具备运用法律保护自身利益的意识,其中对"如果你发现学校某项规定不符合《未成年人保护法》,你是否愿意提出质疑"这一问题的回答,小学生和初中生选择非常愿意或愿意的比例分别达到87.2%和81.8%;对"如果很多人都不遵守某项法律,你是否也可以不遵守"的回答选择不赞同的高中生比例达75.8%。由数据分析可知,中小学生基本上具备了一定的法律意识,懂得遵守法律,懂得运用《未成年人保护法》保护切身利益,在学校规定与法律相悖时,懂得提出质疑,维护权利。

表 10　中小学生法律意识的综合表现　（单位：%）

	问题	非常赞同	赞同	不赞同	说不清
小学	如果你的好朋友违犯了校规，你是否愿意举证他	33.8	41.9	9.2	15.1
	如果你发现学校某项规定不符合《未成年人保护法》，你是否愿意提出质疑	54.3	32.9	4.6	8.2
初中	如果你的好朋友违犯了校规，你是否愿意举证他	20.5	36.4	15.5	27.6
	如果你发现学校某项规定不符合《未成年人保护法》，你是否愿意提出质疑	47.3	34.5	6.3	11.9
	在特殊情况下，政府有权超出法律的范围处理问题	12.8	28.6	41.4	17.2
高中	在特殊情况下，政府有权超出法律的范围处理问题	19.9	29.0	37.3	13.8
	遇到违法案件，能私了就私了	5.8	15.7	67.9	10.6
	如果很多人都不遵守某项法律，你也可以不遵守	4.6	11.9	75.8	7.7

2. 小学生较初中生更愿意举证好朋友违反校规，法律意识存在年级差异

对于“如果你的好朋友违犯了校规，你是否愿意举证他”这一问题的回答，如表 1 所示：小学生表示非常赞同或赞同的比例是 75.7%，初中生所占比例仅有 56.9%，表示不赞同或说不清的小学生比例是 24.3%，而初中生却是 43.1%。

面对朋友犯规，小学生较初中生更愿意举证，这与儿童的身心发展规律有关。儿童发展心理学的研究表明，9—15 岁儿童的同伴关系处于亲密的共享阶段，这时的友谊有强烈排他性，懂得忠诚、理解是友谊的基础，经常互相倾诉秘密、互相帮助。同伴相处时间已超过家庭及别的一切社会关系，集体作为同伴互动的社会背景，重要性日益增加。因此，初中生更看重同伴关系，而选择不举证违反校规的好朋友。

3. 中学生宪法意识较薄弱

从表16数据分析可以看出，分别有41.4%和48.9%的初、高中学生认为在特殊情况下政府可以超出法律的范围处理问题，另有17.2%和13.8%的初、高中学生无法作出判断。有将近一半的学生会赞同这一观点。我国《宪法》第五条规定：一切国家机关和武装力量、各政党和各社会团体、各企业事业组织都必须遵守宪法和法律。一切违反宪法和法律的行为，必须予以追究。任何组织或者个人都不得有超越宪法和法律的特权。可见，当今中学生的宪法意识比较薄弱，这与我国长期以来的封建传统思想观念有关。在中学生的心目中，甚至在成年人心中，尚未完全树立起“法律高于一切”的信念。

值得注意的是，在“遇到违法案件能私了就私了”这一问题上，有5.8%的高中生表示非常赞同，15.7%的高中生表示赞同。这体现出我国公民的法律意识明显地受到中国传统儒家文化的影响。高中生较初中生、小学生而言，其社会化程度更高，受到传统文化潜移默化的影响更深。中国传统讲究人际关系，将国家视为一个大家庭，追求五伦关系的和谐，却不知如何对待陌生人，没有公共领域，谈不上公民意识。在这样的社会大背景影响下，在家长、社会舆论环境的渗透下，学生们选择赞同私了违法案件就不足为奇了。

（三）引导学校公民法制教育的主要路径

1. 教学路径

传统法制教育的目的存在偏差，过分重视法律知识的传授，注重具体制度的宣传，使学校的法制教育成为教育学生守法、遵法的教育，忽略法律理念的培养。因此，在加强公民法制教育的过程中，首先是认清公民法制教育的目的，树立公民法制教育的全新理念。在公民意识不断提高、公民社会不断发展的今天，传统法制教育显然已经不能适应时代的需要。教师在法制教育的过程中，要不断唤醒学生公民权利意识，培养学生的法律技能即遵法、督法、立法的意识，并把此作为学校公民法制教育的根本目的。教师更要清醒地意识到公民法制教育目的的实现不能靠背熟法律条文、开展法律知识竞赛、观摩几次庭审就可以了,它需要在长期的实践过程中、在潜移默化的影响中实现的。在教学过程中,通过师生之间的交往,教师向学生进行法制知识传授的同时,还要教给学生如何维护自己的法律权利,唤醒督法、立法的意识,促进学生公民权利观念的形成,使学生能够认识到每一个公民都是法律的权利主体,而不仅仅是义务主体。

2. 管理路径

在学校的管理层面上,应该给学生提供更多的机会参与学校管理,参与学校法规的制定。学生参与学校管理是实现公民法制教育的主要途径,对学校公民法制教育的各个方面都会产生极大的推动作用,尤其是对立法、执法和督法意识的培养。学生参与学校立法能更好地促进学校管理的民主化和科学化,提高学校法规的权威性;学生参与学校管理法律文件有助于提高学校法制教育的实践性,增强其实效性;学生参与监督法规的实施,有助于加强法制教育的参与性,提高法规的修正机能。比如,设立校长信箱、学生法制委员会、学生智囊团等,让学生充分参与学校法规的制定以及学校管理层面上的法律相关事务。由于学生在校时间较长,能够参与到的法律法规的制定和监督,也大多限于学校管理层面的实践。因此,构建学校管理模式至关重要。通过学生参与学校校规制定和学校管理,提高学生的立法、督法的意识,为学生积极参与社会法律管理奠定基础。

3. 生活路径

生活实践是最真实的社会践行,参与是法律中的重要问题,公民参与是指公民参与到社会生活的管理中。构建生活模式对于公民法制教育的意义在于:学生通过参与实际法律生活介入社会管理,一方面使学生认识到自己的主人翁地位,提高其立法、督法的权利意识;另一方面也使学生能够以管理者、参与者的角色对社会管理、法制运行有着更为深刻的认识。目前,学生普遍具有强烈的参与法制管理的热情,但由于条件限制而缺乏有效的参与途径。因此,学校能够提供走进生活履行法律实践的机会,是学校公民法制教育有效开展的重要一环,也是提高学生参与法律活动的重要手段。例如,在公共设施保护、公民环境治理等领域,可以适当组织学生参与管理、配合、监督法制工作人员等活动,尤其是学校所在社区,更是学生生活实践的场所,学校要努力取得社区人员的配合,让学生参与到社区的法制建设中去,在实践中感受法律的权威性,切实体验作为公民在立法、督法方面的责任。

公民参与途径的拓宽与参与权利的保障,是实现公民法制教育的重要因素,学校与其对学生进行表面化的法制教育,不如创造条件让学生积极投身参与公共管理,这不但提升学生的公民参与热情,而且能更好地培养学生的公民法制意识和法制技能。

五、我国城市初中生公民意识现状调查研究——以杭州市四所初中为例

公民意识是“社会意识形态的形式之一,是一定国度的公民关于自身权利、义务的自我意识和自我认同的总称”。[①]《宪法》第三十三条规定:“凡具有中华人民共和国国籍的人都是中华人民共和国公民。中华人民共和国公民在法律面前一律平等。国家尊重和保障人权。任何公民享有宪法和法律规定的权利,同时必须履行宪法和法律规定的义务”。从《宪法》中关于公民的规定出发,认为公民意识包括“身份意识、平等意识、权利意识和义务意识”和法律意识。[②] 公民意识是现代社会民主与法制建设的内部驱动力,是公民社会的奠基石,一个国家公民意识的强弱关系到社会的公平正义及民主进程,因此,公民意识的培养对社会精神文明

① 姜涌:《中国的“公民意识”问题思考》,《山东大学学报》2001 年第 4 期。

② 参见雍自元、黄鲁滨:《论公民意识的内涵和特质》,《法学杂志》2010 年第 5 期。

建设和政治文明建设具有重要的意义。

（一）调查对象与方法

本次调查对象采用随机抽样的方法，选取杭州市的四所中学，分别为杭州市风帆中学、景芳中学、第十三中学和第十五中学的部分初一、初二和初三的学生为调查对象。本调查共发放问卷2000份，收回问卷1973份，回收率为98.65%，有效问卷1946份。其中，男生1041份，约占53.49%；女生905份，约占46.51%，问卷在各年级之间的分布如表11所示。

表11　调查对象基本信息

		年级			合计
		初一	初二	初三	
性别	男	411	368	262	1041
	女	340	316	249	905
合计	751	684	511	1946	

（二）调查结果分析

1. 中学生公民身份意识状况分析

公民身份意识旨在回答“我是谁”、“我应该做什么”的问题。公民身份是指“个人在一民族国家中，在特定平等水平上，具有一定普遍性权利与义务的被动及主动的成员身份”①。仅当个体具有公民身份意识才能摆正个体与国家的关系，才能对自身在政治经济生活中所处的地位有充

① Janoski, T. *Citizenship and Civil Society*. London: Cambridge Cam-bridge University Press, 1998, pp. 8-11.

分的认识，才能对国家怀有较强的自豪感和认同感。因此，本研究主要通过对国家的认同感和自豪感来考察学生的公民身份意识。

(1)初中学生的国家自豪感和认同感偏低。

公民的国家自豪感和认同感是国家政治稳定的基石，也是个体对自身身份认同的重要表现。调查显示，中学生除了对“如果我们的政府的决策不正义，我仍愿意继续支持这项决策”有比较正确的认识之外，有68.5%的学生表示不会愿意支持政府的决策。但其他问题的表现并不尽如人意，调查表明，“如果有机会成为其他国家的公民，我还愿意做中国公民”，有将近三成(30.8%)的学生表示不愿做中国公民或者犹豫不决；同时，对我国生活方式的认同感调查也发现，有19.1%的学生表示不赞同“我们应该保持自己特有的生活方式，以免成为他国家的翻版”，并且有14.7%的学生对此问题没有清楚的认识。如表12所示。

表12 中学生对国家的认同感和自豪感

项目	非常赞同	赞同	不赞同	说不清	均值	方差
如果有机会成为其他国家的公民，我还愿意做中国公民	37.1%	32.1%	15.0%	15.8%	2.10	1.147
如果我们的政府的决策不正义，我仍愿意继续支持这项决策	5.8%	11.2%	68.5%	14.5%	2.92	0.483
别人在批评中国的时候，我感觉就像在批评我	40.4%	38.7%	10.6%	10.3%	1.91	0.911
我们应该保持自己特有的生活方式，以免成为他国家的翻版	30.6%	35.6%	19.1%	14.7%	2.18	1.054
具有同样的价格和质量时，我仍愿意买中国商品	33.3%	32.9%	15.2%	18.6%	2.19	1.193

通过均值分析可知，除了“如果我们的政府的决策不正义，我仍愿意继续支持这项决策”的均值水平比较高之外，学生对其他问题的看法的均值水平都相对比较低，即国家的认同感和自豪感不高；经方差值发现，中学生对这些问题的看法离散程度比较大，看法比较不统一，特别是对“如果有机会成为其他国家的公民，我还愿意做中国公民”和“具有同样

的价格和质量时，我仍愿意买中国商品”两个问题的认识，如表 13 所示。因此，当前的中学生对国家的认同感和自豪感的认识并不统一，而且国家的认同感和自豪感相对而言比较低。

（2）不同性别学生的公民身份意识的差异不明显。

性别是影响对某一事物态度的重要因素，通过独立样本 T 检验可得，不同性别的同学对“具有同样的价格和质量时，我仍愿意买中国商品”这一问题的看法上存在极其显著的差异（F = 17.127 ＊＊）。另外，独立样本 T 检验发现，男女生除了对“我们应该保持自己特有的生活方式，以免成为他国家的翻版”和“具有同样的价格和质量时，我仍愿意买中国商品”看法的均值存在显著差异，且呈负相关，t 值分别为 -1.977 ＊和 -4.233 ＊＊；对“如果有机会成为其他国家的公民，我还愿意做中国公民”等问题的认识不存在显著性差异。因此，从总体上看，初中男女不同性别学生的国家认同感和自豪感即公民身份意识差异不明显，如表 13。

表 13　国家认同感和自豪感的性别差异

项目	性别	均值	标准差	F	T
如果有机会成为其他国家的公民，我还愿意做中国公民	男	2.02	1.074	0.168	-3.323
	女	2.18	1.061		
如果我们的政府的决策不正义，我仍愿意继续支持这项决策	男	2.90	0.699	1.989	-1.200
	女	2.94	0.689		
别人在批评中国的时候，我感觉就像在批评我	男	1.89	0.962	2.587	-0.818
	女	1.93	0.947		
我们应该保持自己特有的生活方式，以免成为他国家的翻版	男	2.14	1.020	0.671	-1.977*
	女	2.23	1.032		
具有同样的价格和质量时，我仍愿意买中国商品	男	2.09	1.057	17.127**	-4.233**
	女	2.30	1.122		

注：＊表示在 0.05 水平上存在显著差异；＊＊表示在 0.01 水平上存在极其显著差异。

（3）父母亲的学历水平越高，国家自豪感和认同感越低。

个体的年龄、性别、父母亲的职业和学历等基本情况对学生的公民意识有重要影响。通过相关性检验可知，在“如果有机会成为其他国家的公民,我还愿意做中国公民"这一问题上,年级、性别、母亲职业和父母亲的学历情况对中学生对这一问题的看法具有显著的相关性,特别是父母亲的学历水平,如表14所示。从表中可得,父母亲的学历情况与中学生对这一问题的看法存在极其显著的负相关,换言之,父母亲的学历程度越高,中学生加入其他国家国籍成为他国家公民的愿望越强烈;与此情况相似,在"我们应该保持自己特有的生活方式,以免成为他国家的翻版"这一问题上,母亲的学历程度也与学生对这一问题的认识呈显著的负相关,即父母亲的学历水平越高,受访的学生对他国的生活方式的认同感就越高。在"具有同样的价格和质量时,我仍愿意买中国商品"和"别人在批评中国的时候,我感觉就像在批评我"的问题上也呈现出相同的特点。由此可见,父母亲的学历水平越高,学生的公民身份意识越弱,对国家的认同感和自豪感越低,这是一个在教育过程中应该重视的问题,如表13所示。当然,从表14也可以看出,"如果有机会成为其他国家的公民,我还愿意做中国公民"等体现公民身份意识的问题与学生的年龄呈正相关,也就是说,随着学生年龄的增长,学生的公民身份意识、国家的认同感和自豪感就越高。

表14　各项基本情况对学生的国家自豪感和认同感的影响

项目	年级	父亲职业	母亲职业	父亲学历	母亲学历
如果有机会成为其他国家的公民,我还愿意做中国公民	0.130**	−0.37	−0.053*	−0.104**	−0.100**
如果我们的政府的决策不正义,我仍愿意继续支持这项决策	0.012	0.030	0.044	0.011	0.062**
别人在批评中国的时候,我感觉就像在批评我	0.126**	−0.045*	−0.166*	−0.119*	0.164**
我们应该保持自己特有的生活方式,以免成为他国家的翻版	−0.027	−0.032	−0.038	−0.048*	−0.054*
具有同样的价格和质量时,我仍愿意买中国商品	0.127**	−0.031	−0.27	−0.088**	−0.045*

注:*表示在0.05水平上存在显著差异;**表示在0.01水平上存在极其显著差异。

2. 初中学生平等意识状况分析

《世界人权宣言》明文规定："人人生而自由，在尊严和权利上一律平等。"平等意识是公民意识的重要内容，法律面前人人平等，任何人不可凌驾于法律之上，"平等意识要求公民认识到国家对每个公民的法定权利都要给予平等的保护，不因种族、身份、性别、地域、年龄等个体因素的不同而有所差别"①。从当前的各种社会现象来看，我国公民的平等意识比较薄弱，各种权力凌驾于法律之上，欺压"弱势群体"的现象时有发生，这些都在一定程度上反映了社会成员的平等意识不足。

(1)初中生的公平意识普遍比较高。

调查发现，当前中学生的公平意识普遍比较高。有80.1%的同学表示"赞同"或"非常赞同""城市中的外来务工人员与本市居民享有同样的医疗条件"；同时，"我们国家无偿的援助欠发达国家"也有58.4%的同学对此问题表示"非常赞同"或"赞同"，如表15所示。但有些问题仍然值得注意，有58.2%的同学表示"赞同"或者"非常赞同""国家花更多的财力、物力去支持重点学校的发展"；其中非常赞同的占了27.4%，而仅有27.1%的学生明确反对这一做法。因为现实生活中由于重点中学在教育质量等方面比普通中学略胜一筹，致使很多学生对重点中学的认可度较高。因此，有相当一部分学生并没有把加强重点学校建设当做一种不公正的行为，也就没有意识到这是教育不公平现象的一种表现形式。

表15　初中生公平意识状况

项目	非常赞同	赞同	不赞同	说不清	均值	方差
国家花更多的财力、物力去支持重点学校的发展	27.4	30.8	27.1	14.7	2.29	1.049
城市中的外来务工人员与本市居民享有同样的医疗条件	44.8	35.3	10.1	9.8	1.85	0.922
我们国家无偿的援助欠发达国家	24.5	33.9	23.7	17.9	2.35	1.076

注：*表示在0.05水平上存在显著差异；**表示在0.01水平上存在极其显著差异。

① 雍自元、黄鲁滨：《论公民意识的内涵和特质》，《法学杂志》2010年第5期。

(2)不同性别学生的公平意识存在差异

调查表明,男女不同性别学生对“城市中的外来务工人员与本市居民享有同样的医疗条件”不存在显著差异。但是,经独立样本 T 检验得知,不同性别的中学生对“国家花更多的财力、物力去支持重点学校的发展”看法存在显著差异,且呈正相关(T=-2.537 *);同样,不同性别学生对“我们国家无偿的援助欠发达国家”看法的均值水平存在极其显著差异(T=-4.656 * *),如表 16 所示。因此,总的来说,不同性别学生在公平意识上存在差异。

表 16 初中生公平意识的性别差异

项目	性别	均值	标准差	F	T
国家花更多的财力、物力去支持重点学校的发展	男	2.24	1.006	4.630*	-2.537*
	女	2.35	1.042		
城市中的外来务工人员与本市居民享有同样的医疗条件	男	1.78	0.949	1.496	-3.555
	女	1.93	0.966		
我们国家无偿的援助欠发达国家	男	2.25	1.021	4.916*	-4.656**
	女	2.47	1.044		

注:*表示在 0.05 水平上存在显著差异;* *表示在 0.01 水平上存在极其显著差异。

(3)不同的家庭背景对学生的公平意识无显著影响。

公平意识强弱是衡量学生公民意识高低的一个重要指标。调查发现,父母亲的职业状况和学历水平对中学生的公平意识没有显著的影响。通过相关性检验得知,父母亲的职业状况及父母亲的学历水平与初中生对“国家花更多的财力、物力去支持重点学校的发展”这一问题的看法不存在相关性;同样,对“我们国家无偿的援助欠发达国家”这一问题的看法也不存在相关性。同时也应看到,年级、父母亲的学历水平与学生对“城市中的外来务工人员与本市居民享有同样的医疗条件”这一问题的看法存在显著相关,并且与父母亲的学历水平存在负相关。换言之,父母亲的学历水平越高,学生就越排斥外来务工人员与本市居民享受同样医疗待遇。

表 17　各项基本情况对学生的公平意识的影响

项目	年级	父亲职业	母亲职业	父亲学历	母亲学历
国家花更多的财力、物力去支持重点学校的发展	0.028	-0.027	-0.020	-0.033	-0.030
城市中的外来务工人员与本市居民享有同样的医疗条件	0.108**	-0.035	-0.072**	-0.116**	-0.126**
我们国家无偿的援助欠发达国家	0.022	-0.003	0.000	-0.025	-0.019

注：* 表示在 0.05 水平上存在显著差异；* * 表示在 0.01 水平上存在极其显著差异。

3. 初中生的法律意识状况分析

依法治国是我国的一项基本国策，因此，作为一名公民必须知法、懂法和守法，树立法律意识。“法律意识主要培养学生知法、懂法、守法、护法和用法的意识和行为，增强法律观念和纪律观念，做一个遵纪守法的好公民。”①公民法律意识的强弱对我国依法治国国策的贯彻落实具有重要的意义，只有每一个公民具备了较强的法律意识，建设法制社会的目标才有望实现。

(1)初中生的法律意识比较淡薄

调查显示，41.4% 的学生认为政府可以超出法律范围行使权利，同时另有 17.2% 的学生对“在特殊情况下，政府有权利超出法律的范围去处理问题”没有正确的认识。可见，受访对象认为是政府的权利可以凌驾于在法律之上，法律意识比较淡薄。当问及“看到了我的好朋友违反校纪校规我愿意举证他”时，有 56.8% 的同学表示赞同对违反校纪校规的同学进行举证，而不赞同举证的有 15.5%，说不清的占到了总人数的 27.7%，这表明学生在面对法律时某种程度上会受到情谊的羁绊；另外，有 81.8% 的学生表示“如果发现学校的校纪校规违反了未成年人保护法愿意向校方提出质疑”，但仍有 11.6% 的学生处于模糊的状态，如表 17 所示。因此，从总体上看，中学生的法律意识还不够明确，还有相当一部分学生对法律没有正确的认识。

---

① 李季：《学校教育与公民意识培养》，《教育研究》1997 年第 7 期。

表18　初中生法律意识的总体状况

项目	非常赞同	赞同	不赞同	说不清	均值	方差
在特殊情况下，政府有权利超出法律的范围去处理问题	12.8	28.6	41.4	17.2	2.63	0.833
看到了我的好朋友违反校纪校规，我愿意举证他(她)	20.5	36.4	15.5	27.6	2.50	1.214
如果发现学校的校纪校规违反了《未成年人保护法》，我愿意向校方提出质疑	47.3	34.5	6.2	11.9	1.83	0.983

注：＊表示在0.05水平上存在显著差异；＊＊表示在0.01水平上存在极其显著差异。

(2)男女性别学生的法律意识存在显著性差异。

由均值可得，不同性别的初中生中，女生的法律意识略高于男生。如，“如果发现学校的校纪校规违反了《未成年人保护法》，我愿意向校方提出质疑”，男生的均值为1.79，女生为1.87。独立样本T检验可知，男女不同性别学生对“在特殊情况下，政府有权利超出法律的范围去处理问题”存在极其显著性差异，并且呈负相关(t=-2.809＊＊)；“看到了我的好朋友违反校纪校规，我愿意举证他(她)”也存在极其显著性差异，并呈负相关(T=-3.466＊＊)，如表19所示。可见，男女不同性别学生在法律意识上存在显著差异。

表19　初中生法律意识的性别差异

项目	性别	均值	标准差	F	T
在特殊情况下，政府有权利超出法律的范围去处理问题	男	2.58	0.916	1.127	-2.809**
	女	2.69	0.905		
看到了我的好朋友违反校纪校规，我愿意举证他(她)	男	2.42	1.093	2.735	-3.466**
	女	2.60	1.105		
如果发现学校的校纪校规违反了《未成年人保护法》，我愿意向校方提出质疑	男	1.79	0.982	0.263	-1.758
	女	1.87	1.001		

(3)学生的法律意识与年级存在显著相关。

调查发现，不同的年级、父母亲的职业状况及学历水平与学生对“在特殊情况下，政府有权利超出法律的范围去处理问题”这一问题的看法没有相关性，也就是对这一问题的看法不受学生的年级状况和父母亲职业状况及学历的影响。但是，在对“看到了我的好朋友违反校纪校规，我愿意举证他（她）”和“如果发现学校的校纪校规违反了《未成年人保护法》，我愿意向校方提出质疑”等问题的看法与年级呈正相关，相关系数分别为0.162**和0.106**。也就是说，随着年级的增长，如果同伴违反了校纪校规，就越有可能去举证；在学校的日常管理中，如果发现学校的校纪校规违法了相关的法律，学生就越有勇气向校方提出质疑，如表20所示。

表20　各项基本情况对学生的法律意识的影响

项目	年级	父亲职业	母亲职业	父亲学历	母亲学历
在特殊情况下，政府有权利超出法律的范围去处理问题	0.019	0.036	0.030	0.006	0.06
看到了我的好朋友违反校纪校规，我愿意举证他（她）	0.162**	-0.041	0.000	-0.057*	-0.052
如果发现学校的校纪校规违反了《未成年人保护法》，我愿意向校方提出质疑	0.106**	0.024	0.012	-0.018	-0.008

注：*表示在0.05水平上存在显著差异；**表示在0.01水平上存在极其显著差异。

4.初中生权利意识状况分析

“权利意味着国家对公民个体相应需要的满足。权利既是个体对国家的诉求，也是国家对个体的诉求；既是个体的公共化（趋向国家政治公共体），也是公共（国家政治公共体）的个体化。”①权利意识是公民意识中的一部分，权利意识是一个人作为公民资格的重要体现。根据法律法规中规定的中学生的权利内容，分别为受教育权、健康权、获得公正评价权、申诉权、监督权、参与管理权、隐私权、言论自由权和财产权，针对这些

① 薛燕、张汉云：《我国公民意识教育的基本内涵》，《思想政治课教学》2010年第5期。

基本权利分别设计题目，以便了解中学生权利意识的基本情况。

（1）中学生的权利意识比较强

调查发现，有72.8%的学生不赞同“同学违反课堂纪律，老师不允许他听课”的做法，表明他们已经意识到了作为学生应该享有教育权；同时，75.4%有受访者认为“李明每次都是因为成绩好而被评为三好学生”侵害了他们的公正评价权，所以不赞同这一做法；另外，当问及“校学生会换届校领导直接任命一位同学担任学生会主席”时，有73.8%的学生表示不赞同这种做法，认为直接任命学生会主席侵犯了他们的参与管理权。同样，对其他各项权利的调查，如对健康权、申诉权、监督权、隐私权和言论自由权及财产权的调查，也同样发现有都约70%以上的学生表示不愿容忍教师或学校的行为侵犯他们的权利。从方差值可见，初中生对权利问题的看法比较集中，特别是在财产权方面表现尤为明显，初中生普遍反对“未征得我同意的情况下，老师可以翻动我的物品”的做法（s=0.241）如表21。因此，总体而言，当前中学生的权利意识比较高。

表21　初中生权利意识的总体状况

项目	非常赞同	赞同	不赞同	说不清	均值	方差
受教育权	5.2	11.2	72.7	10.9	2.89	0.417
健康权	5.8	9.4	76.3	8.5	2.88	0.393
获得公正评价权	5.4	10.7	75.4	8.5	2.87	0.388
申诉权	31.3	41.6	13.2	13.9	2.10	0.911
监督权	6.1	10.8	73.9	9.1	2.86	0.425
参与管理权	4.1	11.2	73.8	10.9	2.92	0.377
隐私权	3.8	7.1	82.4	6.7	2.92	0.284
言论自由权	42.3	36.7	11.6	9.4	1.88	0.899
财产权	2.8	6.1	84.2	6.9	2.95	0.241

注：*表示在0.05水平上存在显著差异；**表示在0.01水平上存在极其显著差异。

（2）不同性别学生对部分权利意识的态度存在显著差异

调查发现，不同性别学生对申诉权、监督权、参与管理权和财产权等权利的认识上存在显著性差异。经独立样本T检验得，男女不同性别的学生对申诉权态度的均值也存在极其显著差异，且呈负相关（T=-4.465＊＊）。不同性别学生对监督权、参与管理权和财产权等权利的认识也呈现出与申诉权一样的特点，即不同性别的学生在监督权和参与管理权意识上存在显著性差异，同时，男女不同性别学生的财产权意识值也存在极其显著差异，并都呈现出负相关，如表22。另外，不同性别学生在受教育权、健康权、获得公正评价权、隐私权及言论自由权等方面不存在显著性差异。

表22　初中生权利意识的性别差异状况

项目	性别	均值	标准差	F	T
受教育权	男	2.89	0.638	0.486	-0.089
	女	2.90	0.654		
健康权	男	2.87	0.637	2.259	-0.658
	女	2.89	0.616		
获得公正评价权	男	2.85	0.633	3.984*	-1.888
	女	2.90	0.611		
申诉权	男	2.00	0.975	8.520**	-4.465**
	女	2.20	1.008		
监督权	男	2.83	0.656	2.497	-2.025*
	女	2.89	0.647		
参与管理权	男	2.89	0.646	18.121**	-2.343*
	女	2.95	0.572		
隐私权	男	2.91	0.569	11.665*	-0.824
	女	2.93	0.487		
言论自由权	男	1.84	0.933	0.385	-2.032
	女	1.93	0.963		
财产权	男	2.93	0.534	27.902**	-2.092*
	女	2.98	0.434		

注：＊表示在0.05水平上存在显著差异；＊＊表示在0.01水平上存在极其显著差异。

(3)各种基本情况对学生的权利意识有一定影响

随着我国民主进程的加快和社会的越来越开放，人们的权利意识不断觉醒。在这种社会大背景下，学生的权利意识也不断高涨。调查显示，学生年级，父母亲职业状况和学历程度对学生的权利意识有一定影响。具体而言，年级与学生的受教育权意识呈负相关(r=-0.059 * *)，即随着学生年龄的增长，学生对受教育权越发不重视，这一问题应引起教育者的高度重视；同时获得公正评价权、财产权意识也随着学生年龄的增长而呈现降低趋势。而学生的申诉权意识与年龄呈正相关，换言之，随着学生年龄的增长而呈递增趋势。父亲的学历程度，对学生的获得公正评价权、隐私和财产权等权利意识存在显著相关，特别是获得公正评价权的意识与父亲的学历程度呈极其显著的负相关(r=-0.070 * *)。换言之，随着父亲学历层次的提高，学生在这几个方面的权利意识呈下降趋势，而父亲的职业状况和母亲的学历层次及职业状况对学生的权利意识影响微弱，如表23。

表23　各项基本情况对学生权利意识的影响

项目	年级	父亲职业	母亲职业	父亲学历	母亲学历
受教育权	-0.059**	0.014	0.031	-0.024	0.011
健康权	-0.044	-0.018	-0.018	-0.037	-0.027
获得公正评价权	-0.052*	-0.020	-0.045*	-0.070**	-0.051
申诉权	0.079**	-0.004	-0.019	0.014	0.010
监督权	0.040	-0.028	-0.009	-0.003	0.012
参与管理权	-0.034	-0.030	-0.017	-0.050*	-0.014
隐私权	-0.014	-0.007	-0.002	-0.056*	-0.065**
言论自由权	0.045*	0.000	0.010	0.006	0.008
财产权	-0.055*	-0.016	-0.025	-0.055*	-0.014

注：*表示在0.05水平上存在显著差异；* *表示在0.01水平上存在极其显著差异。

5. 初中生责任意识状况分析

“责任即角色义务，是某一角色需要做好的分内的事情。”[①]公民是一种法律上、政治上和社会领域中的概念，强调个体对社会政治经济生活的参与，故公民的责任意识更为关注个体与他人的关系。因此，初中生的公民责任意识主要从以下三个方面来考察，即对同学的责任意识，对家庭的责任意识和对社会的责任意识。

(1)初中生的同伴责任意识状况分析

①初中生的同伴责任意识薄弱。同学是初中生个体的主要交往对象和生活群体，与同学的交往是促进个体社会化的重要途径。调查显示，当前初中生对同学的责任意识比较薄弱。具体而言，将近四成(39.3%)受调查者表示当同学情绪低落时从不给予安慰或偶尔给予安慰；有54.2%的受访学生表示当同学之间发生争执时从不会去调解或者偶尔进行调解；另外有27.1%的学生表示如果做了错事从不会主动承认错误或者偶尔承认错误。通过均值也可看出，学生对同学的责任意识的均值水平也比较低，都低于平均水平2.50，另外，通过方差分析也可得出，初中生对同伴责任上并未形成比较统一的认识，如表24。由此可见，当前初中生对同学的责任意识比较淡薄。

表24　初中学对同学的责任意识状况

项目	总是这样	经常这样	偶尔这样	从不这样	均值	方差
我主动劝慰情绪低落的同学	22.5	38.2	34.2	5.1	2.22	0.723
我主动调解同学之间发生的争执	17.1	28.7	46.5	7.7	2.45	0.754
做了错事，我会主动认错道歉	27.9	45.0	23.8	3.3	2.03	0.649

注：*表示在0.05水平上存在显著差异；**表示在0.01水平上存在极其显著差异。

②不同性别的学生对同学的责任意识存在显著差异。由于男女不同

① 李保强：《从道德哲学看责任和公民责任教育》，《齐鲁学刊》2007年第6期。

性别情感的细腻程度不同，因此，很大程度上影响了男女不同学生对责任意识认知的不同。通过独立样本 T 检验发现，不同性别学生在“我主动劝慰情绪低落的同学”这一问题上存在存在显著差异，并且呈正相关（T=2.186*）。另外，通过方差分析，不同性别学生在“我主动调解同学之间发生的争执”和“做了错事，我会主动认错道歉”的行为表现上也存在显著性差异（F 值分别为 3.895＊和 3.972＊）。总之，综上所述，不同性别学生对同学的责任意识存在显著性差异。

表 25　对同学责任意识的性别差异

项目	性别	均值	标准差	F	T
我主动劝慰情绪低落的同学	男	2.26	0.878	18.330**	2.186*
	女	2.17	0.816		
我主动调解同学之间发生的争执	男	2.41	0.880	3.895*	-1.844
	女	2.49	0.843		
做了错事，我会主动认错道歉	男	2.03	0.820	3.972*	0.0441
	女	2.02	0.789		

注：＊表示在 0.05 水平上存在显著差异；＊＊表示在 0.01 水平上存在极其显著差异。

③年级与初中生的同伴责任意识上存在显著相关。调查显示，在对同学的责任意识方面，父母亲的职业情况和学历程度对的相关程度不显著，不具有统计学意义。但是，在“做了错事，我会主动认错道歉”这一问题上，学生的认识与父母亲的学历水平存在极其正显著相关，即随着父母亲学历程度的提高，当学生做了错事之后，越有可能主动承认错误。同时，年级与初中生对同学的责任意识上存在显著相关。具体地说，年级与“我主动劝慰情绪低落的同学”、“我主动调解同学之间发生的争执”和“做了错事，我会主动认错道歉”存在正相关，即随着年级的增长，初中生对同学的责任意识不断增强，如表 26 所示。

表 26　各项基本情况对初中生的对同学责任意识的影响

项目	年级	父亲职业	母亲职业	父亲学历	母亲学历
我主动劝慰情绪低落的同学	0.081**	0.023	0.006	0.038	0.038
我主动调解同学之间发生的争执	0.081**	0.034	0.036	0.052*	0.041
做了错事，我会主动认错道歉	0.088**	0.028	0.031	0.062**	0.072**

注：* 表示在 0.05 水平上存在显著差异；* * 表示在 0.01 水平上存在极其显著差异。

（2）初中生的家庭责任意识状况分析

①初中生的家庭责任意识淡薄。调查显示，在受调查的初中生中，除了在“每次外出我主动跟家人说明去向”这一方面做得比较好之外，在另外两个问题的表现都不尽如人意。具体地说，在主动帮助父母亲做家务的问题上，有 42.2% 的学生表示在家里仅仅是偶尔主动帮助父母亲做家务，另外，还有 5.2% 的学生表示从来不主动帮父母亲做家务；另外，在家里垃圾分类越来越受到重视，而且社会也进行了大力的宣传，但仍有 42.3% 的同学表示在日常生活中仅仅是偶尔进行垃圾分类，有 14.1% 的受调查者表示在日常生活中从不自觉地进行垃圾分类，由此可见，学生的家庭则意识不尽如人意，而且方差值为 0.883，说明学生对“日常生活中，我自觉做好垃圾分类”的行为表现差异性比较大，如表 27 所示。同时，通过独立样本 t 检验，不同性别的学生在家庭责任意识上不存在显著性差异。

表 27　初中生的家庭责任意识状况

项目	总是这样	经常这样	偶尔这样	从不这样	均值	方差
每次外出我主动跟家人说明去向	47.4	30.3	19.0	3.3	1.78	0.753
我主动帮助父母做家务	18.0	34.6	42.2	5.2	2.35	0.691
日常生活中，我自觉做好垃圾分类	17.5	26.1	42.3	14.1	2.53	0.883

注：* 表示在 0.05 水平上存在显著差异；* * 表示在 0.01 水平上存在极其显著差异。

②各项基本情况对学生的家庭责任意识影响表现不一。调查发现，年级与“每次外出我主动跟家人说明去向”和“我主动帮助父母做家务”的存在极其显著的正相关，也就说，随着年龄的增长，学生越能主动的帮助父母亲做家务(r=0.090**)；随着年龄的增长，学生越能顾及家人的感受，主动与家人说明去向(r=0.162**)。另外，父母亲的学历程度与学生在“日常生活中，我自觉做好垃圾分类”的表现上存在极其显著的正相关，相关系数分别为0.085**和0.090**，如表换言之，父母亲的学历水平越高，学生在垃圾分类方面做得越好，这或许与父母亲对学生的环境教育相关。

表28　初中生的家庭责任意识状况

项目	年级	父亲职业	母亲职业	父亲学历	母亲学历
每次外出我主动跟家人说明去向	0.162**	0.025	0.030	0.024	0.031
我主动帮助父母做家务	0.090**	0.013	0.028	0.005	0.042
日常生活中，我自觉做好垃圾分类	0.035	0.000	0.028	0.085**	0.090**

注：*表示在0.05水平上存在显著差异；**表示在0.01水平上存在极其显著差异。

3. 初中生的社会责任意识状况分析

(1)初中生社会责任意识相对表现良好

调查显示，有34.5%学生表示在学习之余，还会不断地关心其他事务，36.1%的学生表示，在学习之余会偶尔的关心下其他事情；但是也应该看到，对“我当前的任务是读书，对其他的事不关心”这一问题的态度的方差为0.922，也就是说，初中生对这一问题的看法集中趋势比较弱，即学生对一问题缺乏比较统一的认识。有29.8%的学生表示在公共汽车上总是为有需要的乘客让座，另有29.5%的受调查者表示经常为有需要的乘客让座，同时有36%的学生表示仅仅是偶尔或者从不为有需要的乘客让座；另外，有50.3%的学生表示会自觉遵守交通规则，并且有36.2%的学生表示经常自觉地遵守交通规则，如表29所示。由此可见，当前中学生的社会责任意识相对表现良好。当然,也应看到,在自觉遵守交通规则方面,均值水平比较低,而且从方差值可见,学生在这一问题上的认识比较统一,可见中学生中普遍存在交通意识相对淡薄的现象。

表29　初中生的家庭责任意识状况

项目	总是这样	经常这样	偶尔这样	从不这样	均值	方差
我当前的任务是读书,对其他的事不关心	9.5	19.9	36.1	34.5	2.96	0.922
我在公共汽车上主动给有需要的乘客让座	29.8	34.2	29.5	6.5	2.13	0.836
我自觉遵守交通规则	50.3	36.2	10.5	3.0	1.66	0.613

②社会责任意识的性别差异显著。经过独立样本T检验可得,男女不同性别学生对“我当前的任务是读书,对其他的事不关心”不存在显著性差异;在“我在公共汽车上主动给有需要的乘客让座”和“我自觉遵守交通规则”这一行为上也均不存在显著性差异,但从标准差值可知,学生对这些问题的看法的离散程度比较大,并没有形成统一认识,如表30所示。

表30　初中生法律意识的性别差异

项目	性别	均值	标准差	F	T
我当前的任务是读书,对其他的事不关心	男	0.294	0.983	5.576*	-0.763
	女	0.297	0.933		
我在公共汽车上主动给有需要的乘客让座	男	0.214	0.933	6.150*	0.867
	女	0.211	0.893		
我自觉遵守交通规则	男	1.68	0.812	4.604*	1.257
	女	1.64	0.748		

通过相关分析得知,年级与学生的社会责任感意识存在极其显著相关,并且在“我当前的任务是读书,对其他的事不关心”这一问题上与学生的年级呈负相关(r=-0.064 ∗ ∗),随着学生年级的增长,学生越觉得

当前的主要任务是学习,不应该去关心其他事务。可见,随着学生年龄的增长,学生的学习压力越来越大。但是,在"我在公共汽车上主动给有需要的乘客让座"和"我自觉遵守交通规则"这两个问题上,随着学生年级的增长,学生在行为表现上越符合社会需要。

(三)结　　论

第一,公民身份意识方面,初中生的公民身份意识表淡薄。初中生的国家自豪感和认同感偏低;不同性别学生的公民身份意识的差异不明显;父母亲的学历水平越高,中学生的国家自豪感和认同感越低。

第二,公平意识方面,初中生的公平意识普遍比较高;不同性别学生的公平意识存在差异;不同的家庭背景对学生的公平意识无显著影响。

第三,法律意识方面,初中生的法律意识比较淡薄;男女性别学生的法律意识不存在显著性差异;学生的法律意识与年级存在显著相关。

第四,中学生的权利意识比较强;不同性别学生对部分权利意识的态度,如对参与管理权、财产权等存在显著差异;各种基本情况对学生的权利意识影响微弱。

第五,责任意识方面,初中生的同伴责任意识和家庭责任意识淡薄,初中生社会责任意识相对表现良好;对同学的责任意识和社会责任意识的性别差异显著;父母亲的职业状况和学历程度等基本情况对学生责任意识不存在极其显著差异。

六、中日中小学生志向水平的比较研究

志向是个性中的一个动力因素,是主体选择与未来职业活动有关的目标和力图达到这种抱负的意向。志向指向未来,对学习积极性的发挥和个性发展有着推动作用。在当今"科教兴国"的社会主义市场经济形

势下，正确引导学生确立适应时代发展的志向，是我们教育工作者的神圣职责。为此，我们在调查问卷中设计了“你将来会成为怎样的一个人”、“初中毕业后的打算”、“学校毕业后想干什么工作”等问题，在中国南京市、无锡市和日本田川市进行了问卷调查，借此探讨中日两国中小学生的志向水平的同异，以期对中国学校教育改革提供参考资料。

参与调查的为小学五年级和初中二年级学生，分别来自中国的南京市两所学校（中小学各一所）、无锡市两所学校（中小学各一所）和锡山市华庄镇的四所学校（中小学各两所）以及日本的田川伊田小学校、田川小学校和伊田中学校、中央中学校。

问卷通过各学校向学生分发和回收。回收率为98.2%，有效问卷中方796份，其中中学生答卷436份，占54.8%；小学生答卷360份，占45.2%。日方287份，其中中学生答卷155份，占54%；小学生答卷132份，占46%。以下是笔者对这次调查的比较研究结果。

（一）对未来的希望和自信

对“你将来会成为怎样一个人”的问答详见表31。

对回答结果进行分析，我们认为：

第一，中国学生对“幸福的家庭”、“好父母”角色的向往比日本学生分别高出10—20个百分点。究其原因，一方面与中国传统文化注重家庭伦理的影响有关；另一方面与绝大多数中国被试为独生子女，在家受到父母的宠爱有关。

第二，90%以上的中国学生希望通过自己的努力，成为“事业上成功的人”、“对国家和社会有用的人”、“深受大家欢迎的人”；日本学生中认为会成为“事业上成功的人”的只占60.7%，有53.6%的学生认为会成为“深受大家欢迎的人”，只有三分之一的人认为会成为“对国家和社会有用的人”。这说明中国教育主要以“社会为本位”，日本教育却更多受多元价值观的影响。同时也说明中国学生的价值取向主体上是符合当今中国社会要求的。

表 31 将来会成为怎样一个人

内容	会		大概会		小计		不大可能		完全不可能		小计	
	日	中	日	中	日	中	日	中	日	中	日	中
幸福的家庭	50.9	65.5	32.8	30.7	83.7	96.2	11.8	1.9	4.5	1.0	16.3	2.9
好父母	32.1	62.1	42.5	32.5	74.6	94.6	20.6	3.9	4.9	0.9	25.5	4.8
事业成功的人	20.6	39.1	40.1	53.0	60.7	92.1	31.0	7.4	8.4	0.3	39.4	7.7
对国家和社会有用的人	12.9	55.3	21.3	36.1	34.2	91.4	43.2	7.9	22.6	0.5	65.8	8.4
深受大家欢迎的人	11.1	32.2	42.5	57.5	53.6	89.7	37.6	9.0	8.4	0.8	46.0	9.8
有钱的人	11.1	10.2	18.5	52.4	29.6	62.6	54.0	31.9	16.4	4.8	70.4	36.7
有名的人	10.8	8.0	12.2	39.3	23.0	47.3	32.4	44.8	44.6	7.0	77.0	51.8

第三，中国学生中60%的人相信自己会成为“有钱的人”，近半数的人相信自己会成为“有名的人”。这说明市场经济的发展对学生的影响是很明显的。中国在校中小学生的这种价值取向与社会主义市场经济对人的价值要求并无二致，倒是为我们教育孩子树立正确的“金钱观”、“义利观”，正确对待“成才”与“成名”的关系埋下了伏笔。与此形成鲜明对照的是，日本孩子当中70%以上的人认为自己不会成为有钱人和名人。

第四，值得注意的问题是：在被试中有51.8%的中国学生认为自己不可能成为名人；而日本学生持此种观点的人高达77%。36.7%的中国学生和70.4%的日本学生认为自己不会成为有钱人。约十分之一的中国儿童认为自己不可能受大家欢迎，令人吃惊的是约有接近一半的日本孩子也持这种看法。8.4%的中国孩子对成为“对国家和社会有用的人”不抱希望，而持相同观点的日本孩子竟高达65.8%。7.7%的中国学生对“事业成功”没有信心，约40%的日本孩子对“事业成功”没有信心。有7.7%的中国儿童对“家庭幸福”、作“好父母”没有什么指望，而对这两项指标丧失信心的日本孩子达41.8%。

总之，表31所列的“你将来会成为怎样的一个人”的7项选择答案中，中国学生的态度积极程度远比日本学生高。反之，日本学生的态度消极程度大大高于中国学生。

（二）初中毕业后的打算

对“你初中毕业后的打算”问题的回答见表32。

表32　初中毕业后的打算

序号	内容	中（%）	日（%）
1	上大学或大专	31.7	47.4
2	上高中或中专	27.9	22.0
3	念到研究生毕业	21.0	5.2
4	没想好	12.2	10.1
5	上职校或技校	5.5	10.5
6	马上工作	1.1	2.4
7	不明	0.6	2.4

其中86.1%的中国孩子愿意继续升入高一级学校深造，只有1.1%的中国孩子愿意马上工作。同一问题，85.1%的日本孩子愿意继续升入高一级学校继续深造；2.4%的日本孩子愿意马上工作。

对于“初中毕业后想继续升入高一级学校念书”的原因的回答见表33。

其中回答“为社会做贡献”的中国孩子占62.5%，日本孩子只占14.8%。回答“想找个好工作”的中国孩子占52.6%，日本孩子占66.4%。回答“想成为了不起的人”的中国孩子占27.7%，日本孩子占11.1%。回答“父母让我升学”的中国孩子占21.3%，日本孩子占20.1%，反映了中日两国家长对孩子成才的关注程度相同。

问题在于，在685名想升学的中国孩子当中，回答“喜欢学习”的人仅占总数的15.5%，而日本孩子的回答更加令人吃惊：244名想升学的日本学生当中只有1.6%的人是因为喜欢学习而升学！反映出日本学生比中国学生严重的厌学倾向。回答“将来挣大钱”的中国孩子占 6.9%，日本孩子占 10.7%，折射出社会多元价值观对学生的影响。

表 33　中、日学生升学原因

升学原因	中国（N=685 人）%	升学原因	日本（N=244 人）%
想为社会做贡献	62.5	想找个好工作	66.4
想找个好工作	52.6	父母让我升学	20.1
想成为了不起的人	27.7	想为社会作贡献	14.8
父母让我升学	21.3	想成为了不起的人	11.1
喜欢学习	15.5	将来好挣大钱	10.7
将来好挣大钱	6.9	大家都升学	10.2
大家都升学	3.8	喜欢学习	1.6
其他	3.5	其他	9.8
不知道	0.4	不知道	1.2
不明	0.3	不明	0.4

这组数据生动准确地反映出两国中小学生对继续升学的动机和态度，总体来看，中国学生的选择更倾向于“为社会做贡献”，其次是“找个好工作”，而日本学生则是以“找个好工作”为主要原因，体现出中国教育注重“社会本位”，日本教育注重“个人本位”的区别。

（三）学校毕业后的职业选择

对“学校毕业后想干什么”的回答见表 34、表 35。

第一，中国中小学生有志于当律师和法官的人数最多，想当幼儿园、中小学教师的居第二，选择大学教师、科学家的居第三位，期望当经理、厂长的居第四位，前四项合计占总数的 48.8%。日本学生选择职业占前 4 项的分别为：①幼儿园、中小学教师，②运动员，③歌手、演员，④经理、厂长、国家公务员。四项合计占总数的 37.3%。中国学生选择职业占倒数第一位的是农民，倒数第二位的是家庭主妇，倒数第三位的是厨师、手艺人。日本学生选择职业占倒数第一位的是新闻工作者、农民(没入选)，列倒数第二位的是律师、法官、大学教师、科学工作者、警察、消防队员(均为0.7%)。

第二，中日学生选择将来当工人、农民、军人的比例都很低，似乎表现出中日学生对工、农、兵职业持回避的态度。而日本学生将警察、消防队员、新闻工作者等危险性较大、责任性较重的职业排在末尾，似乎表现出日本孩子比中国孩子更惧怕危险的职业。

表34 796名中国中小学生职业选择序列表

序号	职业	百分比
1	律师、法官	12.9
2	幼儿园、中小学教师	12.8
3	大学教师、科学工作者	12.2
4	经理、厂长	10.9
5	医生	7.4
6	技师、工程师	4.5
7	服装设计师	3.5
8	歌手、演员	3.3
9	国家公务员	3.1
10	警察、消防队员、新闻记者	2.9
11	画家、音乐家、公司职员、军人	2.6
12	运动员	2.4
13	工人	1.6
14	护士、护理员	1.5
15	营业员、服务员、出租汽车司机	0.9
	理发师、美容师	
16	厨师、手艺人	0.6
17	家庭主妇	0.4
18	农民	0.3

表 35　287 名日本中小学生职业选择序列表

<table>
<tr><th>顺序</th><th>职业</th><th>百分比</th></tr>
<tr><td>1</td><td>幼儿园、中小学教师</td><td>11.8</td></tr>
<tr><td>2</td><td>运动员</td><td>9.8</td></tr>
<tr><td>3</td><td>歌手、演员</td><td>9.1</td></tr>
<tr><td>4</td><td>经理、厂长、国家公务员</td><td>6.6</td></tr>
<tr><td>5</td><td>医生</td><td>5.6</td></tr>
<tr><td>6</td><td>服装设计师、理发师、美容师</td><td>4.5</td></tr>
<tr><td>7</td><td>技师、工程师、家庭主妇</td><td>4.2</td></tr>
<tr><td>8</td><td>画家、音乐家、护士、护理员</td><td>2.8</td></tr>
<tr><td>9</td><td>公司职员、营业员、服务员</td><td>1.7</td></tr>
<tr><td>10</td><td>工人</td><td>1.4</td></tr>
<tr><td>11</td><td>出租车司机、军人、厨师、手艺人</td><td>1.0</td></tr>
<tr><td rowspan="2">12</td><td>律师、法官、大学教师</td><td rowspan="2">0.7</td></tr>
<tr><td>科学工作者、警察、消防队员</td></tr>
<tr><td>13</td><td>新闻记者、农民</td><td>—</td></tr>
</table>

第三,在 796 名中国中小学生中,男生有 385 人,女生 411 人。中国男生选择职业占前四项的依次为①经理厂长(18.7%);②大学教师和科学工作者(15.1%);③律师和法官(13.8%);④技师和工程师(7.5%)。排在末四位的分别是第 13 位:幼儿园、中小学教师(0.8%),第 14 位:理发师、美容师(0.5%),第 15 位:农民(0.3%)。营业员、服务员、护理员由于无人选择而排在最后。中国女生选择职业占前四位的依次是①幼儿园及中小学教师(24.1%);②律师、法官(12.2%);③大学教师、科学工作者(9.5%);④服装设计师(6.1%)。排在末四位的职业分别是第 14 位:理发师和美容师(1.2%);第 15 位:警察、消防队员(1.0%);第 16 位:家庭主妇(0.5%);第 17 位:工人、农民、军人、出租车司机、厨师、手艺人(0.2%)等。

在 287 名日本中小学生中,男生 142 名,女生 144 名(1 人未注明性别。)日本男生选择职业占前四项的依次为①运动员(17.6%);②经理、厂长(9.9%)；③国家公务员、技师、工程师(各占8.5%)；④歌手、演员(7.7%)。排在末二位的分别是第9位：律师、法官、大学教师、科学工作者、厨师、手艺人、警察、消防队员(0.7%)；第10位：新闻记者、农民、服装设计师(无人选)。

日本女生选择职业占前四项的依次为①幼儿园、中小学教师(18.8%)；②歌手、演员(10.4%)；③服装设计师(8.3%)，家庭主妇(7.6%)。排在末尾的是出租车司机、工人、农民、军人、技师、工程师、新闻工作者(均无人选)。中日儿童择业价值取向方面的文化差异，性别差异是十分明显的。

表36　385名中国男生职业选择序列表

序号	职业	百分比
1	经理、厂长	18.7
2	大学教师、科学工作者	15.1
3	律师、法官	13.8
4	技师、工程师	7.5
5	医生、军人	5.2
6	警察、消防队员	4.9
7	运动员	3.4
8	国家公务员、公司职员、工人	3.1
9	画家、音乐家	2.9
10	歌手、演员	1.8
11	新闻记者、出租车司机	1.6
12	厨师、手艺人	1.0
13	幼儿园、中小学教师	0.8
14	理发师、美容师	0.5
15	农民	0.3
16	营业员、服务员、护士、护理员	—

表 37　142 名日本男生职业选择序列表

序号	职业	百分比
1	运动会	17.6
2	经理、厂长	9.9
3	国家公务员、技师、工程师	8.5
4	歌手、演员	7.7
5	幼儿园、中小学教师、医生	4.9
6	公司职员、营业员、服务员、工人	2.8
7	画家、音乐家、出租车司机、军人	2.1
	理发师、美容师	
8	护士、护理员	1.4
9	厨师、手艺人、警察、消防队员	0.7

表 38　411 名中国女生职业选择序列表

序号	职业	百分比
1	幼儿园、中小学教师	24.1
2	律师、法官	12.2
3	大学教师、科学工作者、医生	9.5
4	服装设计师	6.1
5	歌手、演员	4.6
6	新闻记者	4.1
7	经理、厂长	3.6
8	国家公务员	3.2
9	护士、护理员	2.9
10	画家、音乐家	2.4
11	公司职员	2.2
12	营业员、服务员、技师、工程师	1.7
13	运动员	1.5
14	理发师、美容师	1.2
15	警察、消防队员	1.0
16	家庭主妇	0.5

续表

序号	职业	百分比
17	工人、农民、军人、出租车司机	0.2
	厨师、手艺人	

表 39　144 名日本女生职业选择序列表

序号	职业	百分比
1	幼儿园、中小学教师	18.8
2	歌手、演员	10.4
3	服装设计师	8.3
4	家庭主妇	7.6
5	理发师、美容师	6.9
6	医生	6.3
7	国家公务员	4.9
8	护士、护理员	4.2
9	画家、音乐家、厂长、经理	3.5
10	运动员	2.1
11	厨师、手艺人	1.4
12	营业员、服务员、公司职员	0.7
	大学教师、科学工作者	
	律师、法官、警察、消防队员	
13	工人、农民、军人、技师	—
	工程师、出租车司机、新闻记者	

第四，对中日两国男生择业志向进行分析，我们发现，两国男生择业志向的相同之处在于：两国男生都将经理、厂长作为首选职业之一，其次是技师和工程师。而对农民等均排序很低。

两国男生择业志向不同之处在于：中国男生除对经理、厂长作为首选职业外，普遍看好大学教师、科学工作者、律师、法官等职业，但却表现出一种明显的轻视服务行业的倾向。

日本男生将被中国男生排在第7位的运动员(3.4%)排在第1位(17.6%),但却将中国男生排在第6位的警察、消防队员(4.9%)排在倒数第二位(0.7%)。似乎表现出中国男生对艰苦辛劳的职业(如运动员)持回避态度,或许可以说中国男生有怕吃苦的倾向;而日本男生更惧怕危险性的职业。

日本孩子更注重生活的品位和休闲活动,如,对运动员,演艺职业的排名均较中国学生优先;中国学生则更偏重社会关注程度和民主、公平,如,将日本排名倒数第二位的大学教师、科学工作者、律师、法官职业排在正数第二、第三位。

第五,对中日两国女生择业志向进行比较,笔者认为,中日女生均将“幼儿园和中小学教师”列为首选,而均将“工、农、兵、出租车司机”列为末选,其职业志向比较中日男生的职业志向要更具一致性。

不同之处在于:被中国女生列为第二、第三位的律师、法官、大学教师、科学工作者却被日本女生列为倒数第二位。

被中日两国男生普遍看好的厂长、经理职业却被两国女生分别排在第七、第九位。被日本女生排在第四位的家庭主妇和排在第五位的理发师、美容师,倒是被中国女生排在第十六位和第十四位而不被看重。新闻记者被中国女生排在第六位,而日本女生却无人问津。

日本女生对歌手、演员(10.4%);服装设计师(8.3%);理发师、美容师(6.9%);画家、音乐家(3.5%);运动员(2.1%)的排名顺序均比中国女生高,也反映出日本女生的生活素质和文化品位高于中国女生。

(四) 对调查结果的几点概括

第一,随年级升高,中日两国在校中小学生,自述有志向的人数所占比例逐渐增长。在796名中国学生中,自述有志向者占总数的98.9%;287名日本学生中,自述有志向者也占总数的98%。尽管两国中小学生的志向选择还不成熟、不确定,情境性较强,但这种志向积极性无疑会激发他们的求知欲和上进心,会成为他们学习和生活的内在动力。因此,中日两国的教育工作者各自从本国中小学生的心理特点出发，积极引导他们树立正确的择业观、人生观是非常必要的。

第二，从比较结果来看，两国少年儿童的择业取向总体上是积极向上的，这些志向生动地反映了当今社会稳定和发展的客观要求，说明中日在校生对社会物质文明发展和精神文明建设的召唤是有思想准备的。两国的社会工作者、教师、家长要积极鼓励孩子们健康向上的志向选择，充分利用学生良好的志向愿望激励其努力学习，鞭策他们以自己的实际行动为实现自己的愿望打下良好的基础。

第三，在儿童志向水平和择业价值观方面，中国儿童对未来生活所持态度的积极程度普遍比日本儿童高。

第四，日本儿童的体育意识、生活素质、文化品位普遍高于中国儿童。

第五，中国学校强调“社会本位”的教育理念，日本学校偏重“个人本位”的教育理念。

第六，中日学生在择业志向中对工人、农民以及一些耗费体力多，工资报酬又不高且充满危险性的职业如警察、消防队员和服务性行业等排序较低或很低，有的项目没有人选，充分说明教育的艰巨性和紧迫性。所以，在两国儿童中广泛开展吃苦耐劳、艰苦创业的优良传统教育是当前和今后两国学校教育工作中一个极其重要的课题。

两国的学校、家庭、社会教育工作者应重视普通劳动者的培养，应加强劳动创造世界的教育，对孩子从小进行艰苦奋斗，知难而进、为他人着想，为社会服务的思想教育，使儿童树立正确的人生观、人才观、世界观和价值观。

七、收容少年的心理与教育——中日工读学校与教养院教育调查报告

青少年犯罪已成为当前一大社会问题，在犯罪青少年中，在校学生所

占比率呈上升趋势，正引起人们极大的关注。在中国，作为改造少年罪犯的教育机构，有收容犯罪少年进行管理、教育和劳动使其获得新生的少年管教所，还有对犯有轻度盗窃行为和违反社会治安法的越轨（失足）行为的初中阶段的少年进行教育管理的工读学校。在日本，对失足少年的处理，设有从刑事政策的角度出发进行行为改正的少年院，还有从福利的角度出发进行行为教育的儿童福利设施教养院。在中国和日本，由于少年失足的概念和处理措施的不同，所以不能进行简单的类比。但是，从收容少年的年龄阶段、越轨和失足的程度，对少年的处理目的（教育、矫正、监督）来考虑，对工读学校和教养院所收容的少年进行调查比较，对两国失足少年的教育和社会健康发展是有积极意义的。

笔者以中国K省的A工读学校收容的少年为对象，就其社会关系、生活和苦恼、规范意识等作了问卷调查。作为比较对象，也对日本国西日本地区教养院（4处）收容的少年作了同样的调查，对调查结果进行对比研究。被调查的人数：A工读学校为113名（男92名，女21名）；西日本地区教养院的4处设施共100名（男69名，女26名，未记性别者5名）。调查对象的学校分别为：工读学校全是初中学生；教养院为初中学生75名，小学生25名。

（一）关于A工读学校

工读学校是以在行为和习惯方面有所越轨的在校初中学生为对象进行教育管理的特殊学校。在校生全都是违法或有轻度犯罪行为的学生。工读学校的宗旨是“以教育为宗旨，挽救孩子，科学育人，培养人才”，实施作为义务教育阶段的中学教育。在以教育为特色这一点上，与少年管教所有着根本的不同。

K省有3所工读学校，A工读学校设在K省省会城市A市，建立于1979年。建校以来，学校已培育了1000余人，其中女生超过100人。来自A市普通学校的这些学生，年龄是12—16岁。班级分学年编成，中学一年级到三年级各有两个班，女生单独1个班，共有7个班。全部在校住宿,男女分开管理。上课时,女生有时也进男生班听课。在 A 工读学校的毕业生当中,参加中国共产党的有 4 人,参加人民解放军的有 30 人,升入高中的有 80 余人,进大学的有 3 人。毕业生大部分都已就业,成为守法的市民。

目前,学校占地面积为 15 亩,在校男生 93 人,女生 20 人,共 113 人。教职员 47 人,专科毕业生占 25%。这所学校的特点:

第一,校长责任制。学校设有“校长办公室”和“教导处”,教导处负责学校的教育和课业,校长办公室负责学校的总务、人事和课业以外的事,校长定期检查监督教导处和校长办公室的工作进展情况。

第二,90 年代初,实行了教职员代表大会制度,学校做到了民主管理,提高了教育热情,挽救了越轨青少年,为实施教育打下了牢固的基础。这所学校作为 A 市教育部门“民主管理先进单位”,受到了表彰。

第三,学校在实行工读教育过程中,制订了“工读生规则”、“日常生活规定”、“奖惩制度”、“纪律、劳动、卫生、学习、文明习惯五项讲评标准”等规章制度,使学校的管理走上制度化、文明化的轨道。

第四,工读生的智商并不低。1995 年,学校曾请 K 省脑科医院少年儿童心理测定中心的医生,对学生进行抽样测定,测定结果表明在 36 人(女生 3 人)当中,低能的只有 2 人,34 人属于中等。

第五,根据能力实施编班教育。工读生以前在普通学校上学时经常逃课,所以成绩很差。学校采取的对策是设立“1 班 2 制”(1 个班级根据能力和进展设 2 组)的授课制。

第六,A 工读学校从 1991 年起,在教育局的指导下,成立了“改善 A 市中学不良学生的联络小组”,每年从市内中学当中,召集几名联络生(不良学生),组织“夏令营”,在工读学校和一般学校的配合下,经过多年努力,现已收到了明显的教育效果。

第七,A 工读学校极为重视职业技术教育。1994 年,得到市家电协会的支持,开设了家电修理职业班,讲授彩色电视机、冷却器、洗衣机的操作原理和修理技术课程,提高了学校的知名度,为预防青少年再度失足,探讨工读教育改革进行了大胆的尝试。A 工读学校在全国同类学校中,名列前茅,颇有声望。教师们团结一致,以陶行知为典范,在工作中毫不松怠,奉献出爱生之心和忠诚于教育事业之心,在这块特殊的土地上勤奋耕耘。1995 年参加了市统一升学考试,结果升学率达到 86%,1996 年提高到 95%。这所学校获得社会的好评,受到工读生亲属的欢迎,对 A 市的社会安定和教育事业的发展,作出了重大的贡献。

(二) 收容少年的社会关系

第一,收容少年与其家庭。收容少年与家庭有着密不可分的关系,特别是父母离异的家庭更容易使少年失足。当然,对这种说法持异议的社会学者也不在少数。① 尤其是近几年,少年失足实际上呈现出“一般化”的趋势,失足的原因不能只归咎在家庭形态的损缺和经济的贫困上。清田胜彦认为,战后日本少年失足的特征是“失足的一般化,作为失足少年的家庭背景,双亲齐全的中流家庭子女占多数,这一趋势,进入 20 世纪 60 年代后更加明显了。”②在向现代化迈进、物质日趋丰富的现代中国,这种“一般化”的趋势极其明显。

表 40　少年失足和家庭形态

	普通家庭	父母离婚家庭
中国	88(78.6)	24(21.4)
日本	47(48.5)	50(51.5)

注:括弧内为百分比,$X^2=20.617$,df=1 显著性水平 $p<0.01$。

---

① 四方寿雄犯罪者家属的病理. 大桥薰,四方寿雄,光川晴之. 社会病理学. 有斐阁1974 年四方在《缺损的家族和犯罪》一文中,特别使用了“缺损家族”一语,介绍了其与少年失足的关系。

② 清田胜彦:《社会病理学的视角和诸多形态》,学文社 1987 年版。

从表40可以看出，失足少年中父母离婚家庭所占比例，在日本高达51.5%①，而中国只占21.4%。这一结果清楚地表明了中日两国间的差别。在中国，失足少年出身于普通家庭者占多数。家庭的毁坏确实是促使孩子走上失足之途的原因之一，但家庭毁坏以外的原因也起着很大的作用。尤其是在中国，促使孩子失足的原因是很复杂的。

表41　失足少年和其家庭类型

	白领阶层家庭	一般职工家庭
中国	38(34.9)	71(65.1)
日本	13(13.3)	85(86.7)

注：括弧内为百分比，$X^2=12.963$，df=1 显著性水平 $p<0.01$。

着眼于社会阶层，把作为调查对象的失足少年家庭分为两种类型，一种是白领阶层家庭（中流家庭），另一种为一般职工家庭。② 表41说明，少年失足与家庭所处的社会地位极其有关，特别是在日本，收容少年出身于一般职工家庭的明显要比白领家庭的多得多。③ 而在中国即使是地位高的中流家庭，少年失足也有35%左右。考察结果，中日之间存在0.01水准的显著性差异。

第二，收容少年的人际关系。收容少年在进工读学校和收容所之前

---

① 在日本，一般保护少年的家庭环境69.6%为父母双全、91.8%为经济上在一般家庭之上的少年，指出了失足的"一般化"。然而，正如本文资料所述（父母齐全的家庭为48.8%），接受教养院和少管所收容教育的少年家庭环境，与一般保护少年相比，父母齐全的家庭比率相当低。

② 问卷上写有"父亲的职业"和"母亲职业"两项提问，分别设有以下九项选择项目，即：1.员工（技师）；2.农林渔业；3.事务员、商业人员；4.公务员；5.自营业；6.专职人员（教师、医师、律师、技术员）；7.管理人员（公司的职员、管理性公务员）；8.其他；9.无业。在两个提问项目中，选择4、6、7答案的作为一种，在"白领家庭"中，作其他选择的作为"一般职业家庭"。

③ 所谓"中流"，可能因作者的立意不同而有所不同，单就经济能力来看，在现代日本社会，各种职业之间没有多大差别，如果强行分类，把"自营业"分在"白领家庭"中也许较为合适。本书考虑到中国的现状，是试图从文化、教养的角度来分类。

是否与家人经常交谈？交谈主要包括哪些内容？对这一问题的调查结果如表42 和表43 所示：

表 42　家庭里交谈的频度

	经常交谈	很少交流	不时交谈
中国	18(16.7)	59(54.6)	31(28.7)
日本	11(11.8)	47(50.5)	35(37.6)

注：括弧内为百分比，X^2 =2.183，d£ =2，差异不显著。

表中所示"学校成绩和功课"等 6 个项目，是根据收容之前是否与家人经常交流来测定的。① 调查结果：在中国，不能与家人交谈的少年占 1/3 弱，在日本占 1/3 强，在两国各有约半数的收容少年处于与家人有一定程度交谈的状态，缺乏交谈的问题在中国和日本，都不是那么严重。测定的结果看不出两国间存在什么差异。

表 43 显示交谈内容的调查结果，在个人苦恼问题上，中日两国少年都没有与家人进行很好的交谈。

表 43　家庭交谈的内容

	中国				日本						
	1	2	3	4	1	2	3	4	X^2	d£	显著水平
学校的成绩课业	32.1	31.3	23.2	13.4	15.2	24.2	36.4	24.2	13.639	3	△△△
老师	11.5	39.8	29.2	19.5	23.2	24.2	35.4	17.2	8.984	3	△△
同学	15.2	45.5	21.4	17.9	25.8	32.0	27.8	14.4	6.595	3	△
升学问题	20.0	28.2	18.2	33.6	6.2	25.8	28.9	39.2	10.357	3	△△
个人苦恼	7.1	20.4	29.2	43.4	10.5	8.4	25.3	55.8	7.557	3	△

① 1 有 4 分，2 有 3 分，3 有 2 分，4 有 1 分，分 4 个评论阶段，6 个项目的综合得分作了以下分类。也就是说，综合 6 个项目得 19 分，以上的为"经常交谈"，得 13—18 分的为"不时交谈"，在 12 分以下的为"几乎不谈"。

续表

	中国				日本						
	1	2	3	4	1	2	3	4	X^2	d£	**显著水平**
将来的工作	28.3	39.8	8.8	23.0	31.4	24.5	22.4	31.6	12.610	3	△△△

注：表中1.经常交流，2.不时交谈，3.很少交谈，4.根本不谈，小数点为百分比，△△△<0.01，△△<0.05，△<0.1。

较之“经常交谈”和“不时交谈”，回答说“很少交谈”和“根本不谈”的人数要多得多。谈话容易集中在学校和学习方面，这一点中国尤为显著。在谈话的具体内容上，所调查的“学校的成绩和功课”、“老师”、“升学问题”、“将来的工作”4项，其结果中日两国存在明显的差别。除了“老师”以外的另外3项，回答“经常交谈”、“不时交谈”的人，中国都比日本高。这说明在中国的家庭里，交谈大都以学习为中心话题，中国的父母关心孩子的成绩和功课，甚于关心孩子生活和成长中的苦恼。

仅就表43所见，似乎父母的关心和孩子的苦恼并不相称，其实不然。根据失足少年在收容之前个人苦恼和父母关心的调查结果，少年们最大的苦恼就是学习和成绩，这一点中国更为明显。有56.6%（64人）的少年把学习和成绩作为自己最大的苦恼。① 也就是说仅就学习和成绩而言，中国的父母和孩子关心和苦恼的是同一问题，也许尝到的失败滋味也是同一问题。说明在家庭内部，父母与孩子是保持着一定程度的意见沟通的。表43更加证明了这一点。

---

① 在日本少年中，以学习和成绩为最大苦恼的人最多，占24.5%，由于字数的限制，这里省去了关系表。

表44　给予失足少年特别关心和照顾的人

		父	母	管教人	亲戚	老师	同学	祖父母	兄弟姐妹	邻居	政府人员
中国	人数	88	71	51	24	23	17	15	10	7	7
	比例	77.9%	62.8%	45.1%	21.2%	20.4%	15.0%	13.3%	8.8%	6.2%	0.9%
	顺序	1	2	3	4	5	6	7	8	9	10
日本	人数	71	52	26	30	50	52	39	49	14	15
	比例	71.7%	52.5%	26.3%	30.3%	50.5%	52.5%	39.4%	49.5%	14.1%	15.2%
	顺序	1	2	8	7	4	2	6	5	10	9

如顺序数所示，中日间有所不同。只是在列举父母者最多，列举邻居和政府人员者最少这一点上是相同的。另外值得注意的是两国间列举老师、管教人员和同学的人差别较大，在中国有45.1%的收容少年列举管教人员，而在日本只有26.3%的人列举管教人员。相反，在日本有50%以上的人列举"老师"和"同学"，而中国孩子列举"老师"的只有20.4%，列举"同学"的只有15%。

少年最大的苦恼是学习和成绩，而且中日两国的收容少年都举出父母是最关心和照顾自己的人。这一调查结果意味着什么呢？我们认为这说明问题不在于家庭内部的交谈，而在于交谈质量的粗劣。父母对在学习上极其苦恼的孩子给予关心，有时会共同尝试这种苦恼，但在与孩子的意见沟通上，却几乎没有进行解决孩子的学习和成绩上存在苦恼的建设性交谈，更多的只是说"成绩上升了吗"、"要更加努力"。这种粗劣的交流不但不能调动学生学习的积极性，反而成为造成少年逆反心理并最终导致少年失足的原因之一。

究其根源，促使失足少年与父母间不能进行建设性交谈的核心问题在于包括学校教育在内的各种社会影响，讲求学历的社会思潮的；单以成绩论价的人才评价标准；忽视育人任务的学校教育内容。这种趋势在中国和日本都在不断加深，影响着在校学生的身心发展，导致少年儿童问题行为或违法犯罪。

（三）收容少年的规范意识

在调查中，为了弄清少年的规范意识，笔者举出了12个项目的不良行为和犯罪行为，分别作了“你是怎么看的”的询问。回答说：(1)绝对不行；(2)根据时间和场合干也无妨；(3)干也无妨，然后从3种回答中选出1种。12项越轨行为从比较轻微的不良行为（抽烟、夜游、擅自外宿、逃学、看黄色杂志、欺侮人）依次列举到重大犯罪行为（偷窃、动武、吸毒、损坏东西、伤害他人、恫吓），来探讨此类越轨行为的容许程度以至规范意识程度。也就是说，只有大力否定此类行为，才能加强规范意识。

另外，在调查中也一并问到12项越轨行为过去是否“已经犯过”。回答说：(1)从未犯过；(2)偶尔犯过1、2次；(3)犯过3次以上。从3种中选出1种。从这些询问中比较出作为规范意识一个侧面的越轨体验的特征和中日间的差异，并对规范意识和越轨体验（行为）的特征以及中日间不同进行比较。

其一，关于规范意识。表45是对中日收容少年规范意识问卷结果的归纳。中国113人日本75人均为初中生，表中数字为百分比（下同）。

表45　规范意识

（问：对以下所举行为，你是怎么看的？）

	中国（113人）			日本（75人）		
	绝对不行 %	有时尚可 %	干也可以 %	绝对不行 %	有时尚可 %	干也可以 %
抽烟	54.0	33.6	12.4	42.7	21.3	36.0
夜游	64.6	25.7	9.7	36.0	30.7	33.3
擅自外宿	78.8	16.8	4.4	49.3	30.7	20.0
逃学	77.0	13.3	8.8	44.0	36.0	20.0
阅读黄色杂志	88.5	7.1	4.4	48.0	30.7	20.0
欺侮不顺心的朋友	75.2	15.9	8.8	77.3	16.0	5.3
偷窃商店的东西	94.7	3.5	1.8	77.3	14.7	6.7

续表

	中国(113 人)			日本(75 人)		
	绝对不行 %	有时尚可 %	干也可以 %	绝对不行 %	有时尚可 %	干也可以 %
殴打朋友	74.3	20.4	4.4	56.0	38.7	5.3
吸毒	99.1	0.9	0	84.0	10.7	5.3
毁坏学校和街道的设施	84.1	12.4	3.5	84.0	9.3	6.7
吵架使人致伤	73.5	21.2	5.3	64.8	32.0	4.0
威胁别人窃取钱物	91.2	7.0	3.5	90.7	5.3	4.0
平均	79.6	14.8	5.9	62.8	23.0	13.9

就整体来说,中日两国都是行为的越轨度越强,否定其行为的程度也就越强;两国相比,中国少年较之于日本少年,对所有行为持否定的比例要高,这也就是说规范意识高。如表 44 所示,中国少年回答“绝对不行”的,除抽烟项占 54%,夜游项为 64.6% 外,其他均超过了 70%。日本的少年同样回答“绝对不行”的,抽烟项为 42.7%、夜游项为 36.0%、擅自外宿为 49.3%、逃学为 44.0%、阅读黄色杂志为 48.0%,5 项均在 50% 以下。相反,回答说这 5 项行为“干也可以”的却有 20%—36%。

少年们持强烈否定态度的项目,中国少年中吸毒项为 99.1%、偷窃项为 94.7%、恫吓项为 91.2%;日本少年中恫吓项为 90.7%、动武项为 84%、吸毒项为 84.8%。对于吸毒做戏,中国调查把此项称作“吸麻醉剂”,中国少年几乎不太流行,除 1 人外,均持否定答案。此外,中国少年中对阅读黄色杂志有近 90% 的人(88.5%)持否定答案,日本少年中否定者在半数以下(48%),相差 40.5%,这说明日本黄色杂志之泛滥,少年接触黄色杂志机会之多。

表 46 为中日两国收容少年规范意识之差别。在毁坏东西、恫吓、伤害等犯罪行为上,几乎没有不同,中日两国少年都强烈表示否定。相反,在阅读黄色杂志(40.5%)、逃学(33.0%)、擅自外宿(29.5%)、夜游(28.6%)等项上,却有着较大的差别,每项都显示出日本少年的规范意

识相对很低。只是在“欺侮人”一项上，日本少年反而略为偏高（2.1%）。在“抽烟”一项上，差别较低，这表明两国少年的规范意识都偏低。

表 46 中日两国收容少年规范意识之差

回答越轨行为“绝对不行”时的差别（%）			
抽烟	11.3	偷盗商店的东西	17.4
夜游	28.6	殴打同学	18.3
擅自外宿	29.5	吸毒	15.1
逃学	33.0	毁坏学校和街道的东西	0.1
阅读黄色杂志	40.5	吵架使人致伤	9.5
欺侮不顺心的同学	-2.1	威胁别人夺取钱物	0.5

表 46 所示差别，出自表 46 中日两国收容少年在回答“绝对不行”时的百分比之差。

其二，关于越轨体验。表 47 为中日两国收容少年越轨体验所作回答的归纳。

表 47 越轨体检

（问过去是否有以下行为？）

	中国（113 人）			日本（75 人）		
	根本没有干过%	偶尔 1、2 次%	3 次以上%	根本没有干过%	偶尔 1、2 次%	3 次以上%
吸烟	20.4	24.8	54.0	12.0	6.7	81.3
夜游	18.6	31.9	48.7	6.7	13.3	80.0
擅自外宿	31.9	30.1	37.2	17.3	9.3	73.3
逃学	21.2	28.3	47.8	4.0	5.3	89.3
阅读黄色杂志	71.7	18.6	8.0	36.0	13.3	49.3
欺侮不顺心的同学	38.1	37.2	24.8	37.3	24.0	38.7
偷窃商店的东西	75.2	15.0	8.8	10.7	10.7	76.0
殴打同学	34.5	36.3	29.2	30.6	16.0	50.7
吸毒	98.2	0.9	0	56.0	8.0	33.3

续表

	中国(113人)			日本(75人)		
	根本没有干过%	偶尔1、2次%	3次以上%	根本没有干过%	偶尔1、2次%	3次以上%
毁坏学校和街道的东西	51.3	35.4	11.5	50.7	17.3	29.3
与人争吵使其受伤	38.1	34.5	27.4	34.7	26.7	36.0
威胁他人夺取钱物	63.7	20.4	15.9	44.0	17.3	36.0
平均	46.9	26.1	26.1	28.3	36.7	56.1

就整体来说,(1)有轻度越轨行为的越轨体验者中,中日两国都较多。(2)相比之下,在所有项目上,日本少年有越轨体验者要多,如在逃学(94.6%)、夜游(93.3%)、(抽烟88.0%)、偷窃(86.7%)、擅自外宿(82.6%)等项目上,大部分少年都有过体验。中国少年在夜游(80%)、抽烟(79%)、逃学(76%)等项目上有过体验的也为数不少。唯独在偷盗一项上,与日本少年占86.7%相比,中国少年有过体验的只有23.8%,相差甚大。

表48 中日两国收容少年越轨体验之差

回答"根本没有干过"此项越轨行为时的差别			
抽烟	8.4	偷盗商店的东西	64.5
夜游	11.9	殴打朋友	3.8
擅自外宿	14.6	吸毒	42.2
逃学	17.2	毁坏学校和街道的设施	0.6
阅读黄色杂志	35.7	与人争吵致使受伤	3.4
欺侮不顺心的朋友	0.8	威胁他人夺取钱物	19.7

注:表中差额为中日少年在回答"根本没有干过"时的百分比之差。

根据表49从回答"根本没有干过"此项越轨行为的中日差别来看,偷窃之差高达64.5%,其次为吸毒42.2%,阅读黄色杂志35.7%。相反,在越轨体验上,中日两国几乎看不出差别。毁坏东西为0.6%,欺侮别人为0.8%，伤害为3.4%，动武为3.8%，这说明越轨体验者相对较少。而像吸烟8.4%、夜游11.9%两项有不少少年体验过。在中国少年中并不盛行吸毒做戏和阅读黄色杂志，所以这一行为差别较大是可以理解的，但日本少年否认偷窃体验的居少数。反映出在日本"戏要型失足"的普遍化。

其三规范意识和越轨体验的差别。从下表可以看出三种类型(A、B、C)的行为。一种是规范意识和越轨体验差别较少的行为群，其中A规范意识很强、行为方面越轨又少的类型和与之相反的B为规范意识低、又容易越轨的类型。此外，规范意识和越轨体验差别较大的行为群，属于只是规范意识强、而在行为上却容易越轨的类型。

在中国的收容少年中，吸毒(相差0.9%)、阅读黄色杂志(相差6.8%)、偷窃(相差19.5%)等属于A类，是规范意识强、越轨行为上的行为群(这与接触吸毒和黄色杂志的机会少有关)。规范意识和越轨体验相差较大的C类，多集中在逃学、擅自外宿、夜游等(相差56%—46%)较轻的越轨行为上，这属于明知不好，却又出于种种理由而越轨的行为群。

表49　规范意识与越轨体验的差异

	中国(113人)			日本(75人)		
	绝对不行 %	从未干过 %	差别 %	绝对不行 %	从未干过 %	差别 %
吸烟	54.0	20.4	33.6	42.7	12.0	30.7
夜游	64.6	18.6	46.0	36.0	6.7	29.3
擅自外宿	78.8	31.9	46.9	49.3	17.3	32.0
逃学	77.0	21.2	55.8	44.0	4.0	40.0
阅读黄色杂志	88.5	71.7	16.8	48.0	36.0	12.0
欺侮不顺心的同学	75.2	38.1	37.1	77.3	37.3	40.0
偷窃商店的东西	94.7	75.2	19.5	77.3	10.7	66.6
殴打同学	74.3	34.5	39.8	56.0	30.7	25.3
吸毒	99.1	98.2	0.9	84.0	56.0	28.0

续表

	中国(113 人)			日本(75 人)		
	绝对不行 %	从未干过 %	差别 %	绝对不行 %	从未干过 %	差别 %
毁坏学校和街道的东西	84.1	51.3	32.8	84.0	50.7	33.3
与人争吵使其受伤	73.5	38.1	35.4	64.0	34.7	29.3
威胁他人夺取钱物	91.2	63.7	27.5	90.7	44.0	46.7
平均	79.6	46.9	32.7	62.8	28.3	34.5

日本的收容少年中,规范意识和越轨体验相差很大的 C 类,与中国少年不同,更多属于偷窃(相差 66.6%)、恫吓(相差 46.7%)、欺侮人(相差 40%)等犯罪型越轨行为。另外,规范意识和越轨体验相差小的类型,也很少看到规范意识强、越轨行为少的 A 类。相反,规范意识低、容易越轨的 B 类却很多,如阅读黄色杂志(相差 12%)、动武(相差 25.3%)等。

从调查结果来看,在大部分项目上,中国收容少年的规范意识较高,其理由也许与两国间规范教育不同有关。不过,仅凭这次的调查资料,尚难以作出定论。再说,在越轨程度高的犯罪行为上,几乎看不出中日少年有规范意识的不同,就是在越轨体验方面,除部分项目外,趋势也大致相同。中日两国收容少年主要的不同,在于规范意识和越轨行为,可见之于阅读黄色杂志、吸毒做戏和偷窃等项。也就是说,存在“戏要型失足”的差别。阅读黄色杂志和吸毒等尚未构成对中国青少年的重大影响,中国少年强烈的规范意识在抑制着此类越轨行为,特别在偷窃方面,社会上对此持有严厉的批评目光,少年自身也具有自律的姿态。

另外,在日本少年中,虽然大部分人也意识到偷窃是不好的行为,但仍有部分收容少年在体验这种行为,虽说这是由于经济的富裕和消费风气所致,但使少年儿童从考试竞争和家庭羁绊的苦恼中摆脱出来,又使其走上“戏要型失足”的道路,并且此种状况在中国和日本均有蔓延趋势,这不能不引起两国教育工作者的广泛关注。

八、当代大学生道德认知状况研究报告

道德认知，是大学生对社会关系和社会意识形态的意义的主观反映，是大学生理解、掌握道德规范的重要心理形式，对大学生良好道德行为习惯的养成起着重要作用。每个大学生的个人阅历、生活经历、家庭环境、所学专业不同，理解、掌握道德规范的能力不同，往往形成不同的道德认知水平。笔者选择师范大学和工科大学三年级共1024名在校生为被试，在问卷调查基础上，从性别、校别、父母文化程度、父母职业、城乡差别等方面，对大学生道德认知问题进行实证研究，旨在为高校落实“以德治国”方略提供资料。

（一）大学生对个人层面的道德认知

中外学者普遍认为，高等学校的道德教育始于对生命神圣的认知，这是道德认知的基础。强调生命神圣就是承认人类生存的内在价值。事实上，人类的历史就是人类不断争取生存机会、改善生存条件、提高生活质量的历史。生存是神圣的，人类社会中的每一个人都应该享有人性尊严。一个人要有尊严，就必须是一个诚实正直的人，是一个能真诚地对待自己和他人，坚持真理及具有生活的勇气和冒险精神的人。

1. 对待生命的态度

其一，大学生中对生命持“热爱”态度的人占86%，认为“有权终结自己生命”的人占11.3%，持“无所谓”态度的人仅占2.6%，但引人注目的是，在热爱生命者中，女生占92.5%，高出男生（80%）约13个百分点，而在“有权终结生命”的人当中，男生（16%）高出女生（6.5%）约10个百分点；对生命持“无所谓”态度的男生也高出女生3倍还多。相对而言，女生比男生更加热爱生命。

其二，师范大学生热爱生命者的百分比略高于工科大学生，经 x2 检验，其差异不显著。

其三，父亲的文化程度与大学生对生命的态度有关，即父亲文化程度越高，大学生对生命热爱程度也越高，经 x2 检验，其差异显著。而母亲文化程度越低，大学生对生命热爱程度在问卷上显示出增高的趋势，但经 x2 检验，其差异不显著。

其四，父亲职业为“行政人员”的大学生对生命的热爱程度最高（92.45%）。

其五，母亲职业为“行政人员”的大学生对生命的热爱程度最高（94.3%）。

其六，乡村大学生比城市大学生高出 7.5 个百分点，经 x2 检验，其差异显著，说明前者比后者更热爱生命。

2. 对人性尊严的态度

其一，约有 96% 的大学生认为尊严可贵，人人享有。女生（99%）高出男生近 7 个百分点。而持消极态度的女生只占 1%。持否定态度的男生占 3.6%，4.2% 的男生对此“说不上”。或者说约 8% 的男生对此态度暧昧。说明女生对尊严问题较男生看得更重。

其二，师范生与工科生对此问题的看法没有显著差异。

其三，父母文化程度为“中学”的大学生对“人性尊严”问题看得最重。

其四，父亲职业为“行政人员”的大学生、母亲职业为“行政人员”的大学生对“人性尊严”问题的态度最坚定（100%）。

其五，城乡大学生对此问题的认识没有差异。

3. 对情感与理智冲突问题的态度

其一，在对待情感与理性的冲突问题时，约 45% 的大学生坦陈自己属于理智型，其中女生（46.5%）比男生（42.3%）高出 4 个百分点。与此同时,约30%的人承认自己是情感型的,其中男生(33.9%)比女生(30.5%)高出3.4个百分点。坦陈“说不清楚”的人约占20%多,且无明显性别差异。此研究结果似乎打破了儒家学说影响下的人们的传统观念:即男子比女子更富有理性,女子比男子更情绪化。相对而言,知识女性比知识男性更理性化,知识男性比知识女性更情绪化。

其二,在情感与理性冲突问题上,工科大学生偏向于理智性,高出师范大学生3.3个百分点,而师范大学生生偏向于情感性,高出工科大学生3.5个百分点。但经x2检验,其差异不显著。

其三,父母的文化程度与大学生的情感与理性有明显的正相关,即,父母文化程度越高,大学生选择理性的人数越多,反之,父母文化程度越低,大学生选择情感的人数越多。

其四,父母职业为“行政人员”和“教师、医生”的大学生选择“理性”的人数较多,均超过50%。父亲职业为“工人”的大学生选择“情感”的人,高达39%。母亲职业为“营业员”的大学生选择“情感”的人高达57%。

其五,城乡学生没有显著差别,但持“说不清”态度的乡村学生多出城市学生4.2个百分点。

4. 对待冒险的态度

创新是对未知领域的探索,已知的对象其成败得失利害关系一目了然,而未知的对象则意味着较大的风险、代价和牺牲,因此,创新活动是与敢冒风险、肯付出代价、甚至将生命置之度外的冒险精神相伴随的。在变化和发展极缓慢的社会,创新和冒险不具有普遍性,在保守的社会,冒险不但不是美德,“冒险家”还是被贬得很低的名称,而在竞争日益剧烈、创新活动成为普遍性的当今时代,冒险已成为被充分肯定的品质,冒险精神也从过去只体现在极少数创造奇迹者身上逐渐成为人人应具备的普遍性品质。因为,没有冒险就没有创新,冒险精神的缺乏意味着创新活动的中断或停止,一个国家和民族的人民缺乏冒险精神,则意味着它只有很少的创新活动,也意味着较小的进步和发展。

其一,现代教育将"冒险"看做是人的可贵的品质而强调教育过程中培养学生冒险精神的重要性,不少国家和地区的公民课、社会课等科目中也将"冒险精神"的培养列为学校教育的重要内容。中国大学生的回答耐人寻味:直接否认这一观点的人占四分之一,而"说不清楚"的人也占1/4,即,对"冒险"问题持赞成态度的人数与持暧昧态度的人数刚好是一半对一半。且无明显性别差异。

其二,对"冒险"持赞成态度的工科大学生比师范大学生高出12.7个百分点。而认为冒险是不理智行为的师范大学生比工科大学生高出17个百分点。经检验,差异十分显著。

其三,父亲的文化程度越高,对"冒险"持赞成态度的大学生越少。持"反对"和"说不上"态度的大学生越多。母亲的文化程度越低,对"冒险"赞成的大学生越多。母亲为小学文化程度的大学生竟然比母亲为"中学"程度的大学生持赞成冒险态度的人高出10个百分点。

其四,父亲职业为"行政人员"的大学生否定"冒险"的人最多(59.1%),而父亲为"农民"的大学生赞成冒险的人最多(29.5%);母亲职业为"行政人员"的大学生否定"冒险"的人也最多(80%),母亲职业为"工人"的大学生持赞成态度的人数最多(28.9%)。

其五,城乡大学生对此问题的态度没有差异,反对者为47%,赞成者为27%,中立者为26%。中国传统文化主张"中庸"、"和合"、"顺序"、"节制"的思想在当代中国大陆大学生和他们的家长身上表现得何等鲜明!冒险意识和精神的缺失也说明大学生挑战未知领域的勇气是比较匮乏的。

(二)大学生对社会层面的道德认知

如果说个人的生存和福祉具有其内在的重要性,社会的延续和福祉也具有其内在意义,因为社会是个体相遇和共处的地方。这些道德认知基本上都从个人层面的尊严和福祉扩展到社会层面。作为社会的一分子,所有的个体都同样重要及享有同等的尊重。然而,只有平等成为社会的核心价值观，这一切才有可能实现。只有在社会中人人平等，每个人的自由才会受到尊重，不受侵扰。人类需要共同生活的一个主要原因是人类深信守望相助有助于我们建设更加美好的社会，创造我们的共同福祉。守望相助的具体表现就是相互间的友爱与容忍。相互关系的概念要求个人的福祉与社会的福祉在某种意义上是不可分割而又相互依存的。同样的道理，由于当今世界相互依存的关系变得日益密切，一个社会的福祉也就会对世界上其他社会的福祉产生影响。因此，一个积极、负责任、具有奉献精神的大学生不仅要关心个人及其社会的福祉，而且要关心人类整体福祉的前途。

1. 对社会约束和个人自由关系的认知

其一，大约一半的被试认为二者的重要性一般大，其中女生(49.5%)多于男生(44%)5.5 个百分点。认为社会约束的重要性大于个人自由的人约占三分之一，其中女生(39%)高出男生(29.2%)近10%，说明女生更趋向于个人自由应服从于社会约束。认为个人自由高于社会约束的大学生约占20%，其中女生仅占10%，低于男生(26.8%)15 个百分点还多。说明男生更渴望个人自由。

其二，师范大学生认为社会约束大于个人自由，工科大学生则相反，认为个人自由大于社会约束。

其三，认为社会约束大于个人自由的大学生中父母文化程度为“中学”的人数最多，分别达到37.2%、35.4%。认为个人自由大于社会约束的大学生中父亲文化程度为“中学”的人数多，达到19.6%，而母亲文化程度为“大学”的人最多，为25%。

其四，在认为社会约束大于个人自由的人中间，父亲职业为“行政人员”的大学生人数最多，为40%，认为个人自由大于社会约束的人中间，父亲职业为“医生或教师”的大学生最多，达19.7%，母亲职业为“行政人员”的大学生更注重个人自由，达26.7%。

其五，认为社会约束大于个人自由的城市大学生高出乡村大学生7.2 个百分点。认为个人自由大于社会约束的城市大学生也高出乡村大学生 7.9 个百分点。而认为二者同样重要的乡村大学生远远高出城市大学生 15.1 个百分点！说明农村大学生更注重二者的统一与和谐。

2. 对于“平等不是普遍存在的”问题的态度

其一，对不平等现象的普遍性，大学生均持“同意”态度，无性别差异。

其二，无论是师范大学生还是工科大学生对“平等不是普遍存在”的问题持同意观点的人均在 90% 以上，无显著差异。

其三，对此问题的观点与父母文化程度的高低没有显著相关。

其四，父亲职业为“工人”的大学生对此持赞成观点的人数最多，达到 95%。

其五，经检验，对此问题的看法，城乡大学生的观点一致，无明显差异。

其六，人人平等，是人们追求的目标，而在现实生活中，不平等现象却普遍存在 90% 以上的大学生认为“平等在实际生活中不是普遍存在的”，说明大学生对不平等现象这种客观现实的认同，在不平等的社会中去努力，去拼搏、去竞争，为实现人人平等的社会理想去奋斗，这是大学生们的共识。此结果也折射出人们的普遍的一种认识和心态，即，不平等是普遍、广泛、长期存在的一种现实，短期之内彻底改变既不可能也没必要。初期的市场经济，奋进的工业化社会需要这样的一种等级化的社会秩序，这是人类社会进步过程中的一级，任何人都无法逾越和超脱，只有正确对待这种“不平等”，在“不平等”向“平等”迈进的过程中，昂首挺胸，堂堂正正做人，认认真真做事，才能充分实现自己的价值。

3. 对“人只有在为他人、为社会服务的过程中才能完善自我、发展自我”的态度

其一，人完善自我、发展自我的途径究竟是什么？这是一个关系大学生正确人生观、世界观、价值观教育导向的重要问题。64.3% 的被试认为人只有在为他人、为社会服务的过程中才能完善自我、发展自我。其中女

生(72.5%)远远高出男生(56%)12.5个百分点,在占总数14.8%的持否定态度的人中间,女生只占总数的6.5%,比男生(23.2%)低出16.7个百分点。在20%的持“说不上”观点的人当中没有性别差异。数据显示:在这个问题上,女生比男生的认识要明确的多。

其二,对这个问题的回答明显存在校别差异。师范大学生比工科大学生持赞成态度的高出21.8个百分点。而持否定态度的工科大比师范大学生高出9个百分点。持“说不上”观点的工科大学生比师范大学生高出12.6个百分点。

其三,持赞成观点的大学生的比例随父母文化程度升高而升高。父母文化程度为“大学”的大学生持赞同观点的人最多,达到68%。

其四,父亲职业为“教师或医生”的大学生赞同者最多,达74%,母亲职业为“个体业主”的大学生赞同者最多,达71%。

其五,乡村大学生持赞同观点的人比城市大学生高出2.4个百分点,但经检验不存在显著差异。

4.对“共同富裕只是一种理想”的态度

其一,有60%的大学生认为“人类的共同富裕只是一种理想”,20%的人认为不是,另外20%的人“说不上”。在直接否认这一点的人当中,男生(23.2%)高出女生(18.5%)4.7个百分点,在“说不上”的人当中,女生(22.5%)高出男生(14.3%)8.2个百分点。在观察与访谈中,笔者发现,“否认”的人认为,“人类的共同富裕是不可能的”,而持“说不上”的人中大多认为“人类的共同富裕既是理想,又是通过人们的共同努力可以实现的目标”。这为我们高校的思想政治工作中加强大学生的理想教育提供了理论依据。

其二,工科大学生比师范大学生持赞成观点的人多出11.4个百分点。高达70%,说明工科大学生中多数人认为共同富裕只是理想,现实中很难实现。

其三,有意思的是,父亲的文化程度越低,对此持认同观点的人越多,母亲的文化程度越高,对此持认同观点的人越多。

其四,父亲职业为“工人”的大学生持肯定观点的人最多,达到64%,母亲职业为“教师或医生”的大学生对此持肯定观点的人最多,达68%。

其五,城市大学生比农村大学生持赞同态度的人多出8.2个百分点,对此持反对意见的农村大学生比城市大学生高出1.5个百分点。“说不上”的人中间,农村大学生比城市大学生也多出6.7个百分点。是否有这种可能:改革开放三十多年来,农村的共同富裕发展很快,而城市却因改革的深入,下岗、待岗工人激增,再就业政策落实不力,矛盾层出不穷,对大学生产生了直接影响,以至于城市大学生中不少人认为共同富裕不可能实现。

(三)大学生的民主意识与理想信念

就大学生个人而言,如果想掌握、内化、实施或运用上述道德观念,就要加强自身修养,认识多元化的意义,积极投身改革的热潮,促进政治民主建设,就必须发展共同意志,增强大学生对权利与责任的理解。

1. 对“享受权利当责任为先”的看法

其一,对权利与责任的态度是衡量大学生人格的重要内容。84%的大学生认为权利当以责任为先,说明大学生认识是明确且正确的。其中女生(87%)高出男生(81%)6个百分点,说明女生比男生认识更加明确。否认的人仅占8.6%,男生(10.7%)高出女生(6.5%)4.2个百分点。在7.4%的“说不上”的人中男生(8.3%)高出女生(6.5%)1.8个百分点。说明女生态度更明确,即女生比男生更看重责任意识,其次才是权利。

其二,师范大学生与工科大学生对这一问题的认识没有显著差异。

其三,父母文化程度越高,大学生责任感越强。

其四,父母职业为“农民”、“行政人员”、“教师或医生”的大学生持赞成观点的人居多,达到87%—89%。

其五,农村大学生比城市大学生更强调责任意识,前者高出后者13

个百分点。这可能与城市大学生多为独生子女、在家受宠爱、缺乏责任意识有关。

2. 对“齐家治国应从修身开始”的看法

其一，被试中有85%的大学生相信齐家治国应从修身开始，其中男生占男生总数的80%，女生占女生总数的90%。否认的人只有不足1成，其中男生（12.5%）高出女生（5%）一倍还多。在5.8%的持“说不上”观点的人中间，男生（7.7%）比女生（4%）高出3.7%个百分点。在这一指标上男女差异是比较明显的。即，女生更传统些，男生对传统观念所持的怀疑态度更强烈些。

其二，师范大学生比工科大学生更注重齐家治国应从修身开始，赞成的人前者高出后者13.7个百分点，反对的人后者高出前者7.4个百分点。“说不上”的人中后者也比前者高出6.3个百分点。说明对工科大学生加强人文教育的重要性。

其三，父母文化程度与此问题无直接关系。

其四，父母职业为“个体业主”的大学生对此问题持赞成态度的人数最多，占90%以上。

其五，乡村大学生对此问题持赞成态度的人达84.6%，城市大学生对此问题持赞成态度的人达到82%，前者高出后者2.6个百分点，但无显著差异。

3. 对“在多元文化社会里更需要人类为美好生活而奋斗的共同意志”的看法

其一，约80%大学生对此持完全赞同的态度，女生高达女生总数的90%，男生略高于男生总数的70%。完全否认的男生占了一成，是女生的3倍。持“说不上”观点的人占12.6%，其中男生（17.3%）高出女生（8.0%）9.3个百分点。说明，女生对理想的追求比男生强烈。

其二，对此持肯定态度的师范大学生比工科大学生高出11.2个百分点。持“说不上”观点的人，后者比前者高出11.7个百分点。

其三,父亲文化程度与对此持赞成观点的大学生人数成正比,即,父亲文化程度越高,持赞成态度的大学生越多,而母亲的文化程度为“中学”的大学生对此持赞成观点的人最多(经检验,差异显著)。

其四,父亲职业为“个体业主”的大学生赞成者占 87.4%,比父亲职业为“行政人员”的大学生赞成者(77.3%)高出 10 个百分点。母亲职业为“个体业主”的大学生赞成者占 100%,间接反映出我国“个体业主”的思想境界并不像人们想象的那么低。

其五,城市大学生赞成者高出乡村大学生 5 个百分点。乡村大学生反对者高出城市大学生 4.2 个百分点。但不存在统计学上的显著差异。

4. 对“人类一定会实现美好的社会”的看法

其一,约 4.2 成的大学生对人类的美好未来充满信心,其中女生(44%)高出男生(40.5%)3.5 个百分点。持反对观点的人只有 16%。但反对者中男生(25%)占总数的 1/4,高出女生(7.5%)17.5 个百分点!有趣的是,在 40% 持“说不上”观点的大学生中,女生人数占 48.5%,几乎占了总数的一半,远远高出男生(34.5%)14 个百分点!是否可以这样认为,就总体而言,对人类社会的未来发展,女生比男生更乐观。换句话说,对人类社会的发展前景,男生较女生更多持怀疑态度。就局部而言(例如,持“说不上”态度的人当中)女生中更多的人宁愿表白自己“说不清楚”,也不愿意承认自己对前途失望和持怀疑态度。

其二,工科大学生持肯定观点的人高达 90.8%,而师范大学生持肯定观点的人仅占 46.3%,比前者少了 44.5 个百分点。在持否定态度的人中,师范大学生比工科大学生多了 7.8 个百分点,在“说不上”的人中,师范大学生比工科大学生多了 36.7 个百分点。

其三,父母为“大学”文化程度的大学生持赞成态度的人最多,但持“说不上”观点的人也最多。

其四,父亲职业为“行政人员”的大学生持赞成态度的人数多达 50%。母亲职业为“营业员”的大学生持赞成态度的人数多达 71.4%。

其五,持赞成态度的乡村大学生高出城市大学生 1 个百分点,但持否定态度的乡村大学生却高出城市大学生8.7个百分点。经检验，不存在统计学上的显著差异。

（四）大学生的批判性思维与创新意识

社会的发展，改革开放的深入对大学生提出更高的要求，社会希望大学生具有反思、批判和创新精神，要求大学生掌握批判性思维技能和创造性思维技能，使大学生学会如何在为社会服务中完善自我，使大学生具有坚定的信仰，相信人类一定会在相互理解与相互尊重、对话与合作中实现美好的理想。

1. 对“社会是在不断的批判与否定中前进的”的看法

其一，85%的大学生对此持赞成态度，其中女生占女生总数的93%，女生高出男生15个百分点。持反对意见的人占5.8%，其中男生（9.5%）高出女生（2%）7.5个百分点。在占总数8.7%的“说不上”的人中，男生（12.5%）高出女生（5%）7.5个百分点。性别差异显著；即：在对“社会是在不断批判与否定中前进的”问题的回答中，女生比男生更倾向持肯定态度，相比之下，男生观点比较模糊。

其二，对此问题的回答不存在学校间的差异。

其三，父亲的文化程度越高，对此问题持赞成态度的人越多。而母亲的文化程度却没有呈现出规律性。

其四，父亲职业为“个体业主”、母亲职业为“营业员”的大学生对此持赞成态度的人最多，达到100%。

其五，城市大学生比乡村大学生持赞成态度的人多出6.4个百分点。

2. 对“批判性思维技能是现代人应具备的”的看法

其一，这是测试大学生思维能力的一个重要指标。82%的大学生持肯定态度，且无性别差异。直接否定的人只有5%。但持“说不上”态度的人有12.6%，其中女生（14.5%）多于男生（10.7%）3.8个百分点。这说明当代大学生在思维方式方面符合时代发展的要求，主流与时代合拍，关键是学校在教给大学生正确的批判性思维技能方面要下大力气。因为，光是这种认识是远远不够的，只有将这种认识转化为大学生的批判性思维技能并进而推动整个社会批判意识的发展，才会真正推动社会走上快速、良性运行的轨道。

其二，持肯定观点的人中，师范大学生比工科大学生高出 7.6 个百分点。

其三，在持肯定观点的大学生中父母亲为“中学”文化程度的人最多，达到 85%。

其四，父亲职业为“个体业主”的大学生持肯定观点的人最多，达到 93.7%。而母亲职业为“行政人员”的大学生持肯定态度的人最多，达到 93.3%。相比之下，反倒是父亲职业为“教师或医生”的大学生持赞成观点的人最少，只达 76%。

其五，城市大学生持赞成观点的比乡村大学生高出 6 个百分点，但不存在统计学上的显著差异。

3. 对“大学生应把培养自己的创新意识放在重要位置上”的看法

其一，约 87% 的大学生对此持肯定态度，其中女生比男生高出 5.6 个百分点。其中男生（7.1%）高于女生（2.5%）4.6 个百分点。有 8.5% 的大学生对此“说不上”。看来，大学生对培养自己的创新意识认识还是比较清楚的，而女生尤甚。

其二，对这个问题的回答不存在校际差别。

其三，持肯定态度的大学生中父母为“中学”文化水平的人最多，分别达到 85% 和 90%。

其四，父亲职业为“工人”、“农民”的大学生赞成者最高，接近 90%。母亲职业为“工人”、“行政人员”的大学生赞成者最高，达到 92%、93%。

其五，城市大学生持赞成观点的人达到 92%，乡村大学生赞成者达到 85%，相差 7 个百分点。但不存在统计学上的显著差异。

4. 对“创造可能会很痛苦，但再苦也在所不辞”的看法

其一，约80%多的大学生认为即便创造过程充满痛苦，自己也会在所不辞，其中女生(85.5%)多于男生(79.8%)近6个百分点，否认的人只有5%，其中男生(7.1%)高出女生(3%)一倍还多。12.3%的大学生“说不上”，其中男生略高于女生。说明在创造力培养方面，女生比男生更渴望。

其二，师范大学生对于“勇于创造”的积极性高出工科大学生6.9个百分点，对此持否定态度的工科大学生比师范大学生高出5.9个百分点。“说不准”的人基本持平。

其三，父母文化水平为“大学”的大学生对“勇于创造”持赞成态度的人最多，占85%以上。

其四，父母职业为“个体业主”的大学生对“勇于创造”持肯定态度的人最多，达到88%。

其五，城市大学生虽然比乡村大学生赞成“勇于创造”的人高出3个百分点，但经检验，差异不显著。

依据上述调查数据及统计分析结果，从总的趋势看：对大学生亟须加强人文教育，而尤以对工科大学生的人文素质教育更是迫在眉睫；跨世纪的这一代大学生中女生的道德认知水平普遍高于男生；父母的文化程度与大学生的道德素质有明显的正相关；市场经济对大学生道德认知的消极意义与积极意义并存，其消极影响有扩大和蔓延的倾向；父母的职业对大学生道德认知水平的影响没有显著差异；从总体上看，大学生道德认知的发展城乡差异不显著，这与改革开放以来，我国农村加速城市化建设有关，也与农村大学生适应城市化生活有关。

九、论大学生政治参与——基于南京五所高校的调查分析

政治参与是公民通过合法途径自愿参与政治活动,在活动中依照程序以影响政府决策为目的对政策表达自己观点和主张的行为。它是公民实现政治权利的重要方式,反映公民在社会生活中的地位和作用。大学生是未来社会政治参与的主体力量之一,探讨大学生的政治参与问题对于贯彻落实十七大精神,加速我国政治民主化改革具有重要意义。为此,笔者设计了调查问卷,向来自南京师范大学、河海大学、南京航空航天大学、南京邮电大学、金陵科技学院的理、工、文三大类专业的本科生发放。问卷共发放1000份,回收有效问卷数942份。

(一) 大学生政治参与的性质特点与利益诉求

大学生的政治参与是指在校大学生参与社会政治生活的意识与行为,包括责任、权利和义务。大学生政治参与的性质别具特色。首先,以学习为主的特点决定了大学生的政治参与具有非职业性、间断性和鲜明的情感色彩。其次,大学生政治参与不仅包括行动者自觉自愿地试图影响政府决策的行为,也包括受外界因素影响而发生的行为。再次,大学生政治参与包括对学校管理与社会事物的参与和影响。复次,大学生参政议政的兴趣、动机、情感、志向同政治参与的活动过程密切相关。因此,大学生政治参与既表现为一定的思想与态度,更是实际的政治行动。最后,大学生政治参与须得到法律的保证。作为社会公民的大学生是受法律保护的主体,不仅对国家的政治决策有服从的义务,同时也享有谏言质疑、选举与被选举的权利和责任。

英语的“参与”使用的是“paticipate”一词,“参与”既有参加的涵义,

还有在其中发挥作用的意思,它强调的是主动、自觉的意识与积极进取的精神。既注重进入和参加,更重视进入后的责任和权利以及发挥的作用所产生的影响。作为社会改革动力之一的大学生,应积极参与发展的过程,把自身的思想、行动、人生价值与社会紧密相连,培养起较强的社会责任感和使命感。

大学生政治参与的素质可以分为几个方面:

第一,人格独立。按照弗洛伊德的观点,独立人格的形成是现实的“自我”与潜意识中的“本我”的高度一致。在中国传统文化中,贬斥个人、崇尚权威、人身依附的等级观念是独立人格形成的屏障。它使人格的独立性被扼杀,“随时准备当别人的奴隶或者成为别人的主人,唯独没有与别人争取平等的气魄与勇气”①,这就意味着思想压迫。如果公民没有明确的自我意识,他就不可能产生民主的诉求,更谈不上以自由平等的身份参与政治活动,在这样的社会里,民主只能是海市蜃楼。

第二,开拓精神。全球化决定了人的素质必须在开放的环境中养成。高校应为大学生接触社会创造条件,使他们根据社会需求选择自己发展的方向和学习的内容。通过社会实践把所学的知识转化为自己的品德和解决问题的能力,不断提高、丰富、超越自我,以开放的眼光和胸怀拓展生活之路,接纳社会,参与社会,融入社会。

第三,利益诉求。当代实用主义者悉尼·胡克在其名著《理性·社会神话·民主》一书中说:“的确,有些人对自己的利益是什么并不清楚。但是旁人却自称知道他们‘真正的’利益是什么,或应有什么利益,那就太放肆了。父母断定自己对孩子的利益比孩子自己知道得更清楚,那也许是有道理的。可是任何统治者声称他对被统治者真正利益是什么比被统治者知道得更清楚,并以此来为自己废止民主的监督做辩护,这就无异于告诉被统治者说,他们并不比孩子们更负责任。统治者在压迫他们之外,还侮辱他们,因为他把他们的童年看成是永久的。”②正是这些连自己

① 蒋云根:《政治人的心理世界》,学林出版社 2002 年版,第 51 页。

② 转引自曹玉霞:《理性精神——民主时代的哲学前提》,《湖北社会科学》2001 年第 11 期。

利益诉求都不清楚或不完全清楚的人为专制和独裁提供了土壤。因此，参与政治活动的人必须具有明确清晰的利益诉求，并且知晓如何合情、合理、合法的去争取和捍卫自我的利益。

第四，批判精神。“民主政治的另一危险是：享受民主自由的人容易懈怠，丧失政治热情和社会责任感，变成不关心政治的‘沉默的多数’，从而为少数政客和极端主义者篡夺民主政权提供机会。因此必须通过教育使多数人知道民主不是自发的，也不会自然而然地常存不灭的，而是时刻面临着被人篡改的危险。”①享受民主自由的人有责任保持参与政治活动的热情，关心和维护民主制度，使之不被少数政客所垄断，防止政客们滥用政治自由篡改民主制度。因此，高校必须培养大学生的怀疑态度和批评精神，这种批判精神既有对执政者动机的怀疑和批判，也包括对客观后果的检讨和反思。

第五，政治智慧。政治智慧既指用追求真理的精神与实证的态度代替经验和想象，又指具有分析问题、判断问题和解决问题的能力。今天的大学生是明日的人民代表、国会议员、政治精英，他们会经常面对需要高超的智慧才能应对的复杂问题，如选举、罢免、决议等。因此，政治智慧的教育须臾不可或缺。

上述论述是对民主时代政治主体基本诉求的初步分析，反映了一种共同的精神即理性精神。理性是激发主体政治热情的温床，无理性，公民就不可能达到民主所要求的素质，就不可能实现公民对社会政治的有序参与，精神就必然依附于某种人间的或自然的异己的力量；情感就只能沉醉于盲目的状态，要么激动狂躁、妄自尊大，要么冷漠无为、妄自菲薄。导致心灵无法产生独立而正当的利益诉求，思维方式堕入自相矛盾的精神悖论不能自拔。

---

① 王卡：《政治教育在国家现代化进程中的作用》，《中国青年政治学院学报》1998 年第 4 期。

（二）大学生政治参与的心理分析

经对来自南京5所大学理、工、文三大类专业的本科生进行问卷调查以及对其中部分学生访谈，笔者总结出大学生政治参与的群体特征：从政要求强烈，但从政的动机复杂；公民意识抬头，但未能明确自身所具有的权利；利益意识觉醒，但未能与政治参与挂钩；主体意识增强，但实际的自主参与行为不够。准确把握大学生政治参与的心理因素，对培养大学生有序参与政治活动的理性精神具有不可低估的意义。

1. 权力欲望与荣誉动机

人类进化的历史表明：在长期的生存斗争和群体活动中人类的确具有趋向权力的特殊倾向。美国人类学家罗伯特·F. 墨菲说："人们普遍拥有权力欲望，这就会使人推想，人类在这方面是否具有天性……毋庸置疑，一切生命都有求胜之欲望。人类的生存之欲望使他避开危险，面对可怕的生物或对象保卫自己。这就赋予力量以价值，进而促使人们以取得他们对环境——人类环境与自然环境——的洞察与控制来确保自己的安全……为保证一定程度的安全，一个保险的办法是，赢得他人的爱与尊敬。另一个生存的诀窍是，通过他人的行为来控制外部世界。"①这里讲的"赢得他人的爱与尊敬"便是一种荣誉动机，试图通过影响他人的行为来控制外部世界则导致权力动机。英国哲学家伯特兰·罗素认为"人类最大的、最主要的欲望是权力欲和荣誉欲"②。

事实上，正是这种权力动机和荣誉动机激发了人们的行为，进而对社会的文明进步产生着积极的推动作用。对大学生"你所推崇的人物"的统计中，政治家、文学家、科学家、经济界人士、文体明星表现出了相当的集中趋势。其中最受推崇的是古今中外政坛上的风云人物。有91.9%

---

① 罗伯特·F. 墨菲：《文化与社会人类学引论》，商务印书馆1991年版，第1页。

② 转引自约翰·肯尼思·迦尔布雷思：《权力的分析》，河北人民出版社1988年版，第176—177页。

的男生、87.9%的女生、93.5%的理科学生、89.4%的工科学生、90.2%的文科学生将政治家列为自己最推崇的人物，选择频率最高的人物是：周恩来、毛泽东、邓小平。一方面说明大学生对社会腐败现象的不满与痛恨，希望能为改变现状作出贡献；另一方面是他们对改革社会、实现人生抱负的期待的流露。政治领袖的传奇经历比科学家更有智慧，比探险家更有胆识，比思想家更有魄力。大学生把目标定位在政治家身上，符合其接受高等教育、越来越起引导作用的社会集团的特点，印证了大学是现代社会的轴心机构的性质。

2."精英"情结与"学以'仕'用"

中国高等教育向来以培养社会精英为主要目的。《礼记·大学》开头便说："大学之道，在明明德，在新民，在止于至善。"千百年来，多少"痴子"考白了少年头！时至今日，"学而优则仕"、"十年寒窗博一朝功名"的思想在当今大学生身上仍然根深蒂固。正是儒家的这种"士子"教育，使读书人通过道德理想和文化知识的学习成为担负政治教化和为官从政的贤能志士。所以儒家政治教育的实质是贤才教育即"精英教育"（导致精英政治）。这种唯"上智"与"下愚"不移的政治教育观因缺乏民权至上和民主参政的理念而在当代大学生中造成了一种畸形的心理：要么趋炎附势，走进官场，掌握权力（如此才称得上从政）；要么无条件地服从他人的权力，俯首称臣，甘当"奴才"。须知，没有民众普遍参与和监督的政治权力必然导致腐败堕落。上述心态产生的温床需要从根本上铲除。

从心理学的角度看，大学生正由青春早期向中期过渡，从幼稚走向成熟。他们的独立意识日益增强，渴望摆脱对他人的依附，容易冲动，富于幻想，对从政怀有极大的热忱，"我以为这只是儿时的一个梦，确切地说，是我以往心血来潮时的灵感在不知不觉的时光里积淀而成的当官梦，因为我的童年始终处在'当领导当干部就是一种荣誉'的氛围里"，访谈中这位大学生的话道出了莘莘学子读书做官的人生抱负。毋庸讳言，大学生中受社会腐败现象影响，羡慕位高权重的贪官的人大有人在，那就更需要教育和引导，防患于未然。

3. 依附心理与边缘感觉

“公民”概念从一开始就与权利、平等相联系。作为适用于国家全体成员的概念，公民在资产阶级革命以后才具有普遍意义。“我们力图引进公民观念的同时，这样一种外来符号的原意已经被同化和改造了：即用‘群众’来理解‘公民’，用‘公民’去比附‘群众’。也就是说有时虽然我们也使用‘公民’一词，但并不是在其本来意义上使用的，实际上已被赋予了‘群众’的涵义。”①群众作为整体被强调，其中的个人成为没有任何独立法律地位、民主权利的义务主体。个人失去了独立的人格也就丧失了主体性，只有被代表，只能尽义务。当其在个体的意义上使用时，“群众”是用来表示与“党员”、“干部”不同的政治身份，具有鲜明的等级色彩。在现实生活中，群众概念的定义不明与人们心理层面上的自我意识不发达及法律意识淡漠有直接关系。这种把不任公职的社会成员视为消极主体的“群众”观念，必然在人们的心理中产生强烈的暗示效果，造成人们心理层面本不发达的自我意识更加萎靡，使人们产生远离政治中心的边缘与疏离感。即使在高等学校，这种现象也普遍存在，在学生干部与普通同学之间，也有这样的“干群关系”。本来学生的教育是整体的教育，设定学生干部是为了学生更好的自我管理，学生干部的职责是带领广大同学做事做人。但普通学生，往往把学校布置的事情或社会公益活动简单地归到学生干部头上，自己则“无官一身轻”。这样既不利于班级凝聚力的产生，更不利于广大学生班级主人翁思想的培养。从小范围的事务着手，注重大学生每一次参与的有效性，让他们意识到按规章制度所进行的参与能够解决自己关心的问题，从而增强政治参与的信心和对政治体系所确定的制度规范的认同。

然而，由于校园的封闭性和管理的专制性导致大学生普遍产生一种缺乏权力、责任、不能自立的无助感，他们的现实地位和作用跟他们所获得的社会承认反差较大。大学生对校园里诸如住宿伙食、设施配置、升学考级、转换专业以及奖学金发放等切身利益问题有效表达自己的意见和

① 张雷、娄成武：《政治学》，东北大学出版社2002年版，第162页。

直接参与决策的机会少而又少。选举人大代表、政协委员,大学生被选中的可能性微乎其微。社会心理学的研究表明,人们首先感兴趣的是和自己利益密切相关的事情。罗宾森在《创造中的大脑》一书中还谈到人们的另一种普遍心理,即是否愿意改变自己的信念,往往取决于他们的自尊心是否得到尊重。"我们有时候会发现自己心甘情愿轻松愉快地改变自己的思想。但是有人说我们错了,我们就会厌恶这种非难而横下一条心固执己见。我们所珍视的显然不是那些思想本身,而是我们受到了威胁的自尊心。"①青年学生对班级事务、学校管理、社会活动政治参与的匮乏使他们的政治地位处于弱势状态。此种政治弱势地位使大学生的心理失衡,产生边缘感,却又无法抹去灵魂深处的参与冲动,在表面的政治淡漠下涌动着浮躁的情绪。有心报国,无力回天,渴望参政,苦于无门的矛盾心理使他们对社会问题"归因"偏颇,对政治教育心存逆反,同学之间对政治的态度要么愤世嫉俗、牢骚满腹,要么"冷漠"、"逃避"一味"消沉",这种消极的政治心理互相感染,使民主政治的规范教育在青年学生中难以内化。

(三)培养大学生有序政治参与的途径与方法

有序的政治参与就是理性的政治参与,理性是政治生活的重要内容,政治理性的发展水平是公民政治生活水平的标志,也是检验中国大学生政治素质的试金石。人们对政治现象的认同有一个从实践到认识、由感性到理性的过程,每一次认同都是在原有基础上的质变。人们用对政治不断发展的认知以及基于这个认知的政治理性来指导政治实践。这种指导是政治生活进步的理性力量。在理性政治生活中,人们逐渐抛弃了传统政治伦理的思想和观念,代之以法制,政治生活向有序性演进。规范化使人们政治生活的质量得以提高,政治热情得以释放。公民的精神状态特别是主观努力程度对于国家的发展和公民作用的发挥意义重大。在同

① 转引自单宏全:《浅析思想政治教育中的"虚假接受"现象》,《军队政工理论研究》2002 年第 3 期。

样权利义务情况下，政治热情不同，公民对国家和社会发展的影响大相径庭。为此，提出激发大学生政治热情，培养大学生政治参与意识的建议：

1. 调整教育目标：培养积极主动的政治人才，养成怀疑与批判的公民精神

大学生具有领先和超前于其他群体的特征。尽管近年来伴随着严肃文化的流失，高校的政治文化趋于沉寂，失去了在青年文化中的指导作用，中国社会里中产阶层的崛起使大学生不再成为社会关注的焦点，大学生政治参与的注意力被就业压力所分散。但高校不能因此而推卸在大学生政治社会化方面所承担的责任。大学生具有的领先和超前于其他群体的独特性表现为由强烈的社会责任感、使命感所激发出的社会忧患意识和政治参与意识，各级政府以及教育工作者应把大学生的兴奋点引向关系国计民生的社会政治生活领域。中国社会政治民主化进程表明：只注重公民良好品德的形成是远远不够的，公民还必须了解自己的权责，知道如何正确行使自己的政治权利，积极地参政议政，监督政府的行为是公民应尽的责任。大学生应以天下为己任，学会承担社会责任，"学会关心"。具体地讲就是关心国家与社会、经济与生态利益，关心全球的生活条件，关心他人，关心家庭、朋友和同行，关心其他物种，关心真理、知识和学习，还包括关心自己和自己的健康，重建大学生的社会责任感。

同时，高校应承担起社会监督和社会批判的责任，作为大学生政治社会化的重要机构，高校的社会监督和评判的作用应充分发挥。"大学不仅要传递有利于社会进步的政治思想和政治规范，以促进政治体制的健全和完善，引导政治生活朝着健康的方向发展；而且，大学还应该阻抑和否定政治意识、政治生活中不合法、不合理的言行，以促进社会政治和大学的政治教育沿着正确的轨道发展。只有传递与批判为基础的政治功能，才是大学真正的政治功能。"①"大学对社会政治的批判可在某种程度

① 陆有铨、潘艺林：《21 世纪的行动：增强大学的批判功能》，《教育发展研究》1999 年第 3 期。

上促使政治更加清明，过失得以减少，错误不再重犯，团结因而加强，民主因而促进，局势因而稳定，公仆们因而更好地为现代化事业服务。"①高校应把培养具有批判精神的公民即能够在民主社会中发挥领导作用的政治主体明确定为自己的教育目标。

2. 选择教育内容：传授政治参与的实践知识，提高政治参与的能力和技巧

在现代社会多元、动态背景下，公民权利意识的觉醒不可逆转。公民权责教育对权利话语模式的呼唤既有利于公民享有权利、享受幸福，又有利于推动社会进步。2003年的"非典"让人们重新审视生命意义的同时，也让人们热切呼唤知情权的实现。从这场突如其来的灾难中获得的最大启迪是，民知多而不乱。让媒体和公众参与，最大限度实现公众的知情权，应成为政府管理的新形式。长期以来，高校或多或少忽视了学生的公民权责的教育，结果是淡化了大学生对政治的关心，导致他们缺乏行使公民权利的参政意识。课程内容狭窄，静态的介绍法律条文和公民义务的多，动态的反映政治参与和公民权利的少。谈论结果的多，涉及过程的少。事实上，公民权责的实现正是体现在法律的制定以及政治参与的体验过程中。高校在向学生传授政治的价值性知识的同时应强调政治的操作性知识，加强大学生政治参与的实践锻炼，将知识转化为民主政治建设所需要的能力，塑造具有较高参与知识和参与经验的公民，以推动整个社会形成"参与型文化"。

3. 增设实践渠道：构建教育教学中的对话关系，丰富政治参与的经验智慧

高校课堂民主机制的建构有赖于大学生课堂话语权的获得。师生共同置身于问题之中，共同探索解决问题的途径。教师应用"头脑风暴法"

① 陆有铨、潘艺林：《21世纪的行动：增强大学的批判功能》，《教育发展研究》1999年第3期。

鼓励大学生直抒胸臆，寻求质疑中的妥协，分歧中的合作。例如，教师可以把课文中的知识转化成讨论的话题，以小组或班级为单位开展讨论或辩论，使学生从中学会探究问题的意识、谈判沟通的技能、论证观点的方法。通过"情景模拟"、"角色扮演"、"议会辩论"使学生体验公民政治活动，将所学政治知识转化为自己的政治理念。在讨论中，师生双方的高自主性、高积极性、高合作性和高创造性将导致大学生政治参与意识的积极变化。创设大学生参与管理的机会是大学生适应社会的重要途径，可以使他们得到锻炼，缩短与社会的距离。学校领导应尽量满足学生的知情权和参与欲望，实行民主管理，提高行政透明度。学生自我管理组织的产生要做到公开公平，避免"暗箱操作"，消除学生的猜忌和误解，提高行政决策公信度，进而提高大学生政治参与的积极性，丰富大学生政治参与的经验智慧。

4. 更新教育手段：挖掘传媒与网络的教育功能，拓宽高校公民教育的渠道

大学生与媒体关系的研究表明，当代大学生倾向于对直观形象的接受，读图是他们喜爱的阅读方式。大学生对电影电视的诉求偏好感官冲击。他们更愿意选择娱乐性的节目，而对政治说教性的节目缺乏热情。此种现象一方面表明消费主义对大学生的巨大影响；另一方面为高校的公民教育提供了契机。我们可以利用青年审美追求的感性化对其进行潜移默化的教育。大学生同样可以从革命文艺的激情与斗志中汲取营养，找到生命的精神支柱。另外大众传媒的许多栏目思想性、艺术性俱佳，极大地促进了公民意识的觉醒，其心系国计民生，题涉法政经社，成为公民教育的"大课堂"，高校教育完全可以开发利用。

科学技术的革新和运用是社会发展的现实基础，也是政治发展的物质条件。多媒体和互联网的普及使人们获得发展新型民主的技术手段。个人和政治机构都可以通过直接的、交互式的技术平台表达意见、传递信息，使人们直接了解、掌握政治生活的进展和变化，进行咨询、监督、选举和表决，从而在物质层面上加速中国民主建设的进程。网络的双向互动

性给每个参与者提供了自由发表意见、平等对话的平台，鼓励大学生积极参与网络对话，通过认真地思考、热烈地争论、良好的沟通，发现问题、解决问题。大学生可以利用网络就国家的政策、法规以及诸多社会问题发表评论，谏言献策。甚至可以登录政府网站，就所关心的问题进行讨论和商榷，表达自己的愿望和观点。在此语境中，大学生的政治观点得以表达，政治热情得以抒发，政治主体得以彰显，政治人格得以完善。

守望：批判反思

一、化解冲突——和谐社会的德育之道

（一）德育之“道”的三重含义

1. 作为德育本质和动力的道

中国象形文字中含义最为丰富的“道”字，自古就一直被孜孜以求的学问家、思想家探究、践行、追寻着。“道”最基本的意思是“铺设道路”，内涵为“引导”之意。在《易经》中，“道”乃指整个卦象体系所依据的那一潜在事实，是一切事物的依据，所谓“一阴一阳谓之道”（《周易大传·系辞上》）。千百年来，关于“道”，最主要的阐释涉及两大思想体系：儒家和道家。它们以各自独特的方式理解、信奉“道”。① “道”在老子哲学中具有本体论的意义。在老子眼中，“道”既是完备的、自足的，也是和谐的、生动的，它包含了全部的可能与现实，总括了所有的变化和过程②。《老子》第三十七章说：“道常无为而无不为”就是说，作为宇宙之本的“道”总是顺乎自然，无执无施。就其自然本性来说，称为“无为”；但是，

① ［美］刘达著：《道与中国文化》，刘泰山、成项译，广西人民出版社1990年版，第4—5页。

② 张志蓬：《尊道而贵德》，《理论探索》2006年第3期。

就其生成万物来说，“道”又是“无不为”的[①]。《庄子》中所提到的哲学思想与老子的哲学思想一脉相承，只不过庄子运用了更加简朴的创作风格。《庄子》认为：道义并非道的一种条件。“道”既存在于善之中，也存在于恶之中[②]。在中国早期儒学的权威代表孔子那里，“道”在根本上就是“人道”，它最终是来自于人，其产生和滋养来自于圣贤人物的努力，“道”的实现最终有赖人的活动，更新与原创都蕴涵在“道”之中，它既是恰当的继承，又是个人的贡献。在孔子看来，“道”还具有多样性、统一性。“道”的多样性解释了我们文化兴趣的每一个领域中那些具有重要性的东西，有音乐之道、射箭之道、大臣之道，还有天道。就“道”的统一性来说，每一种当前看问题的立场都是所有以往事件作用的结果，同时也是所有将来多种可能性的根据。另外，贯穿《论语》始终，“道”都不断地与“仁”彼此相连：士不可以不弘毅，任重而道远。仁以为己任，不亦重乎？死而后已，不亦远乎？“道”是一张穿越生与死的通程车票，它由形成之中的人性和变化之中的世界之间的相互交流所决定。作为中国后期儒学的集大成者朱熹，其哲学体系的核心范畴“道”，或称“理”、“太极”有几方面互相联系的含义：“道”是先于自然现象和社会现象的形而上者，是事物的规律，是伦理道德的基本准则。翻开权威工具书，关于“道”有如下多种不同的解释，在此，笔者将德育之“道”的含义首先归纳为教育环境中个人品德建构的内在规律与动力。

笔者将德育理解为品德教育或人格教育。认为，不同的利益集团具有不同的对德性的理解，德性和人格的规定性及其教育方法具有明显的差异性，这一点决定了和谐社会的德育必然是丰富多彩的，也是复杂多变的。

古人云，“仓廪实则知礼节，衣食足则知荣辱”，对于温饱尚不能解决的弱势群体来说，荣辱和礼节更多的是呻吟和叹息，是这个阶层的人向往

---

① 刘福兴：《道法自然——人与自然和谐相处的重要准则》，《理论学刊》2006年第6期。

② ［美］刘达著：《道与中国文化》，刘泰山、成项译，广西人民出版社1990年版，第9—10页。

却不可及的人生目标；而对于娇生惯养的富家子弟，他们的德育之道显然有别于前者。本文旨在通过对现实国人中不同利益集团决定的不同人的德育追求的反思，探寻一条有实际操作价值的德育之道。

2. 作为德育制度建设的“道”

德育之道亦可有第二种理解，即：制度的建设。通过加强制度建设以保障社会公平，这是构建和谐社会的基础。和谐社会绝对不应掩饰问题的存在，事物的发展本来就是充满矛盾斗争的，只有将这些因素不断地调和，事关人们利益的矛盾不断地化解，整个社会的和谐才可能实现，只有利益和谐才能社会和谐。从这个角度来说，和谐社会的打造主要是从社会各界之间利益关系的调解出发，在解决相对贫困的问题时，要把减少机会不公平放在更重要的位置。而在机会均等的问题上，政府的重要职责就是加大对教育的投入，只有政府重视消除不和谐因素，服务社会，促进公平，坚持以人为本、以民为本，真正使广大劳动人民既是财富的主要创造者，又是财富的主要享用者，和谐社会的建构才有可能实现。试想，一个充斥着贪污腐败的社会，一个没有有效监督机制的政府，一个失去了理想和追求的民族必然是矛盾不断、冲突四起，“和谐”如何建立？和谐社会应该是人们的积极性得到充分的发挥，人们的创造性潜能得到极大地展现，人们对幸福生活充满憧憬和追求的美好社会。建立一个“知无不言”、“言无不尽”、“言者无罪”、“闻者足戒”的民主社会，在这个社会里，人民的事情人民做，人民的家人民当。只有自由、民主，才能和谐、幸福。加速社会主义民主制度的建立是德育制度建立的前提，只有这种德育的制度建立完善了，社会的德性才能高尚，例如，公民信用卡制度的建立，迫使每一个公民必须在诚信制度的环境中生活，否则就要受到这个制度无情的制裁。只有在这个基础之上才能谈说服教育的效果。从这个意义上讲，传统的旧的德育之道只能在十分有限的时空中发挥作用。它愈益丧失了普遍性，最终只能黯然失色，悄然退出历史舞台。包括“公民信用”制度在内的德育制度的建立必将雄起，成为社会、家庭（如发达国家一系列善待妇女儿童的制度的建立）和学校德育的主要形式。正所谓，社会是制度的社会，人是制度的人。

3. 作为德育方法和途径的道

"道"最原始的意思实质上是指"铺设道路"。鲁迅先生说："世上本没有路，走的人多了，也便成了路。"按现代人的讲法："敢问路在何方？路在脚下！"这从一个侧面说明，"道"其实是兼具主、客观两种因素：一种是真实自然的道路，存在于客观世界之中，不以人的主观意志为转移；另一种是为主体所运用，为主体服务的道路，以工具价值存在于人的意识、人的头脑、人的感知与思维之中。通向未来的途径和解决矛盾的方法要靠人去摸索、去探明、去发现、去归纳、去整理、去抽象。从这个意义上讲，作为方法途径的"道"，其意义一点也不比作为本体的内在规律的"道"来得逊色。反而离实践、离问题的解决更近，更具有操作价值。正如计算机（人称"电脑"）作为工具第一次真正意义上改变了人这个主体的生活方式、思维方式一样，德育之作为方法和途径的"道"之革命性的改变将会影响德之主体的人的生活与思维方式而使人生活得更坦荡、更真实、更幸福、更美好！今日德育方法之道的革命性变化必将带来德育乃至整个社会精神文明的巨大变化，那就是"自我革新洗面"、"自我脱胎换骨"，像日本民族在明治维新时期提出"脱亚入欧"口号一样，中华民族也真的到了喊出自己的时代强音的时候了。师生相融，强弱相助，智者与民众打成一片，以文明挽救愚昧，以发展取代僵化，加速社会政治民主化进程，相信人民才是历史的真正创造者。

（二）和谐社会的构成阶层

1. 利益集团的组成与分化

在改革开放不断深化和社会经济急剧变迁的大背景下，中国社会结构发生了深刻变化，社会阶层已不再是简单的工人阶级、农民阶级和知识分子阶层。以职业为基础的新的社会阶层分化机制逐渐取代过去的以政治、户口和行政身份为依据的分化机制，一种新的社会阶层结构已经出现并正趋于稳定。中国网2002年2月公布的《当代中国社会阶层结构研究报告》(以下简称《报告》)指出,以职业分类为基础,以组织资源、经济资源和文化资源的占有状况为标准划分当代中国社会阶层结构的基本形态,它由十大社会阶层和五种社会地位等级组成。十大社会阶层依次是:国家与社会管理者阶层、经理人员阶层、私营企业主阶层、专业技术人员阶层、办事人员阶层、个体工商户阶层、商业服务业员工阶层、产业工人阶层、农业劳动者阶层和城乡无业失业半失业者阶层。综合十大阶层内部成员占有以上三种资源的多少,中国社会阶层结构又可划分为五种地位等级:(1)社会上层。这一等级包括来自国家与社会管理者阶层、经理人员阶层、私营企业主阶层和专业技术人员阶层的高层领导干部、大企业经理人员、高级专业人员及大私营企业主。(2)中上层。这一等级包括来自国家与社会管理者阶层、经理人员阶层、私营企业主阶层和专业技术人员阶层的中低层领导干部、大企业中层管理人员、中小企业经理人员、中级专业技术人员及中等企业主。(3)中层。这一等级包括来自私营企业主阶层、专业技术人员阶层、办事人员阶层、个体工商户阶层、商业服务业员工阶层、产业工人阶层、农业劳动者阶层的初级专业技术人员、小企业主、办事人员和个体工商户。(4)中下层。这一等级包括来自个体工商户阶层、商业服务业员工阶层、产业工人阶层和农业劳动者阶层的个体劳动者、一般商业服务业人员、工人、农民。(5)底层。这一等级包括来自商业服务业员工阶层、产业工人阶层、农业劳动者阶层、城乡无业、失业、半失业人员阶层的生活处于贫困状态并缺乏就业保障的工人、农民和无业、失、半失业人员。①

《报告》显示,在我国社会阶层结构现代化的过程中,以专业技术人员、办事人员、个体工商户、商业服务业员工为主的社会中间层已经出现,不断壮大,掌握或运作经济资源的阶层正在兴起,社会结构的中下层逐步缩小,现代化社会阶层的基本构成成分已经具备,位序已经确立,现代社

① 当代中国社会划分为十大阶层 http://www.china.org.cn/chinese/MATERIAL/105530.htm。

会流动机制的雏形已经出现。笔者认为,我们必须清醒地认识到,我们所期待社会主义和谐社会正是要在这样一个刚刚呱呱坠地,还不成熟的、充斥着矛盾与不协调因素的社会阶层结构中构建的。同时,我们也应看到,和谐社会概念的提出,其哲学思想正是马克思主义哲学的辩证观点和"度"的观念,[①]前提正是承认一个社会有不同的阶层、不同的价值观存在、不同的利益要求需要调整。和谐社会应该是一个多元的社会,在这样一个社会里,社会各阶层、各群体、各组织的创造力都得到承认,各类矛盾和问题在不一致中得到化解,全社会形成合力,经济与社会才得以协调发展。[②]

2. 现实中人格层次与德育原则

马克思主义哲学的辩证观点认为:一切事物的矛盾,不但是相克的,而且是相生的。只有对抗性矛盾才是一方吃掉另一方的关系,而我国现今社会整体上是非对抗性社会,社会矛盾普遍存在相生、互利、共赢的关系。矛盾一方的存在和发展,是以另一方的存在和发展为条件的[③]。既然和谐社会之构成要素分为十大社会阶层和五种社会地位等级,政府要求打造和谐社会就必须以人为本,建立为民服务的政府意识,建立调解矛盾、化解冲突的社会机制,在民主执政、制度建设上花大功夫、下大力气、作大文章,其核心是加速政治制度改革,实现政治民主化。这一宏观问题在学校教育中的直接反应就是来自各阶层的学生其生活理念、人生价值、知识背景、学习水平、个性特点是各不相同的。学校德育的改革首先在本质上要明确:今日之学生再也不是俯首听命,"永远在老师面前保持被动状态"(赫尔巴特语)的受教育者了,他们既是生活的主体,又是德育的主体。学校德育再也不是驯服逆来顺受的服从者的工具,而是致力于挖掘

① 张井:《和谐社会的真谛》,韩雪:《从多元到和谐——和谐社会的构建》,中央编译出版社 2006 年版,第 27 页。

② 参见高一飞:《和谐社会:和而不同的社会》,韩雪:《从多元到和谐——和谐社会的构建》,中央编译出版社 2006 年版,第 75 页。

③ 张井:《和谐社会的真谛》,韩雪:《从多元到和谐——和谐社会的构建》,中央编译出版社 2006 年版,第 27—28 页。

学生的创造潜力。这是作为“本质”与“规律”的德育之道的含义。其次，作为动力的“道”，学校德育应在“规范”人格与“创新”人格的培养中寻找一条生路：培养创新人格（包括德性创新）决不意味着对“规范”的抛弃，恰恰相反，文明社会前进的脚步无时无刻不伴随着对旧秩序的否定与对新秩序的创立和遵从。那种以为学生完全可以像脱缰的马儿在草原上尽情奔驰玩耍的理念：那种将儿童的社会性培养置于脑后，一味追求儿童自然天性的所谓“自然主义教育”：那种否认教育的惩罚机制，一味谄媚、讨好儿童的所谓“赏识教育”，只能是“文人雅士”酒足饭饱之后的“罗曼蒂克”，而非德育的普遍规律。

学校教育的目的是培养社会主义所需要的合格公民，而合格公民是分层次的，其实，就学校德育的内在价值与功能来讲，即使是不合格的公民、乃至劣势人群，仍然是德育的对象。

表 50　现代生活方式中人格形成的五种层次及相应的德育原则

现代生活方式中人格形成的五种层次	相应的德育原则
1. 毫不利己、专门利人	追求崇高，民族希望，大力提倡
2. 主观为自己、客观为他人	积极引导、兼济天下，多多益善
3. 自我中心、一心利己	教育鞭策、促进转变、弘扬主体
4. 乞丐人格（出卖尊严—弱势群体）	人格培养、制度约束、重拾尊严、信心教育
5. 罪犯人格（攻击社会—劣势群体）	惩戒挽救、纪律法制、换回良知、重新做人

大到整个社会，小到学校内部，班级里边，德育的改革一定要专注基本的制度建设。幻想德育仅仅靠外在舆论的压力和内在良知的谴责就能发生作用的观点是落伍的、不合时代要求的。众多的调查研究表明：学前大班的孩子对起码的道德常识常常是对答如流，现在的中小学生乃至整个社会群体“不知者不究过错”的时代早已过去，“笑贫不笑娼”现象充斥着整个社会。明知故犯、言行相悖更是妇孺皆知的潜规则！因此，仍然停留在30年前计划经济时代的只靠贴标语、喊口号、口头赞扬或批评的所谓说教式德育早已变成了历史的“黄页”。而发达国家和地区的成功做

法——制度建设被事实证明是社会和谐、学校和谐、家庭和谐的重要保证。在社会层面，实行政治民主、广开言路、加强有效监督体制的打造（如香港的“廉政公署”，笔者曾做过实地考证研究）对和谐社会的建设具有“首位”的意义。一系列合乎民意的法规条文的颁布极为有效地调和了各利益集团的关系，缓解了社会成员之间的矛盾冲突和利益纠纷，维护了社会的稳定，为社会和谐开辟了新的里程，作出了积极的尝试。同理，在教育层面上，我们在考虑全体学生的共同利益的同时，更多的关注弱势、劣势群体，关心关怀他们的家庭生活、文化背景、价值取向、态度行为，更多和他们促膝谈心，及时解决他们的生活、情感、学习、交友等方面出现的问题，从根本上建立起学校德育的制度保证。

正确的理念、丰富的内容、有效的制度建立之后，方法的问题跃升为主要问题。深入学生调查之后的反思促使笔者提出如下看法：其一，德育之道靠学生建。其二，发挥教师引导、辅助、权衡与操作的作用。其三，德育之道全员评：相册式（Port folio）评价—集过程与结果于一体的新德育评价模式。德育之道为人建，不但为优势、强势群体的人而建，同时更要为弱势、劣势群体的人而建！当今和谐社会建设过程中，德育工作者要关注整个社会的道德氛围，但更应关注广大弱、劣势群体的生存与教育问题，这一点尤为重要。“9·11”事件之后，世人比以往任何时候都更清楚地认识到：智育上的不成功乃至失败顶多是造就社会的弱者，然而，德育的不成功或是失败，可能造就社会的敌对势力——恐怖分子！这种危害是难以预言的！

（三）化解冲突：和谐社会中的德育建构

参照未来学家的论述，笔者认为，理论家们把社会发展分为三个历史阶段的观点是颇有说服力的，笔者据此做一深入的思考，认为：传统社会（即农业社会）、现代社会（即工业社会）、和谐社会（即信息社会）。社会发展的三个历史阶段是由低级向高级发展，依次更替，表现出各自不同的本质特征。相应的，德育也分为传统农业主义的德育、近代工业主义的德育与现代和谐社会的德育三种不同的历史形态。

传统社会是裹足不前的社会，中国封建社会几千年停滞不前，这种超稳定的社会结构与传统的德育形态密切相关。传统社会是农业社会，人们的生活基本是重复性的，过去几千年的德育信条成为这种基本停滞的社会中人们的生活准则。因此，传统社会的德育完全是把几千年的教条和价值观念传授给年轻一代，掌握了这一套就能满足社会生活的需要。实质上，传统农业社会里的德育意味着教人们忠实历史、适应过去，其德育的理念、内容、方法均是关于过去的老一套，就中国而言，四书五经、三纲五常是亘古不变的永恒真理，一直流传至今。

西方工业革命的萌芽动摇了封建社会的根基，近代工业社会的文明涤荡了传统农业社会的文明，同时也摧毁了传统社会的德育。工业主义需要一种新人，一种具有崭新价值理念和掌握新技术的人，它不是要求人们去适应过去的历史、适应传统几千年的农业文明，而是要求人们适应近代工业社会的文明。产业文明创立了一套全新的适应工业社会大规模生产、强调集中制、等级化的大众教育体系，通过班级授课、量化测评、记分管理等所谓“科学”手段灌输一整套的适应工业革命新需要的价值观念和生活方式，造就严格遵守等级化秩序、适应大规模生产的工业社会的人。

随着社会文明发展脚步的加快，工业社会的德育越来越无法与之相适应。尤其是中国改革开放以来，社会对人们的德性要求、品德建构，呼声渐高、需求日盛。中共中央十六届六中全会明确提出了“构建社会主义和谐社会”的口号，得到全国人民的响应和支持。在中国奔向高水平小康社会的征途上，和谐社会的打造具有划时代的意义。和谐社会对人的品德要求可以归纳为以下几点：第一是更富创造性。强调具有创新意向、冒险精神、开拓能力、批判精神等创造性品质；第二是更加成熟化。在思维、性格、生活方式、知识和职业等方面更加开放化、更有相容性，在看待问题上具有系统观，更了解和认识自己；第三是更有适应性，和谐社会的人应具有更强健的体质、主动适应变化的品质、更全面的知识和能力、更健全的心理；第四是更具个性化，社会的高度发展和多样化正式推动人的个性化,个性化的人反过来也推动社会进一步的发展和多样化。生活方式、工作方式和消费方式的个性化趋势正在增强,人正在走向更鲜明和更全面的个性化。反过来,个性化的人也将有更大的创造性、积极性和主动性,将更大限度地创造未来美好的世界①。

可见,和谐社会需要具有应变能力的、能适应未来的人,而工业社会的德育只能培养出缺乏个性、强调集中统一,适应“现在”的人。因此,工业社会的德育应随着工业社会一起退潮。此时此刻,与社会主义和谐社会的基本特征:民主法制、公平正义、诚信友爱、充满活力、安定有序、人与自然和谐相处相一致,人们应该创立一种全新的能适应和谐社会发展需要的和谐德育。和谐德育的目标应该主要是增进人们相互了解、相互关爱、充满同情、彼此促进。学会妥协、学会理解、学会关心是它的主要理念。和谐德育的创立,也必然伴随着对现行教育乃至德育制度的彻底改革:改革德育体制的组织结构,打破德育以学校为主要场所或唯一场所的组织结构,创立在空间上含学校、社会、家庭、传媒、企业等,在时间上贯穿人终身的德育体系,彻底改革现行的德育课程,改变目前将德育课等同于智育课的固定化、标准化、缺乏多样性的课程体系,创立多样化、个性化的德育课程体系:改革目前德育不关心家庭因素、轻视社区因素、忽视“立志”教育的状况,倡导注重培养学生应变能力、公民责任心、义务感的教育,建构学生对未来前景充满好奇与憧憬的人格特征。鼓励他们大胆发挥、表达自己的想象力,挖掘、激发、点燃他们的创造意识和创造能力,包括对新生活方式的创造能力!和谐社会对人们品德能力的要求包括五个方面:一是不断学习新事物、新知识的能力;二是在迅速变化和流动的环境中与人交往的能力;三是对多样性和复杂性变化进行选择的能力;四是学会在利益面前对话、沟通、妥协、达到双赢的能力;五是正确对待挫折和失败,在困难面前学会审时度势、改变措施、作出正确主张的能力。总之,和谐社会德育的核心是化解冲突,学会妥协,共生共赢。

---

① 黄济、王策三:《现代教育论》,人民教育出版社 1996 年版,第 587—592 页。

二、亲情教育——一个亟待关注的领域

中国传统文化中“亲”，指父母，即双亲。“情”指感情。“亲情”主要指子女与父母之间的感情。古人云：天、地、君、亲、师，将“亲”比作天地与君王齐名；孟子曰：“任之实，事亲是也；义之实，从兄是也；智之实，知斯二者弗去是也。”又说：“不得乎亲，不可以为人；不顺乎亲，不可以为子”。亲情是家庭成员间感情的总称，包括父母子女情、兄弟姊妹情，等等。其中父母子女情在亲情中占主要位置。作为父母，爱自己的骨肉儿女是人之常情，是人伦之体现。父母与子女相亲相爱，互相帮助，共同成长是家庭幸福生活的主要内容。父母的爱对孩子的健康成长起着十分重要的作用。正如培根所言：“父母的爱能使孩子在纷乱的世界里感觉安全，使他们获得进行实验和在周围环境中探险的勇气”，“如果想让孩子长成一个快乐、大度、无畏的人，那孩子就需要从他周围的环境中得到温暖，而这温暖只能来自父母的爱”。同时，亲情还是维系家庭情感的纽带，是幸福家庭的源泉，父母亲的呵护和关爱是大学生生命历程中的阳光雨露，大学生在阳光雨露的滋润下健康成长。子女是父母的希望和未来，是父母血脉和事业的延续，孩子的每一点成功都会使父母欣喜若狂。父母与大学生的亲密关系是在这种关爱、呵护、成功、报答中维系、巩固和延伸的。

《礼记》中说：“何谓人义？父慈，子孝，兄良，弟悌，夫义，妇听，长惠，幼顺，君任，臣忠，十者谓之人义。”其中有八句都是有关亲情的。对子女孝敬父母的论述也很多，仅仅从报恩的角度，孩子对父母的回报都是昊天罔极。因此，在家庭生活中，无论是处于伦理道义，还是处于情感交流，子女对父母的孝敬都是应尽的义务。孝顺父母，不仅仅要在物质生活上赡养父母，还有情感关怀的含义。情感关怀包括尊重父母、安慰父母、体贴父母。在日常生活中，经常和父母进行感情交流，使他们精神愉悦。

（一）大学生的亲情现状

客观上，大学生的生活与学习环境远离父母，家庭亲情往往通过书信和电话来表达。调查结果显示：大学生惜墨如金，家书已简化成了“问候语+催款电报”。其原因不外乎“学习紧张，抽不出时间”、“没有话说”，等等。但就主体来说大学生是珍惜亲情的。调查显示，有57%的大学生认同的责任意识是“孝敬父母”。当代大学生不仅认为孝敬父母是自己的首要责任，还认为，孝敬父母最主要的是刻苦学习，掌握本领，以实际行动报答父母。同时，中国青年政治学院在2000年对中日韩三国青年的一项调查显示，儒家文化仍然影响着中、日、韩三国的青年，他们中的大多数具有赡养父母的“孝敬”意识。其中，尤以中国青年“孝敬”意识最强，接受调查的青年群体，明确表示自己“在任何情况下都会尽全力照顾父母”的比例均在8成以上。调查还发现，三国青年很重视血缘关系，超过8成的中国青年在回答“您认为一个人成家或单独生活之后，应该怎样与兄弟姐妹相处”时，选择了“互相关心、互相帮助”。根据对北京、广州、深圳、杭州、厦门、青岛六个城市青年的一项大型调查研究结果表明，在价值取向方面，青年人的生活化取向高于他们的成就化取向。对于“生活中最快乐的事”的回答中，他们选择的答案依次为：与家人在一起（59.6%），与朋友在一起（52.4%）、旅游（30.4%）、赚钱（28.2%）、看电视（26.7%）。另据一份由天津大学、天津医科大学、天津工业大学、南开大学4所大学心理协会在2002年联合进行的问卷调查统计结果表明，当面对在“祖国、配偶、事业、自己、子女、父母、朋友、金钱”这8项中选择最重要的3项这一多项选择题时，2705名大学生中，1297人将父母作为第一选择。南开大学心理协会理事长詹启生对此分析说，当代大学生在认知上是重亲情重祖国重事业重友情的，将金钱和自己作为最重要的选择者只占很小的比例，表明当代大学生的基本价值观是正确的，符合时代和社会的要求的。我国的高等教育应为每一个大学生的发展与进步负责，大学生群体中的主体部分在亲情问题上的正确言行当然为社会所赞同，但高校教育工作者不可忽视也有一部分大学生在此问题上存在着极其严重的偏差。在访谈和观察中，笔者发现，言行不一、表里不一在大学生中间较为普遍，而“代沟”导致的大学生中亲情淡化现象的确存在，在有的地方、有的学校情况还比较严重。

（二）“代沟”现象及其原因

大千世界矛盾无处不在，家庭中父母与子女两代人之间感情上产生摩擦，想法上产生分歧是普遍现象。我们把由于时代和环境条件的急剧变化，社会化进程中模式发生转型而导致不同代人之间在社会的拥有方面以及价值观念、行为取向的选择方面出现差异、隔阂以及冲突的社会现象称为代沟。产生代沟的基础有社会发展的必然性，也有人的身心发展的自然性，现就几种较为常见、较为典型的原因进行分析归纳：

1. 时代特征差异造就两代人不同的思想观念

人是时代的产物，人不能脱离社会而存在，人的思想观念总被深深地打上时代的烙印。老一辈人经历过艰苦的生活，接受了长时间的传统文化的熏陶，在思想上趋于保守、谨慎、中庸。而与历经坎坷的老一辈人截然相反，当代大学生大都出生于20世纪80年代以后，他们经历的这三十年，是中国历史上最有活力的一段时光。科学技术的飞速发展，多种文化的相互交融推动着年轻一代思想观念不断变革，在浪潮般涌来的信息、新生事物及多变的文化面前，青年总是以其强烈的求知欲、敏锐的接受力和永远保持对未来的开放式选择等特点占据着时代的思想前沿，表现出积极进取、冒险好胜、灵活多变的思想特点。调查中，有近73%的大学生认为“父母的思想观念较为保守，已落后于时代发展的要求”。17%的大学生认为“父母的文化层次低影响了两代人的沟通。”

2. 年龄阶段的悬殊致使两代人心理特点迥然不同

年轻人思维活跃，感受力敏锐，对外界充满好奇与探索的渴望，急于摆脱旧的观念的束缚，容易接受新生事物，进取心强。但是也有缺少经验，喜欢幻想，急于求成，处理问题轻率，有些想法不切实际的一面。父辈们因为经历曲折，阅历丰富，处理问题老成持重，往往对年轻人，这也看不惯，那也不顺眼，有意无意地用自己的一套思维模式和处事原则去衡量和要求年轻人。调查中，有近 37% 的大学生认为"年龄差别造成的心理差别是影响他们与父母沟通的主要因素"，有近 60% 的大学生认为"父母对子女的干涉过多"。另外，伴随不同年龄阶段的生理和心理变化也在两代人的沟通上起着一定的负面影响。如更年期的焦虑、青春期的叛逆情绪，等等。不过，在对"你了解父母的身体状况吗?"的调查中，有 33% 的大学生表示"非常了解"，53% 的大学生"有些了解"；有三分之二的大学生表示"为了使父母了解我，我常常不同程度地主动跟他们谈论自己的想法"；有 47% 的大学生表示不同程度地"了解自身的优缺点，并能有效控制自己的情绪"。

3. 消费观念大相径庭导致两代人生活方式不同

三十多年来，中国的经济经历了从"温饱"到"小康"的过渡。父辈们在长期的为解决"温饱"而奋斗的过程中，习惯于省吃俭用的生活方式，养成了传统的保守消费观念。而当代大学生生活条件比较优越，尤其是城镇大学生物质上的要求总是被尽可能地满足，养成了讲究吃穿，追求物质享受，喜欢交际活动，爱听流行歌曲，爱看言情小说，崇拜青春偶像等生活方式，形成了子女与父母互相看不惯的情形。虽然几乎所有的被调查者都表示能"根据自己家庭的经济状况做到合理消费"，但同时，只有 7 成大学生表示在生活方式上能兼顾父母的接受能力，自觉主动地在一定程度上向父母的生活方式作出妥协和让步。

"代沟"一词，既包括冲突，也包括隔阂和代差，它是作为一种表征代际距离亲疏的形象比喻而存在的。尽管代际冲突会造成社会的动荡，但是，通过调查可以看到，大学生大多能积极并有效地控制代沟的负面影响，同时，应该看到，正是新一代对前辈的不断超越，所谓"反哺文化"的形成才有不断完善的价值认识和价值趋向。

（三）亲情教育的几点对策

社会心理学的研究认为亲子之间的沟通形式主要可分为二种模式：垂直模式和平等模式。

传统家庭以垂直模式为主。此模式要求晚辈必须维护和服从长辈的主体地位，子女处于被动的地位，长此以往，养成了表达亲情关怀的被动性，子女不懂得主动关心父母。有的家长对子女要求过严，子女在家长的“威仪”面前不仅感受不到快乐反而滋生叛逆心理。日常生活中我们很少看到有父母对孩子进行专门的亲情教育，他们对孩子的要求主要是学业成绩。在这种家教中根本谈不上教孩子如何表达自己的亲情，更有甚者还限制孩子的正常人际交往。调查中，笔者发现不少大学生都不知道如何与别人（包括与父母）平等而友好地相处。而学校德育也缺乏这方面的教育内容，亲情教育在家庭教育和学校教育中几乎是个盲点。

从大学生自身来看。首先，从中学到大学，学生的心理发生了质的变化。他们结交的朋友逐渐增多，自立能力大大增强，除了经济要求，在人生的其他方面几乎完全摆脱了过去那种对父母的依赖而转向独立自主。他们开始走向成熟。他们觉得自己可以处理好自己的事情，不再像中学生一样把自己所有的事情都对父母讲。他们刻意回避和隐瞒一些事情，留待自己和朋友们去解决。“没话讲”成了他们很少写信或打电话回家的主要理由。当受到指责时，学习紧张、社会活动忙碌就成为最好的托词。其次，有的大学生没有理解孝顺的真正含义，忽视对长辈精神上的关怀。认为将来多挣钱给父母用就是孝顺，既然现在还没有挣大钱给父母的能力，也就没有办法表达对父母的亲情关怀了。他们尽管能把一首“常回家看看”唱得声情并茂、催人泪下，却不能真正体会父母的牵肠挂肚和孤独思念，别说“常回家看看”做不到，就是拿起话筒听听父母的声音也觉得父母太啰嗦而不肯去做。互联网上有这样一件事，一位工程师住院，为了不影响在外地读大学的儿子的学业，他嘱咐妻子别让儿子知道，但妻子还是忍不住偷偷写了封信给儿子，希望儿子能写封信安慰一下病榻上的父亲。不久,儿子的回信到了,除了一张医疗广告剪报之外什么都没有。母亲黯然神伤,最终没有把此事告诉丈夫。至于大学生在网上与陌生人一聊就是几个甚至十几个小时,却不懂得对父母多说点精神安慰的话沟通一下内心情感的现象就更加普遍了。

家长要正确引导和培养子女的亲情观,千万不可以把子女是否对家长的绝对服从当做是亲情的标准,不要任何事情都包办代替。要注意培养他们对家庭和社会的责任感;要采取平等式亲子沟通模式;要尊重子女的正确选择,支持子女的学习和工作,对子女的事不要随意干涉或横加指责。使得子女乐意与家长沟通交流。高校教育要将亲子教育纳入课程体系,开展这方面的教育活动,如以亲情为主要内容的大学生征文、朗诵比赛、品德小品大赛、手机短信息编辑比赛均不失为好的教育方法。社会也应该营造良好的亲情教育氛围,促进亲情教育社会化。父母慈子女孝的氛围是家庭的精神财富,它对个人有着强烈的激励作用,对后代有着良好的示范作用。每个家庭成员都应该珍惜亲情,相互体贴,相互尊重,共创和谐美好的生活。

三、友情教育——大学生的人际交往

社会心理学的研究表明:个体由自然人向社会人转化的重要途径是社会交往。一个人对社会的适应能力归根结底表现为与周围人交往的能力和交往的状态,一个人善于与他人交往,并善于保持一种良好的交往关系,就能够给他带来心理上的安全感和满足感,有助于个体心理健康发展。对当代大学生来说,处理好人际关系,树立正确的友情观,对实现其个体社会化有着重要的意义。

心理学家认为:“友情”是由人的七情六欲派生出的“爱”的情绪或情感,表现为对同学、朋友的情感依恋。社会学家认为:友情是人个体社会化的基本需要,是人类高尚、优美的情感之一。亚里士多德认为,友情是伟大的社会价值和个人价值的统一，是生活中必不可少的内容，他把友情分为三种类型：功利性友情（以互相提供好处为基础）、享受型友情（以对对方的感情依恋为基础，从与朋友的交往中得到满足）和道义性友情（无私地爱朋友，处处为朋友着想）。一个正常的人如果长时间的离开人类社会生活，失去人与人之间的交往，他业已形成的正常心理就会因渴望友情而产生变异，终至变得孤僻怕人而拒绝友情。所以作为一个社会人，不能没有人与人的交往。人与人之间的健康交往是友情的源泉。

（一）当代大学生友情现状与交友类型

当代大学生的交友状况如何呢？让我们来个案研究一下大学生自己是怎么对待这些问题的。教育科学学院大三男生陈某："人际交往中，有许多不良心理因素对人际关系的建立和发展构成威胁。大学生在人际交往中的不良心理主要是自卑。自卑就是过低评价自己，认为自己处处不如人，其表现是忧郁、悲观、冷僻，不敢与别人交往，从而人为地把自己孤立起来。当某种自身缺陷受到别人嘲笑时，这种自卑心理则会以暴怒、自欺欺人等畸形的方式表现出来。自卑心理给人带来的危害是巨大的。它使人不能正确认识自己，怨天尤人，没有昂扬的斗志，精神委靡不振。由于不能对自己作出正确评价，自卑者往往在明明是自己力所能及的事情面前退缩、避让，丧失了表现自我、发现自我价值的机会，由于经常体验不到成功的快乐，因而更不自信，陷入恶性循环。一个不自信的人很难获得他人对他的亲近与信心，而当一个人极度自卑时又常常会因心理防御机制的反向作用而表现出极度的自负，更加让人难以亲近、信任。因而自卑之人常常在有意无意之中发展成为冷漠。"

社会发展学院一位大三女生赵某："嫉妒是在人际交往中因与他人比较发现自己在才能、名誉、地位或境遇等方面不如别人而产生的一种由羞愧、愤怒、怨恨等组成的复杂情感。嫉妒有各种各样的表现形式，归纳起来有以下几个方面：不承认或贬低别人的才干、成绩和进步；对有才干、成绩和进步比自己大的人表现为怨恨。嫉妒给嫉妒者本人带来了极大的痛苦,正如巴尔扎克所说:‘嫉妒者比任何不幸的人更为痛苦,因为别人的幸福和他自己的不幸,都将使他痛苦万分。’嫉妒也是人际关系的毒药。一些大学生自视清高又嫉妒他人,高校中比较常见的有诽谤他人,尤其是诽谤优秀者。班干部为了树立自己的威信,歪曲甚至捏造事实来贬低其他班干的现象时有发生,这是嫉妒心理在作祟。严重的嫉妒心理不仅会影响到良好的人际关系,而且对个人人格的健全也造成极大的危害。”

公共管理学院二年级男生刘某:“猜疑是一种主观推测而产生的不信任的复杂情感体验,猜疑真是害己又害人!近年来由于社会风气的影响,诚信受到严峻考验,人与人之间的相互信任度锐减,社会阅历也告诉大学生们要提高警惕。我们在校生中有些同学丧失了对他人的信任。对别人的言行过于敏感、多疑,似乎天下的人都不可靠。有一位住宿生,平时存放东西杂乱无序,找不着的时候就大声惊呼,把整个宿舍搅得天翻地覆,没有足够理由就随便猜疑别人,尤其是与自己关系亲近的人,并把自己的猜疑轻易对他人诉说,猜疑对人际关系造成严重影响,它不仅使猜疑者本人惶惶不可终日,而且会打击别人尤其是与自己亲近的人的自尊,挫伤他人的情感,长此以往,大家对他只能敬而远之,无从建立良好关系。”

文学院大四丁姓女生:“大学四年,让我最震惊的是大学生自杀,真是不可思议!大学生正处于人生最美好的时光,有什么大不了的事情要选择死亡呢?难道人世间就真没有东西值得留恋吗?有些人自杀是因为失恋,有些人是因为择业,还有些人是因为不被群体所接纳。这些都是我们日常交际时时常碰到的问题,作为具有较高素质和较强分析能力的大学生居然选择这种最不负责任的方法来面对,到底是因为什么呢?我觉得目前大部分大学生的心理都处于亚健康状态,在学习方面,有些大学生成天“苦行僧”似的抱着书本不肯放,若你问他学着什么了,他会迷茫地看着你,他自己也搞不清自己整天在忙什么;还有些人走向另外一个极端,逃课、迟到、早退,觉得自己好不容易经过高考进入大学,理所应当享受一下了,他们去网吧,台球厅,咖啡屋、录像厅,长此以往,精神委靡不振,心理渐渐地不健康了。有些则是对爱情没有一个正确的态度,将爱情看做生活的全部，一旦失去，便觉得世间再无可留恋的东西，这也是一种心理不健康的表现。在事业上，大学生们对自己的前途没有一个正确的观念，有的人认为既然上了大学，就会有一份好的工作等着自己，而真到了找工作时，才发现竞争很激烈，心理一时适应不了，走了极端。还有些人则是整天杞人忧天，觉得自己的未来毫无希望，陷入悲观失望的境地中。”

青年期是人生的重要时期，充满希望与困惑。大学生年龄一般在十八九岁至二十二三岁之间，正处于心理问题的高发阶段。近年来，高校学生心理问题居高不下并一直呈上升趋势。湖南医科大学对827名医科学生的调查显示有21%—35%的人存在中等痛苦水平以上的强迫、人际敏感、抑郁等症状。辽宁省教育研究院对19所高校8000名大学生进行心理普查，有18.6%的大学生存在类型不同的心理障碍。大连理工大学对1896名新大学生进行心理普查，有效问卷1698份，其中有明显心理障碍者320人，占被普查人数的18.86%，有待观察者511人占被查总数的30.09%。我国学者黄希庭等人在全国6大区16所院校抽取600余名大学生作了SCL—90（一种标准化心理健康量表）测查，在回收的528份有效问卷中有118人至少有一项超过正常标准，即22.4%的大学生在SCL—90所示的9项指标上至少有一项呈现出心理障碍的状况。大学生人群中，心理障碍检出率从高到低依次为强迫、焦虑、精神病科、偏执、抑郁、敌意、恐怖、人际敏感和躯体化。

上述数据和事实表明：大学生对人际关系的丰富和人情的美好有着强烈而迫切的要求，但同时，不少大学生不会正确处理人际关系，人际关系失调。已故医学心理学家丁赞教授曾指出：“人类的心理病态，主要是由人际关系失调而来。”人际关系失调对大学生心理健康造成了很大威胁。

物以类聚，人以群分。大学生的交友形式若从地域来分，可分为“城镇型”、“乡党型”；若从入校时间来分，可分为“新生型”、“老生型”；若从性别角色来分，可分为“同性型”“异性型”（这一类型的朋友往往会发展成“恋爱型”）；还可以分成“同窗型”、“师生型”，等等。笔者将大学生交友的形式分为共同爱好型、互相理解型和理想一致型。

共同爱好是大学生交友的一种最普遍的形式，它的基础是共同的兴趣爱好。比如：大家都喜好数学，在数学方面就有说不完的话；大家都爱好桥牌，闲暇时就坐到一起；还有诸如票友、棋友等均属此类。兴趣作为大学生的心理指向，能使人与人之间产生强烈的吸引力。但是，兴趣有高雅低俗之分，只有健康的兴趣所联结的才是有益于大学生身心成长发展的友谊，也才具有积极的心理价值和意义。

互相理解型是大学生友谊的另一种形式。青年大学生，特别是大学一年级的学生，刚刚远离父母和同窗好友，初入新的环境，面对比过去更复杂的学习、生活方式和自身的种种矛盾，他们比任何时候都需要老师、朋友的理解、支持和帮助，渴望一种"同甘共苦"式的友谊，那就是：有了欢乐大家共同分享，有了忧愁大家一起分担，有了问题大家齐心对付。因此，从某种意义上讲，大学生渴求理解与追求友谊是一致的，而由理解带来的心灵的沟通又成为当代大学生最大的精神享受。

理想一致型即在理想一致的基础上产生或结成的友谊，历来被认为是最高层次的友谊。世界上一切被千古赞颂的友谊，几乎都属于这一范畴①。对于大学生来说，"理想一致"是一种共同的价值标准体系，它可以从对未来的想象，对自己和他人的评价，对人生道路的选择倾向，对生活的态度等各方面流露出来。正如苏联心理学家科恩所说，"青年友谊在心理上的重要性在于通过友谊可以学会自我发现，同时也可以理解别人②"，朋友之间经常交流有利于彼此完美人格的形成。因此，友谊的建立应以共同的理想为基础。朋友之间的友谊也应以彼此促进远大理想的建立为准则。只有这样，友谊之树才能永葆青春，友谊之花才能清香鲜艳，而这种友谊又必然是建立在共同为他人、为集体、为社会的辛勤劳动中，不断互相切磋、互相促进、共同提高、共同前进中。这也是一切友谊的心理价值和意义所在。

---

① 郑华：《青春的六大追求》，湖南人民出版社 1991 年版，第 122 页。

② 池田大作：《青春寄语》，吉林人民出版社 1986 年版，第 195 页。

（二）大学生友情关系的三个特征

1. 友情是自我建构和情感支持的重要内容

今天的社会处于急剧转型期，各种功利、浮躁等世俗风气业已侵入校园，大学生更是对自我、对社会、对未来，有一种“不确定感”，近来见诸报端的大学校园里的“滞留一族”，大多怀有这样的“不确定感”，不愿踏入社会。由此，可以看出，“朋友”在确定一个人的角色和自我价值方面能提供支持和引导。既是友情关系，那么关系双方的“自我暴露”，以及相互提供情感支持的程序和频率会大量增加，以此来获得“自我同一性”发展。

2. 友情关系的稳定性增强而亲密性降低

“少年时期，周围的亲属和老师尽管有时会申斥他，却是他可以倾吐心里话的对象，在他心里，还没有‘自我’的清晰映象。到了青春期，‘自我’才作为映象出现在自己的面前，从而进入了把同样处于人格形成中的友人，作为一面‘镜子’的意识阶段”。

大学时代的择友，已排除了某些偶然因素，更多的带有一定的原则性，“同志”式的性质更加明显。他（她）们对同学的思想品质已有了评价能力，相互间的友谊建立在对彼此个性品质的评价基础之上，而且，在这个过程中，一些与交往有关的，诸如理解、忠诚、敏感、可靠、值得信赖等素质发挥了重要作用。因此，这一时期的友情关系有很强的稳固性和长久性。与稳固性相比，亲密性则降低了。友谊关系的亲密性在青少年时期达到了顶点。大学时代，青年人独立意识强烈，有各人相对封闭的私人空间。托夫勒认为：随着第三次浪潮的进程加快，人的个性必然增强，人与人的差异必然会扩大。尤其是在多元化社会思潮的影响下，择人交友也渗入了现实主义和功利色彩，在交往心理上不可避免地进行某些刻意“包装”，心理上的这种隐秘性自然大大降低了亲密性。

3. 友情关系趋向多元化

友情关系的多元化源于交往的动机多元化。中国传统的“义利”观成为择友、交友的道德原则,已流行了两千多年了。交往,作为人精神需要的满足,应该提倡大公无私,坦诚相助。这在当代大学生的交友中占一定比例。另外,应该承认,在当今社会多种差异相互依存的情形下,人们开始以“多向度”的方式进行交往了。信息时代的“瞬态化”趋势,使人们的思维方式、情感方式更加多变,使得大学生友情关系日显“多元”。互惠互利的现代君子交往观,日益为大学生所接受。这种友情交往不以感情投合为唯一目的,往往表现出明显的利益性,但“讲利”不“唯利”,本着互补和彼此“自我实现”的动机大家和睦相处友好交往。这是人际关系中的一种正常健康的交往方式。诚然,当代大学生的友情关系中,不乏纯粹功利主义的现象。

大学生在人际交往中要获得真挚的友谊,必须遵循交友之道和为友之道。

首先,交友须择友。“同师则朋,同志则友”,在众多朋友中,人们还是会去寻找真正的、对自己最为重要的朋友。朋友性格种种气质各异,若以同一标准交友,那无疑是很愚蠢的。孔子云:“益者三友,损者三友。友直、友谅、友多闻,益矣。友便辟,友善柔,友便佞,损矣。”(《论语·季氏第十六之四》)意思是说,正直、诚实的人、知识渊博的人,是有益的朋友;善于谄媚逢迎的人、心术不正的人、夸夸其谈华而不实的人,是有害的朋友。而单说益友也有不同的种类。第一:同行型。这样的朋友静静地在你身边,靠近你的心,默默地关心你,消除你的恐惧,鼓舞你的心灵。第二:信任型。这样的朋友能接受真实的你,原谅你的过错,从不放弃对你的信心,必要时会帮助你。第三:进谏型。这样的朋友能直言相劝,指出你的错误。此友须备加珍惜,因为从朋友处得到的忠言,其功效比我们自己的理解与判断所具有的功效更明朗、更直接、更纯净,因为我们自己的理解与判断永远染有感情与习俗上的成见。“君子生非异也,善假于物也。”从不同的朋友身上往往可以获得不同的内容,用心去发现,每一个朋友都是一个故事。他是你用爱播种,用感情收获的田地。大学生应择人交友，善交益友，选择那些有崇高理想和志向、品德高尚、好学上进、知识丰富的人做自己的朋友。

其次，为友要真诚。友情需要不断培养、浇灌才能成长。只有真诚相待，友情才能永存。因为真诚是开启心灵的钥匙，信任是维系友情的纽带，这是最起码的品质。与朋友相处应真诚，切忌遮遮掩掩、口是心非。只有以自己一颗诚挚的心主动去靠拢和撞击对方的心，有了心的交流，才能使对方信任你，从而获得安全感，放心地与你交往，在交往中培育和发展友谊。一个人要赢得友谊，还须待人宽厚多看朋友的优点和长处，少计较对方的缺点和弱点。世上没有完美无缺的人，挑剔乃至于苛求，最终必将失去朋友友谊。当然，宽厚并不意味着无条件容忍与妥协，朋友之间也需要有善意的批评和争辩。古语说："君子和而不同，小人同而不和"，指的是对朋友的严重缺点和错误不姑息迁就，更不能包庇怂恿，否则就失去了友情的意义。

最后，正确对待异性友谊。异性友谊是男女之间的纯真友情。异性友谊对于大学生来说是必要的。在友谊的长河里，同性朋友的关心和支持可使人感到自信和乐观，异性朋友的问候和鼓励也能感到温暖和愉快。如果说异性之间只有爱情而没有友情，那简直是人生的一大悲哀，当然那是一个谬论。虽然大学校园的花前月下已经成为一道自然风景，但是绝大多数大学生还是渴望拥有异性之间的友情，因为它远比爱情来得真实，并且更加牢固。异性友谊与爱情有着明显的区别。一是两者性质不同。异性友谊是同志和朋友之间平等的、诚挚的、互相信赖的关系，在感情上表现为平和、沉默和直率，不包含任何性意向；爱情则是在友谊的基础上渴望对方成为自己终身伴侣的一种亲密关系，在感情上表现出热烈、奔放、激情难抑或含蓄、深沉、激昂起伏。获得爱情的人同时也会享受到友情的芬芳，但获得友情的人却难以体验到爱情的柔美。二是两者范围不同。异性友谊是"开放"性的，人们可以同时和几个异性朋友交往和发展友谊；而爱情则是"封闭"性的，它是一对男女之间的隐私而绝不允许第三者插足。在爱情世界里只允许有两个人誓笃专一忠贞不二。如果把爱情当做一般友情随意播种、多向发展，则不仅破坏爱情，而且也是对纯洁友谊的一种亵渎。我们摒弃“男女授受不亲”的封建思想，提倡男女大学生在交往中发展友谊。同样，大学生在交往中要掌握好发展异性友谊的尺度。大学生完全可以约束自己，将自己的友情建立于理性的基础上，只要用心，每个大学生都会收获友情。

大学生正确人际交往还应注意以下几个方面：

其一，接受自己，悦纳他人。接受自己，意味着既要接受自己的优点，更要接受自己的缺点。心理学研究发现，性格内向的人，多愿意接受别人的低评价而不愿接受别人的高评价。大学生有些人过低估计自己。在与他人交往中，惯于拿自己的短处与他人的长处比，所以越比越觉得不如人，越比越泄气，就会产生自卑心理。我国的传统教育总是要求学生向高标准看齐，这本无可非议，但应警惕由此可能严重挫伤学生的自尊心进而带来一系列的心理问题。中国人是很讲“面子”的，如果教育中片面强调所谓高标准、高要求，其消极影响可能更甚。作为当代大学生，在衡量和评价自己时，应多角度进行，只有这样，才能比较客观、全面地认识自我和接纳自我。“金无足赤，人无完人。”大学生既要以宽容的心接纳自己，也要悦纳他人的缺点。在了解对方的过程中，应尽量避免首因现象、晕轮效应、心理定势和刻板印象的消极作用，充分肯定他人长处，尊重对方的人格、兴趣爱好，不苛求对方与自己评判标准一致。

其二，尊重他人就是尊重自己。自尊心人人都有，区别在于个体表现自尊的方式往往不同。尊重是交往的前提，大学生要做到尊重他人，首先是克服猜忌心理，真诚相待，要“会听”。大学生往往急于表现自己，愿意自己成为人际交往的中心，经常是重视了“说”而忽视了“听”，这会造成人际交流的不平衡，引发对方的抵触情绪。在人际交往中，不仅需要听而且要“会听”，不耐烦是听的大忌，一定要重视他人被聆听的需要。其次，珍惜他人时间与精力，恪守时间观念。大学生在人际交往中要充分尊重他人安排自己生活的权利，不可勉强要求别人为自己付出过多的时间与精力，时间观念要加强，不可拖沓。再次，尊重他人隐私。极少数学生偏爱到处去打听“内部消息”，得到一鳞半爪的消息便洋洋得意，四处吹风，结果一传十、十传百，往往编造成耸人听闻的消息，以讹传讹，严重影响同学关系。

其三，正确处理好人际关系中情、理、法的关系。所谓情，就是人情，它决定交往主体对交往客体的依恋程度和开放程度。与人交往，首先要“合乎人情”，有“人情味”，同时要注重“理”，做到“合情合理”。社会心理学研究表明：情感比认知和意志在维系人际关系时更稳定、更持久。作为新世纪的大学生，在与他人进行交往时，应该创造性地处理好情、理、法之间的度。除了“法”以外，情、理要多些，但切忌以情代法，在与处于边缘部位的人交往时，法的因素要多一些，但应注重情的培养，使之不断向人际关系系统的核心靠拢。

大学生人际交往的成功对维护自己的心理健康有极其重要的作用，获得人际交往的成功，顺利完成由自然人向社会人的转化，要求大学生在人际交往中不断克服不良心理，培养自己接纳自我，悦纳他人的能力，实现自己对自身心理健康的教育，加上学校、社会的引导和帮助，大学生整体心理素质的快速提高不是没有可能的。

[附言]在本文进入校对阶段后，相继传来云南大学四年级学生马加爵因与同学发生矛盾残忍杀害4名同学畏罪潜逃被抓获归案并被判处极刑的消息，此震惊全国的大学生杀人案更凸显出对大学生进行正确人生观与人际交往观教育是多么的重要！

四、自豪与自卑——爱国主义教育沉思

世纪更替之际，面对市场经济大潮，我国学校德育改革似乎陷入了困境，旧的不灵了，新的又未建立起来，德育究竟该向何处去？各地学校以及各级教育主管部门、科研人员都在探寻新的出路。近年来大家不约而同地把研究的焦距对准到以中国传统文化为核心的爱国主义教育上来，形成了一种热潮。对此可能产生的结果现在下结论似乎显得为时尚早，但作为德育理论工作者本着实事求是的态度对此进行一番历史与现实纵

横两个方面的考查，进而做一番深入的思考，想必对正在寻找出路的我国学校德育改革具有理论参考价值。

（一）思考之一：反封建——近现代爱国主义教育主旋律

翻开中国德育思想史，我们看到：当代中国德育思想科学风貌的形成，是华夏民族一代代思想者，经过了漫长艰苦探求才逐步达到的。以儒家德育思想为主干的各种德育思想辩证的交互作用，是我国古代德育思想的基本脉络。发始于先秦（儒家学派奠定了封建地主阶级德育观的基础），发展于汉唐，形成于宋明，衰落于明清的中国古代德育思想从1919年进入现代的历史岁月，开始了一个艰苦嬗变的时期。一方面，进步的德育思想对封建传统德育思想予以批判，促进了民族民主革命的发展和人们思想的解放，揭开了中国德育思想现代化帷幕；另一方面，由于封建专制主义德育思想根深蒂固和封建统治阶级不甘心退出历史舞台，进行拼死挣扎，所以中国德育思想的历史性转化，付出的思想代价极为沉重。

反帝反封建的爱国主义是近代政治的主题。因此要求民主和独立也就成为近代德育思想所包含的主要内容。近代中国的志士仁人，从“开眼看世界”，重视经世致用开始，到聚集在“救亡图存”的爱国主义旗帜下，百折不挠地探求救国之道，寻找强国之术，言辞激烈地抨击旧体系，慷慨激昂地提出新问题、新主张，给当时封闭的中国吹进了一股清馨之风，启迪了人们爱国主义意识，丰富了近代德育思想的内容。

中华民族是有悠久历史优秀文化传统的伟大民族。我们必须尊重自己的历史，绝不能割断历史。但是这种尊重，是给历史以一定的科学的地位，是尊重历史的辩证法的发展，而不是颂古非今，不是赞扬任何封建的毒素。对于人民群众和青年学生，主要地不是要引导他们向后看，而是要引导他们向前看。① 对待中国古代德育思想应取其精华，去其糟粕，吸收其“合理内核”。要完全做到这一点应注意两个方面：一是有些内容泾渭

---

① 《毛泽东选集》第二卷，人民出版社1991年版，第668页。

比较分明,通过梳理分析比较清楚的判明正误以利我们继承和批判。如中国古代德育思想有浓厚的宗法封建伦理本位,"明人伦"、成"圣贤"等道德意境、鲜明的实践品格、注重自我修养等基本特点。对浓厚的宗法封建伦理本位为基本特点的德育思想,必须批判其得以存在的根深蒂固的宗法家族制度和壁垒森严的封建等级尊卑制度;同时要研究其基本特点,使其历史上对民族产生过的巨大凝聚力,焕发为热爱社会主义祖国的激情,并成为青少年自觉的道德要求。对以"明人伦"成"圣贤"的道德意境为基本特色的德育思想,既要摒弃其满足于五伦要求的浅陋封建思想,又要抛弃其对理想人格的刻意神化;但是可研究其基本特点,使其历史上维护封建宗法社会的独特自觉性,升华为社会主义建设的自觉性和主人翁精神。对以鲜明的实践品格为基本特点的德育思想,我们既要去除其实践的封建内容,又要研究其德育过程中知、情、意、行各个阶段的转化规律,为缩短当今德育周期、实现当代德育理论与实践的统一协调提供借鉴。二是对中国德育思想中一些积极性与消极性并存、良莠杂陈、用今天的价值标准来衡量是非界限比较模糊的内容,如"孟母三迁"、"岳母刺字"、"孔融让梨"等道德教育故事既宣传一种注重环境对人的影响,居必择邻、精忠报国和从小培养谦谦君子型人格的具一定进步意义的做法,又渗透着封建的忽视主体对外界环境的抗争能力培养而一味消极避让以及对君臣的"愚忠"、不注重进取型人格教育的消极思想,对此,我们在德育过程中一方面要大胆地将其两方面的含义都告诉学生,让受教育者通过分析比较确立正确的道德价值观;另一方而以"模糊"对"模糊",即大胆吸收和借鉴人类社会创造的一切文明成果。洋为中用,借鉴外国文化中重效益、讲竞争、敢冒险等有益的东西,以抵消中国传统文化中的消极思想。正所谓,将中国现代德育改革纳入历史的长河和国际大环境中统筹考虑,这样做既符合社会历史发展趋势,又为现实教育所必需。从这个意义上讲,当代中国德育的改革就不能不把反思的触角伸进汉族之外的各民族中去。

（二）思考之二：民族的与世界的——新德育思想的生长点

中华民族文化是多元一体的文化总汇，是由多元的民族意识在长期交往中融合而成的文化形态。汉族与各少数民族既有因文化交融而产生的共性，又有受生活传统、自然环境所制约而存在的个性，这种民族文化是一个民族的精神支柱。然而，多少个世纪以来，我国的德育系统过分偏爱汉族儒家文化理性主义的认识论和道德观，而非汉族文化中的直觉主义传统则被忽视和遗忘。近十几年来，经济形势的发展令人瞩目，但道德世界的发展却使人担忧，越来越多的人为了个体的发展而侵害他人利益，并显示出对承担社会责任缺乏兴趣。当学校德育在市场经济中陷入困境，在向传统文化寻找出路之时，我们不应忘记55个少数民族那各具特色、熠熠闪光的德育思想。

其实这并非笔者异想天开，只要稍稍把眼光看远一点就会发现，近年来连摘奥斯卡金桂的《与狼共舞》、《鳄鱼邓迪》等影片不是反映了西方工业文明困境中人们对土著印第安人那淳朴的民风、返璞归真的道德风尚的向往和留恋之情吗？也正是出于这个原因，20世纪四五十年代以来西方那么多的文化人类学家不辞劳苦，足迹遍布世界各个角落去“访贫问苦”实地考察，说穿了，其实质不外是为陷入工业文明困境中的人类文明寻找济世良药。

回顾历史，我国的回族自唐宋从波斯、中亚阿拉伯国家经丝绸之路进入中原以来，一直以自己特有的经商才能跻身于民族之林。商业文化是伊斯兰文化的重要组成部分。回族人民以其吃苦耐劳的精神、预测市场的慧眼、敏锐的商业意识为祖国的边贸经济的繁荣作出了贡献，其民族品德特点十分明显、很值得我们汉族研究和借鉴。此外，朝鲜族的礼让与敬老，藏族的沌朴善良，维族的开朗热情，蒙古族的豪放坦荡等等，无一不为今天德育改革者所认真研究与发扬光大。

在这方面，西方多民族道德教育已远远走在我们前头，而在国内，这方面的研究几乎是空白。究其原因，不外乎两种：一种是受博大精深的汉族儒家文化影响，自觉不自觉地被一种汉族中心主义思想所支配，看不起其他民族的文化；另一种是受中国传统文化与西方文化二元对立思维模式局限，看不到世界文化多元发展、互相融合的态势，缺乏社会转换中文化重构（包括新型的伦理道德之化的重建）的心理素质与精神准备。

问题的解决只能从这二者的生长点去获得。

（三）思考之三："吸取人类创造的一切优秀成果"——中国德育改革的必由之路

当代世界文化在加速相互吸收和融合的同时，正以多元化的势态呈现一种各国、各民族文化相互开放、相互借鉴、共同繁荣的局面。世界文化的国际化对每一个民族的文化来说，都面临着新的选择、组合、重构。人类文化发展的水平与文化的民族性是结合在一起的。一个落后民族要完成自身的现代化过程就必须把自己民族的文化置于人类文化的大系统之中，通过交流、抉择，消除传统文化系统中的"熵增"。今日世界不会、也不可能有一个国家或一个民族的文化能够脱离世界文化而独立发展。那种企图将外来文化拒之门外而以本民族的所谓传统美德教育国民的做法，因其违反文化传播的客观规律，造成国民意识上狭隘的民族主义和地方保护主义，从而必然给本国本民族的经济与文化政治建设带来严重损害。印度的嘉吉盐业风波就是一个例证。当印度古吉拉特邦因地方保护主义议员的反对（他们认为盐是独立运动的象征）而失去一次已被印度中央政府批准引进资本雄厚的美国嘉吉公司上亿元美元投资在坎德拉港附近开辟一个世界级盐埠的机会。① 人们为之扼腕叹息之时，笔者不知道印度政府可曾从他们的文化建设与学校教育中寻找过原因？但这件事给我们敲响了警钟：有谁能保证，诸如此类的事情不会在我们或我们的下一代人身上发生呢？

---

① 《印度民族主义者轰走一笔巨额外商投资——嘉吉盐业风波始末》，《参考消息》1993年10月10日。

如果说社会主义新中国的建立,为以马克思主义为主导、兼融中西文化精华的文化系统的发展奠定了历史性根基的话,党的十一届三中全会以后,特别是邓小平提出的继承、吸取人类创造的一切优秀文明成果的论点,就为中国社会主义文化向成熟、完善发展,奠定了新的历史起点,开辟了新的历史阶段。但是,由于历史的原因,我们对于外国文化,特别是西方资本主义国家的思想文化,基本上是站在两个阶级两种制度对立的立场上,采取批判和排斥态度。因此,对西方文化的精华的汲取、融汇,是不全面、不充分的。所谓"洋为中用"基本上是将外国的文化当做反动的标本进行批判或是当做消极的东西而被抛弃了。长期以来,我们总是以一种抽象的或被扭曲了的马克思主义公式去决定文化是非与取舍,影响了中国社会主义文化(包括道德文化)的顺利发展。党的十四大以后,特别是邓小平的南方谈话打破了"姓资姓社"的僵化的抽象原则,以是否利于发展社会主义社会的生产力、是否有利于增强社会主义国家综合国力为标准,提出了吸收和利用世界各国包括资本主义发达国家所创造的一切先进文明成果来发展社会主义的重要论点,打破了过去的封闭状态,以全面开放代替了以往的片面吸收,以从实际出发吸收一切优秀文明成果取代了以往的盲目排外,从而为中国社会主义文化走向完善、成熟,奠定了新的历史起点。

江泽民在十四大报告中说:"我们要继承和发扬中华民族优良的思想文化传统,吸收人类文明发展的一切优秀成果,在生动丰富的社会主义实践中,创造出人类先进的精神文明。"党的十四届六中全会关于加强社会主义精神文明建设若干重要问题的决议强调"吸收和借鉴世界各国先进的科学技术、经营管理方法以及其他一切有益的知识和文化,建设社会主义精神文明"。为实现这一目标,我们在对学生进行以两史一情为重点的爱国主义教育的过程中一定要消除"左"的影响,注重纠正一种倾向掩盖另一种倾向,解放思想,实事求是,注意防止新形势下"国粹主义"抬头和反封建任务的完成。对西方文化,要将着重点从过去的否定转向肯定,着重于吸收和利用,为社会主义现代化服务。对学生进行爱国主义教育不仅要引导他们热爱中华各民族的优秀文化传统和壮丽的锦绣河山,敬仰伟大的历史人物和爱国志士，发扬国家兴亡、匹夫有责的爱国精神，还要告诉青少年，由于闭关自守的封建意识造成的狂妄、保守、自大的民族心理，给中华各民族带来的深重灾难，因此，弘扬民族传统应与学习他族和外国优秀文化结合起来，而不是像我们有些地方所搞的那样，把爱国主义教育狭隘化，局限在对中国传统德育的学习与继承上，对他族与外国的东西闭目塞听，置之不理或视而不见。而即便在本国文化传统的学习中又采取“美德袋”式的做法，多为教条式的抽象内容的灌输，少有辨析讨论式的品德能力的训练。这种“美德口袋”式的教育早在美国20世纪二三十年代十分流行，后来受到威尔逊、杜威、柯尔柏格等人的批判。这里有必要对二者稍加比较分析。20世纪二十年代美国流行的好恶，社会上是有公论的，既然学校是社会的一个代理机关，那么在学校里传授美德便是正当的，合法的。这一类美德有人概括为诚实、为人民服务、自制等；有人概括为忠义、负责、勇敢、友谊等，而亚里士多德最早的“美德袋”包括：调和、自由、自豪、好脾气、诚实、公正，等等。反对者经过大量的心理与教育实验认为这一类美德名词并没有反映儿童或成人作出其道德决定或道德行为时所运用的根本心理的结构，他们主张：道德教育，不应该传授任何特定的一套道德规范，而只能传授一种理性的方法，使一个人发展出他自己的道德原理，培养他道德思维和践行的能力。

“美德袋”式的德育因其目标上的抽象性、内容上的空洞性、方法上的说教性、操作上的低效性受到批判。无独有偶，在我国某地影响较大的“中华民族传统美德教育”活动中，主持人共理出12个美德德目，即：立志勤学、爱国爱民、天下为公、孝敬父母、尊师敬业、团结友爱、诚实守信、勤劳节俭、谦虚礼貌、律己宽人、求学攻坚、整洁健身。每个德目包括10个历史小故事，以此编辑了一套《中华民族传统美德故事丛书》作为中小学德育教材，由于其声势大，波及面广，各地也纷纷响应，一时间，全国各地书店这类丛书满天飞，从古代到当代，从幼儿到高中分阶段编写，分年级使用，潮流浩荡，势不可挡！笔者认为，进行传统美德教育本身没有错，关键是如何进行？选择哪些内容和如何掌握“度”的问题。对于这种传统教育一边倒的做法本文已从上述三个方面谈了看法，不再赘述。文末，只是想提醒一句:历史的经验值得注意,曾记否?昨日文革红海洋里爱国仁义、自力更生喊破了喉,谁敢说吸取外援引进外资,谁便是媚外崇洋、卖国主义。今日改革开放春风乍起,怎感觉“涛声依旧”?

想想老泰戈尔的那句名言吧:如果你把所有的错误都关在门外时,真理也要被关在外面了。

我们的结论是:爱国主义教育和国际主义教育,要两手抓,两手都要硬,以牺牲一头而成全另一头的做法只能导致德育的再次失误与再度滑坡!

五、由必然迈向自由的生命教育观
——对学校生命化教育的思考

近年来理论界对中小学开展生命教育十分关注。生命教育的理念在于教育孩子树立正确的生命意识,让学校成为生命的乐园,让课程成为学生生命经验的过程,让课堂焕发生命的活力,让师生实现生命的内在价值等方面深入人心,对荡涤以往学校教育忽视生命价值的旧理念起到了积极的促进作用。然而仔细思考这些研究,品味生命教育的成果,我们却遗憾地发现在这场轰轰烈烈的生命教育的大讨论中,一个议题,一个重要的关于革命英雄主义的议题被忽略了,一个矛盾,一个重要的珍惜生命与为真理而献身的矛盾被掩盖了。难道生命教育就是要培养贪生怕死的胆小鬼吗?也许有人对笔者的这一质疑反驳说:时代已经由革命转入了和平建设,教育的语境也应与时俱进,由革命英雄主义教育转化为珍惜生命的教育,而问题的逻辑恰恰是这种“转化”的思维方式犯了一个两极跳跃的非此即彼的思维错误,作为教育工作者这时应该充分检讨。如何对待革命英雄主义培养与宣扬暴力的关系;如何在学校生命教育中渗透死亡教育,使学生正确理解死亡的涵义;如何用类生命的教育理念指导生命教育,使我们的生命教育理论研究和实践探索得以健康的发展,这些问题正是本文要讨论的核心内容。

（一）生命化教育的遗忘：英雄和英雄主义教育

纵观人类历史社会文明发展的轨迹，英雄从来就是社会进步的领头羊，英雄辈出的年代就是历史阔步前进的年代，而缺少英雄的年代从来就是群魔乱舞社会倒退的年代，一部人类发展的历史，其实就是一部英雄辈出的诞生史。世界进入 21 世纪，和平与建设成为人类社会发展的主流，在政治格局多元化的今天，对话与交流成为各国人民交往的主要形式。然而，人毕竟是经济动物，出于利益的考虑（个人利益、国家利益），个人之间、群体之间、地区之间、国家之间，竞争，战争，斗争不绝于耳。诚然，在和平的主旋律下，基础教育的发展与改革一定要紧跟时代的步伐，不断要改变教育的目的与内容，培育方方面面的人才。现代学校教育中推广生命教育有其历史的合理性与必然性，然而我们却不可以将生命教育的重要性夸大到极致。从现当代史的角度看，仅仅一个日本从 1868 年的明治维新至 1931 年的九·一八事变对中国的大规模武装入侵达 11 次之多，掠夺中国的财宝无数，奠定了其资本原始积累的基础。而八国联军侵占中国，对中国资源的掠夺更是无以复加。从当今世界发展的横断面来看，阿富汗、伊拉克、达尔富尔、科索沃，国家和地区之间的战争的硝烟从未泯灭过，作为教育工作者，我们不可以沉湎于和平教育的美梦而不警醒。扪心自问看看我们任教的学校，我们任教的班级，国防教育还有多少在学生中进行，忧国忧民的忧患意识的培养，还有多少为人们所重视，居安思危的民族振兴的教育还有多少人在进行，在一片歌舞升平的媚俗氛围中，教育者的骨气还存在多少，教育者正在沦为正面教育的奴婢，其追求真理的风骨正在软化。整个社会充斥着感官刺激的不良信息，课堂中气壮山河的民族气节教育已荡然无存，难怪有人在世纪之交发出这样的哀叹，谁来保卫新世纪的中国。

其实无论是从内容出发还是站在方法论的角度，民族气节与英雄主义的教育都是须臾不可缺少的。和平时期的社会发展，经济竞争实际上是另外一种形式的格斗，商场上利益之争其激烈程度丝毫不亚于战场上的战争，英雄主义教育不仅仅只在革命年代需要，在和平建设年代仍然需要并十分迫切，因为这类教育在教会个体战胜挫折克服困难的同时，还会增强整个民族的生存与竞争能力。在第二次世界大战前夕的日本民族和德意志日耳曼民族居安思危、励精图治的忧患教育、英雄教育从反面证明了这一道理，与当时代表正确势力的欧美各国的幸福教育与享乐教育相比，倒是以侵略扩张为目的的日本和德国把教育的这种主观能动的积极意义发挥到了极致——把人变成了战争机器，把人变成了魔鬼，以至于连最有正义感的教育家们也不得不悲哀地赞叹：就教育的价值和功能而言，德国和日本的教育是成功的教育。反观现实有两种现象尤应引起教育工作者的警觉与思考。一是社会上滚雪球般的暴力、凶杀、色情现象；二是少年儿童从小就表现出来的喜欢打打杀杀的军事游戏的暴力倾向，是与生俱来的争斗天性所施。教育就是要在“文化”与“本性”之间搭建桥梁，使人类在实现人性的社会化过程中由本性向文化过渡。同时，教育还有满足社会发展个体化的需要，即在促进文化发展的同时满足个体包括身体本能在内的欲望和需求。反思现今学校倡导的生命教育，由于缺少了英雄主义教育，片面地夸大了对生命的珍惜与热爱。对此推向极致的同时，陷入了好死不如赖活着的苟且偷生的怪圈不能自拔。

回顾历史，中国从来不乏英雄壮举的教育，从“风萧萧兮易水寒，壮士一去兮不复返”的荆轲到“我自横刀向天笑，去留肝胆两昆仑”的谭嗣同，从纂写《警世钟》、《猛回头》报国无门投海自尽的陈天华到“我以我血荐中华”的鲁迅，中华民族气节的教育孕育出多少可歌可泣的英雄，描述了多少气壮山河的壮举，谱写了华夏文明千古不衰的凯歌。然而，新世纪伊始我们的基础教育在两个泥潭里越陷越深，一个是应试教育的沼泽，一个是生命教育的泥塘。对前者的谴责和诟病本人不想多说，而对于后者，在珍惜生命的旗帜下，跨越了真理的界限“为活着而活着”，这种“为活着而活着”的教育为培养贪生怕死的懦夫和好死不如赖活着的汉奸就不远了。笔者不是反对甚嚣尘上的生命教育，只是觉得这种教育走错了路，进错了门，跨过了真理的界限，走进了谬误的陷阱。为什么在雪花般飞舞的生命教育的论著与教材中删去了民族气节、英雄主义教育的内容？仿佛是民族气节与英雄主义导致了蔑视生命，一个没有英雄的民族只能是一盘散沙，一个缺失了气节的民族只能任人宰割。一个民族依靠什么屹立在世界之林，答案只能是一个民族的英雄。英雄人物是历史发展的动力，是社会文明的领头羊。在一个恐怖分子肆无忌惮，疯狂活动的世界，那种过了头的所谓的生命教育，只能培养贪生怕死的懦夫，而现实恰恰是呼唤敢于直面惨淡人生的勇士。这种脱离实际的生命教育，如果说它好，那真是好的有限，如果说它坏，可能会亡国灭种，贻害子孙。当有那么一天，我们中华民族整体沦落为苟且偷生的扶不起的阿斗的时候，这种生命教育真的就堕落为教育的罪魁。长谷川弘一的帖子为我们敲响了警钟，革命战争时期的英雄为我们树立了榜样，改革开放时孔繁森、牛玉儒、任长霞、沈浩们身上闪烁的革命英雄主义的光辉永远是新时期生命教育中不可、不应、也不能忽视的重要内容。司马迁《史记》中的一句话“人总有一死，或重于泰山或轻于鸿毛”应该为今生后世的生命教育者们所永远记取。贝多芬的诗句“生命诚可贵，爱情价更高，若为自由故，二者皆可抛。”永远是生命教育的主题。

（二）生命化教育的“盲区”：死亡和死亡教育

死亡对于每个人来说都具有终极性和不可避免性。它既是人的生命的一部分，又是一个人的生命的终点，还是自我的消亡和个体失去对世界的感知与把握。因此，死亡是人生一个严肃的话题，是生命的应有之义。有生必有死，无死则无生，生与死是相互依存的统一体。人只有认识和理解了死亡，才能更好地生存。但是，在现行的学校教科书中几乎没有关于死亡问题的分析、讨论，教师和家长在教育学生时也有意避讳死亡，就算不得不提到死亡时，尤其对小学生，也往往用非常“优美”的童话、寓言来说明；或者告诉他们死去的人是去了很远很远的地方，暂时不能回来；抑或告诉他们死去的人其实是去了天堂、去了西方极乐世界……这样就向学生传递了一些关于死亡的不正确信息，使不少学生误以为死亡是一件很奇妙的事情,人死后还会活过来,结果导致一些学生视死亡为儿戏。据调查,我国 15 岁以下未成年人每年意外死亡的人数达 40—50 万之多,其中相当一部分是自杀。死亡教育的缺失,不仅让学生漠视自己的生命,还可能会引起他们对他人和其他生物生命的漠视。某地一名 13 岁的学生用石头砸死了 12 岁的同班同学;2002 年 4 月,北京一家网吧发生火灾,造成 24 人死亡、13 人受伤,而火灾原因竟是两个十三四岁的少年为了报复网吧服务员;2004 年的出于报复连杀四人引发轰动全国的“马加爵”事件;一些学生虐待小动物、随意攀折花草树木的事情更是屡见不鲜,这些都可以视作缺乏生命意识而造成的恶果。如果不对学生进行死亡教育,就无法消除学生缺乏生命意识的现象,而生命意识的缺乏将会导致学生不能善待自己和他人的生命,不能认识到生命的神圣性、唯一性、崇高性和不可替代性。因此,在学校生命教育中渗透死亡教育,使学生正确理解死亡的含义已是刻不容缓。

死亡教育就是通过对生命的诞生、成长、发展的观察与体验,让学生了解死亡是不可避免的,使其对生命有更深刻的认识,并引导他们珍惜和尊重自己、他人以及其他生物的生命,从小树立正确的人生观、世界观,对自己的生命愿景作出合理规划,从而提高个体生命存活的意义。在学校生命教育中渗透死亡教育,就是让学生从小知道“生、老、病、死”是自然界包括人在内的所有生物的必经历程,死亡是一切生物从诞生之日起就注定了的必然的最终归宿。人的生命历程中不仅有必然的正常死亡,也有因各种变故造成的非正常死亡。使他们明白个体生命是短暂的、有限的,要能够正确面对死亡,正确面对生命中出现的挫折与磨难,珍惜生命,热爱生命。确立正确的生活态度,不断赋予生命以新的内容和价值。每一个个体的生命过程都是有限的,生命体之间又是相互依存的。我们不仅要让学生感受到自己生命的珍贵,还要让他们推己及人,尊重他人的生命。要让学生知道:人的生命不仅仅是为了活着而在这个世界上存在,更重要的是让自己和他人都生活得更美好、更幸福。此外,还要告诉学生鸟兽鱼虫、花草树木都是有生命的,也都有其存在的意义和价值,我们要关心爱护它们。

美国中小学的死亡教育大体按照认知的、信息的（教导式）和个人的、情感的（经验式）两种模式实施。认知的、信息的（教导式），以教师为主，向学生介绍文章、资料、书籍或多媒体等所呈现的知识，主要包括知识讲授法和阅读法。知识讲授法是教师运用多种方式向学生系统讲授有关死亡的知识；阅读法是教师指导学生阅读由各种视听媒体（如幻灯片、影片、音乐、文学、艺术作品、报刊杂志等）呈现的有关死亡的内容，然后进行讨论，交流感受。个人的、情感的（经验式），以学生为主，运用各种经验情绪分享的方式，来探索死亡和濒死的各种情绪和感情，主要包括模拟想象法和参观体验法。模拟想象法包括轮流演剧、情景模拟想象、角色扮演等；参观体验法包括参观医院、育婴室、殡仪馆、丧礼病房等与生老病死相关的场所，照顾濒死病人等。此外，还有在相关事件发生时进行的随机教学法，以及学生自己借助指定或自定的作业，从事文献的收集、整理、分析，以获取相关知识的自我教育法。[①] 我国台湾地区的小学通常会组织学生参观产房、婴儿室、手术室、安宁病房等，使学生了解生命的诞生，体验生命的喜悦并理解生命的尊严。台湾教育理论界还提出生命教育是一种价值性的活动，死亡教育是生命教育最明确的内涵。以上的这些做法和思考都值得我们借鉴。目前，我国大陆只有辽宁省、上海市等地区和学校进行了有关死亡教育的尝试，但仅仅处于起步阶段。鉴于此，笔者认为，政府应重视死亡教育，在中小学校园和课堂中开展死亡教育，加强这方面的师资建设、课程设置和内容规划，加强政策干预。

（三）生命化教育的远景：自由与自由生命教育

生命教育是当前教育理论界探讨的一个重要课题，厘定当前生命教育研究所处的发展阶段，预测它的发展愿景，是进一步深化生命教育理论研究与促进实践变革的前提。从已有的研究成果来看，对生命教育的研究大多是从个体生命的角度，提出生命教育应当关注和舒展学生的个体

---

① 周士英：《美国死亡教育研究综述》，《外国中小学教育》2008 年第 4 期。

生命,要真正实现生命教育这一理想,需要在更为宏观的视野下进行更为深入的研究。根据马克思关于人的发展的“三个阶段”理论:第一是以人的依赖关系为基础的群体本位形态,人的生命形态表现为群体生命;第二是以物的依赖性为基础的个体本位形态,人的生命形态表现为个体生命;第三是建立在全面发展基础上的自由个性之生命形态,人的生命形态表现为自由生命形态。① 吸取当前生命教育研究成果,我们提出自由生命教育的理念。大自然是生命的存在环境,每一个生命的诞生、成长与衰亡都是一个自然的过程。人的自然生命,其向度包括:人与自身、自我与他人、自我与社会、人与自然。人有物质和功利的追求,还有精神与价值的追求,坚持物质追求与精神追求的协调发展,拓展生命的意义,提升生命的境界,实现自我的超越;在人与他人的关系上,要坚持主体间性原则,通过交往、对话、理解,建立人与他人既有竞争又不失合作的和睦友好关系;社会是人的社会,人是社会的人,人的生命的成长离不开他所生活的社会,我们要在重视个人生命发展的同时,还应注重个人与社会的和谐发展,坚持个体价值与社会价值的统一;大自然是我们赖以生存的生命之基、生命之本、生命之源,我们必须走可持续发展的道路,建立与大自然共存共荣的和睦关系,保护我们身边的环境、我们的共同家园。总之,只有协调好人与自身生命的和谐统一、人与他人生命的和睦相处、人与社会生命的协调发展、人与自然生命的共存共荣的关系,才能实现个体生命的全面自由的发展。

自由境界的生命形态是个体生命与群体生命所追求的理想形态,它需要诸多的条件,教育在诸多条件中起着至关重要的作用。我们把旨在发展人的自由生命的教育,称为自由生命教育。自由生命教育不是实体的教育形态,而是支配教育理论研究与实践探索的一种观念。自由生命教育是在人的生命发展所处的“三个阶段”的基础和前提下,关注和发展生命四个向度的教育,是实现四个生命向度和谐发展的教育,是逐步走向生命发展的高级阶段——每一个生命自由发展的教育。未来每一个生命

① 《马克思恩格斯全集》,人民出版社 1979 年版,第 104 页。

的发展离不开自然生命的健康发展，更离不开人与人之间的和睦相处、人与社会的共同进步、人与自然的共存共荣。人的这种关系的多重性和矛盾的辩证统一决定了当前的生命教育如果单纯地从个体的视角去探讨对生命的关注与发展，而不用人类生命发展得更广阔的视野对人之生命进行解读、对生命教育进行审视，那么我们将不会真正地实现生命教育的美好理想——每一个生命自由、全面、和谐地发展。自由生命教育致力于增强学生对自我生命的肯定、接纳、珍爱的同时，教育与引导学生自觉地尊重他人生命，并对整个人类有深切的人文关怀和终极关注，为所有生命的自由发展作出应有的贡献。在这样的教育理念指引下，作为人类的每一个个体，在关注和发展自身生命的时候，要自觉地站在全人类的立场上去思考、去实践，使个体与群体、自然生命与自由生命达到真正的统一。

自由生命教育与当前的生命教育相比，视野更为开阔、内涵更为丰富，为当前生命教育的研究提供了新的思维方式与研究思路。当前我国学者与一线的教师大多从情感、幸福体验的角度对生命教育进行解读，而从人类生命由必然王国走向自由王国的发展的视野对生命教育进行诠释的研究文献比较鲜见。我们要一方面看到由于历史和现实原因导致当前人的个体生命意识的缺失，因此要大力弘扬生命教育，积极关注学生的个体生命，着重培养人的个体生命意识，但另一方面还应当考虑我国所面临的国际背景，吸取西方社会由于个体生命意识过分张扬造成的个体生命的异化而导致人与自身、人与社会、人与自然强烈的对抗与冲突的教训，在关注个体的必然生命的同时要自觉地以自由生命意识为指导，使我们的生命教育的理论研究与实践探索避免误入歧途，沿着健康的轨道向前发展。同时，自由生命教育的提出表达了人类不断超越自我的理想，表明了人类不断追求自身生命发展和完善的希望，表征着人类对美好生活的期盼。当下，70 亿人生活在同一个“地球村”里，我们已经体验到了“同呼吸，共命运”的深刻含义。教育作为拯救人类理想的事业应当有更加开阔的视野、更加博大的胸怀，然而我们当前的教育却在经济全球化、政治一体化强势话语的影响下，日趋功利化、世俗化，逐渐失去了它追求崇高的本原意义。而自由生命教育的提出，意味着教育完全可以在关注、发展、完善人类的生命领域中展现其独特的魅力和风采。我们只有在更为宏观的视野下对生命教育进行探讨,我们的生命教育理论研究才能不断深入,只有在自由生命教育理念的指引下,我们的生命教育理论研究和实践探索才能健康发展。

六、走向“共同体”的班级德育建设

自从17世纪捷克教育家夸美纽斯将班级授课制用系统的理论固定下来之后,班级建设就成为学校教育中举足轻重的一项工作。然而,传统的学校教育对班级建设的理解是有偏颇的,需要与时俱进。班级建设不是从个体到集体的一蹴而就,而是经过“松散的结合体”、“严密的聚合体”、“多元的共同体”三个阶段。班级的奋斗目标也是由组班伊始的“个体目标的结合”到“集体一元化”目标的确立,进而发展到既关注学生个性才能的多方面发展又关注他们“共同价值”形成的“多元一体”班级目标的实现。学生的成长过程也不仅仅是单向度的“个体社会化的过程”,同时也是“社会个体化的过程”。作为社会主流文化代言人的教师不但肩负着对儿童的“教化”作用,而且也肩负着改变和修正社会不合理规则以满足儿童合理需求的责任。

班级是学校教育的细胞,是学生活动的场所。一个班级就是一个小社会,对学生个体的发展起着重要的作用。班级活动为学生提高“处事”能力、学习“待人”之道、获得“思想”启蒙提供机会,为儿童走进社会打下坚实的基础。丰富多彩的班级活动,积极向上的班级风气,情趣盎然的班级氛围,励精图治的班级精神,为学生兴趣爱好的培养、能力的提高搭建舞台。学生正是在班级生活中自我意识得以觉醒,集体意识得以发展,文化素质得以提高,个性品质得以养成。以往,我国班级建设的理论与实践因循苏联教育家马卡连科的集体主义教育思想,在提高了学生的集体意识的同时,却令人遗憾地忽视了学生个性才能的多方面发展。笔者拟在反思与检讨的基础上对班级建设的不同形态及其发展趋势作一探讨。

（一）班级建设的不同形态

在教育条件下，学生首先是作为个体而存在的。从新生报道的第一天起，学生成为集体中的一员，鲜活而充满个性，是班级建设把一个个独立的“圆环”套到一起，将其变成“同心圆”。班级的奋斗目标也是由组班伊始的“各自目标的结合”到“集体一元化目标”的确立，而班主任则天然地成了这个组织的“圆心”。

班级是从教学的角度设立的组织，与“个别教学”相对，是把年龄和知识水平相近的有共同学习任务的学生编制成固定人数的群体。形成伊始，班级还是一个结构松散的“结合体”，学生在其中展现着个性，憧憬着未来，放飞着理想。他们的背后是家长们热切的目光和社会殷殷的期望。这种组织形态的特点表现在以下三个方面：一是在松散的班级氛围中，学生身上的“田野气息”在相对自由的空气中得以展现；二是在新颖的学习环境里，学生的自然秉性逐渐地向组织状态的社会性转化；三是在充满智慧的校园文化中，学生理性的幼芽生出一抹新绿，生活习惯向新的组织规范靠拢。这种松散的“结合体”可以概括为班级建设的“原始民主”形态，以图3示之：

随着学生对新规范的逐渐认同，班级由松散的“结合体”变成严密的“聚合体”。此时，班级成员围绕班主任，主要以学习成绩为标尺分化为“干部”和“群众”，以纪律约束为首的班级规范发挥着愈加重要的作用。这种班级组织具有以下特点：首先，有利于班级成员集体意识的形成和班级荣誉感的产生，这是学生个体社会化的重要机制；其次，有利于班级的组织管理，政令畅通，上情下达；最后，有利于将集体的力量发挥到最大限度，实现个人所不能实现的目的。但是，这种组织形态往往导致管理者的集权和专制的产生，导致学生之间的等级制和阶层制的出现，损害了教育的公平与公正；个体的积极性被挫伤，个性被湮没。这种组织常常打着集体利益的幌子，把“基层民众”的利益操纵于少数“统治者”的股掌之中，

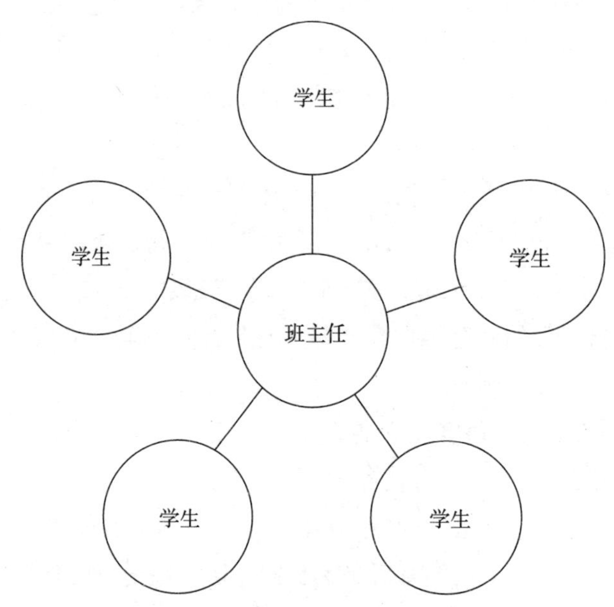

图 3 "原始民主"形态的班级建设

"这就等于说,在这种社会里很少有共同的利益;社会各成员之间没有自由的往来。"①这种组织形式的特点是行动快、效率高,要求成员拿出自己的全部利益交给组织的核心领导统一支配,适合于利益集团组织的比赛、战争、抢险等特殊情况,产生于人类社会的早期并且贯穿至今。然而,出于"趋利避害"的本能,人们普遍不愿放弃既得利益,这就容易产生小利益集团,导致"集体的自私",造成领导核心的绝对权威,形成家长制。这种"训练儿童温顺和服从,小心地完成被强迫去做工作的传统教育形式是适合于一个专制社会的"②。这种组织由于没有成员个体的自由空间而导致"熵死"。其临时性的特点决定了它的适用范围的有限性和适用时间的短暂性。然而,现有的班级却令人遗憾地将这种组织形态诉诸常规,结果导致了校园内司空见惯的学生个性被压抑、创造性被泯灭、教师专横跋扈、师生关系紧张等现象,正如杜威所指出的:"很多势力教育一

① 杜威:《民主主义与教育》,人民教育出版社 2001 年版,第 89 页。

② 杜威:《学校与社会·明日之学校》,人民教育出版社 2005 年版,第 367 页。

些人成为主人,却教育另一些人成为奴隶。”①殊不知,一切皆源于这种不合理的组织结构。这种组织严密的“聚合体”可以称为班级建设的“酋长专制”形态,以图4示之:

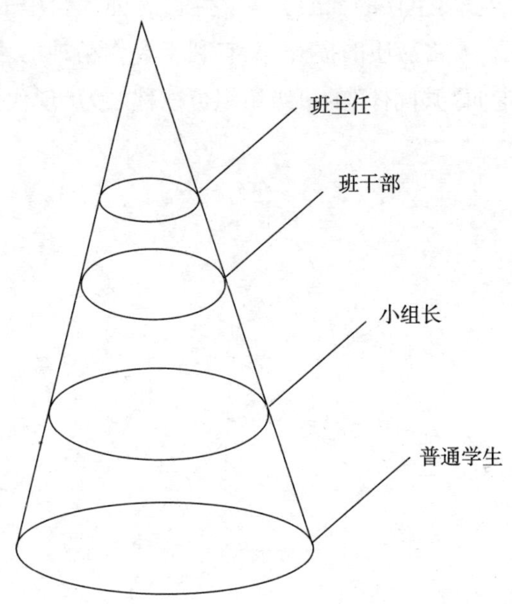

图4 “酋长专制”形态的班级建设

班级建设不能止步于组织严密的“聚合体”,而应该走向“多元一体”的“共同体”。从社会学的角度来看,“共同体”要求成员以缴税的方式拿出一小部分利益交予管理者,形成社会契约以保证个人利益的最大化。成员在一个组织里,既有共同的目标以及必须共同遵守的纪律和规则,又有相对自由的属于个体的发展空间,有利于民主观念的养成,有利于个人积极性的发挥,利益一致,分工明确,责权清晰。这种组织形式易于形成稳定、和谐的群体秩序,有利于“共同体”成员利益目标的实现。班级共同体具有以下特点:首先,它是尊重差异的共同体,是“交响乐般的共同体”,而不是“珊瑚般的共同体”。② 其次,它是多元多层的共同体,是色

---

① 杜威:《民主主义与教育》,人民教育出版社2001年版,第89页。

② 参见佐藤学:《学习的快乐——走向对话》,教育科学出版社2004年版,第384页。

彩斑斓的共同体,而不是黑白分明的共同体。最后,它是与时俱进的共同体,是发展完善的共同体,而不是一劳永逸的"终极团体"。"今后的社会必须一方面作为每一个个体自立的社会;另一方面又必须是彼此尊重各自的差异相互学习而生存的社会。"①学生在这种社会中成长,既有利于个性魅力的展示,人格品质的提升,又有利于合作精神的培养,集体意识的形成。这种走向"共同体"的班级组织可以称之为"现代民主"形态,以图5示之:

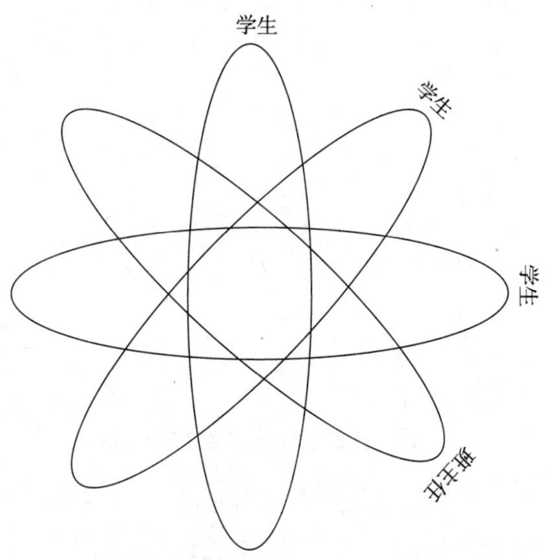

图5 "现代民主"形态的班级建设

(二)班级建设的不同阶段

班级的形成和发展是一个复杂的过程,了解和把握其规律和特点对于促进班级建设和实现学生全面发展具有重要的理论与实践意义。一般来说,与三种形态相对应的班级的形成发展可分为三个阶段。

---

① 佐藤学:《学习的快乐——走向对话》,教育科学出版社2004年版,第94页。

1.“结合体”形态——班级建设的初创阶段

从松散走向合群是此阶段的主要特征。新学年伊始，数十个来自不同背景的学生集聚一堂，陌生的教师和同学、强烈的新鲜感、浓厚的好奇心使学生对即将开始的生活充满憧憬。这时的学生怀揣着自己的想法坐在同一个班里等待着集体生活的开始。班主任的出现使松散的群体有了“头儿”，她（他）在自我介绍之后开始履行职责，发号施令，组织班委，任命干部，分配角色，布置工作，提出要求，督促实施，这是班集体的初创时期，可以称其为“结合体”时期。学生开始由过去的生活方式向新的方式转变。有经验的班主任在抓紧时间全面了解学生，培养积极分子的同时和大家一起学习规章制度，开展班级活动，增进了解，促进交往，形成班级的凝聚力，为下一步建设奠定基础。在此阶段，全体学生是在班主任统一领导下行动的。这个时期的班级建设是一种典型的“辐射式”形态。

2.“聚合体”形态—— 班级建设的发展阶段

从班主任的专门治理到班委会的组织管理是这一阶段的特点，“家长制（班主任是‘家园’里天然的家长）”或“家族制（班主任及其‘亲信’组成的领导班子）”是这一阶段的产物。

一般是在开学数周之后，学生之间逐渐熟悉，大家的个性不断表露，各种能力随之展现。随着交往活动深入开展，同学友情开始形成，具有“领袖才能”的人脱颖而出，受到大家的瞩目，班级骨干力量日趋凸显，成长为中坚力量。在班主任的指导下，通过征求大家的意见，将具有指挥才能而又热心为集体服务的学生选入班委会组成班集体的领导核心。班集体“舰队”启航了，班级建设逐渐由“辐射式”转变为“轴心式”。班级的凝聚力有所增强，良好的班风开始形成，但班级的奋斗目标与行为规范尚未成为学生自觉自愿的行为动机，教育要求主要依赖教育者的指令和规章制度起作用。此阶段称为“聚合体”阶段。毋庸讳言，现阶段我国的班级建设尚处于此阶段且裹足不前，陷入“家长制”或“家族制”的泥淖而不能自拔。这种“轴心式”的组织形态的基层是没有话语权的普通学生，他们是“被统治者”或“被代表者”。他们的心声只有通过别人来“表达”，他们的意见只有通过别人来“反映”。在这样的层级制度下，普通学生永远只是“沉默的羔羊”。日常生活中他们所能做的只有两件事情：要么选择服从、“谄媚”；要么选择“逃避”、捣乱。班级建设是止步于此，还是另寻出路？

3.“共同体”形态——班级建设的高级阶段

在笔者到过的一些发达国家和地区的学校，一般在期中考试之后，班级建设就由“轴心式”的聚合体向“花瓣式”的共同体过渡。这时期班主任在加强对班干部的教育、指导的同时逐步从直接指挥班级活动的状态中解脱出来，放手发动群众，创建民主机制，鼓励全班学生积极关心班级事务，踊跃参加班级活动，实行“执政”和“在野”、“两班制”的施政和监督管理机制，由通过“竞选”、“上台”的班委会组织开展班级工作，开展集体活动，并使他们知晓自己是民主选举胜出的代表，和全班学生一起修订班规，调整政策，维护集体的利益，尽最大的才智和热情为大家服务。班干部的产生、任期和换届均实施真正的民主过程，在学生的心田里播下民主的种子，为培养未来的民主国家的议员和政治家打下基础。班主任的作用也从台前到幕后，从直接到间接，最后形成民主的班级管理体制，真正实现“管是为了不管”，“育是为了不育”。

班级从聚合体到共同体的发展是一个质的飞跃。其特征主要有：第一，民主意识的形成。要使班级成员明了，自己的事情自己做主，集体的事情大家做主，民主的机制要从学校创立，民主的理念要从学生落实。第二，共同体的价值导向。为共同体中的每一个成员设计个性发展的蓝图，在共同体目标的旗帜下为成员预留最大的自由发展空间，使每个成员都能体验“集体之个人的集体”、“个人之集体的个人”的自豪感。第三，每个学生在班级共同体中都能找到自己的位置，开拓自己的领域，扮演自己喜欢的角色，实现自己的梦想。第四，在充分酝酿、讨论的基础上将班级共同体的目标、规范、价值化作每个成员的行动指南，使他们都能在共同体期望的基础上对自己提出自我教育的内容和目标并且自觉自愿地严格要求。第五，创建整个班级的民主氛围，激发每个人上进的动机，使每个人的梦想都有实现的可能。总之，班级共同体的建设和发展是班级建设的高级阶段，而这个阶段的形成和完善是不断变化的过程。

在这个过程中，学生不断地完善自我的品格，高扬自我的风帆，实现自我的价值。与此同时，学生在班级活动中所表现出来的热情、聪明、才干又通过各种渠道回归到社会，影响着社会，对社会生活的改良发挥着积极的作用，整个社会的文明与进步正是在包括学生在内的全体民众的积极参与下不断向前的。也正是在这种意义上，学校教育在实现着学生个体社会化的同时实现着社会的个体化。

（三）“共同体”：班级建设的发展愿景

建设班级“共同体”意味着“在异质人们的共同体相互交流的空间里”寻求建设的基础，“构筑有助于民主主义发展的实践的文化的共同体”。[①] 这一“共同体”无论从形式到内容、从理念到实践，都与前两种班级形态截然不同。它既有第一种组织形态中向学生的自然天性复归的趋势，又有对第二种组织形态中集体优势的超越和提升；同时它又能最大限度地克服第一种组织形态中成员习性的原始与荒蛮以及第二种组织形态中铁板一块的沉闷与千人一面的单调。

班级共同体的作用主要有以下几个方面：

1. 促进学生的道德发展

这是班级共同体的主要目标，要求学校建立积极的道德环境，培养学生关于集体、公正、秩序等方面的观念。班级和学校的道德环境是道德教育的关键所在。班级共同体向学生提供承担各种角色的机会，激发学生对民主和集体的理解和向往。道德发展取决于个体在社会和团体中的角色承担，社会关系对个体道德发展产生很大影响，班级共同体是迄今为止促进学生道德发展的最佳形态。

---

① 佐藤学：《学习的快乐——走向对话》，教育科学出版社 2004 年版，第 102 页。

2. 培养学生的集体意识

要达到教育的目的,就必须提倡学生的民主参与。民主参与是集体意识的表现,它能给学生提供更多承担角色的机会。班级共同体建立了一种民主参与制度解决班级实际问题,要求学生之间相互关心,具有集体责任感。这种环境有利于学生公民意识发展。“教育不仅具有传播民主政治的功能,而且具有创造民主政治的功能。”①教育既是民主的“实验田”,又是民主的“播种机”。民主参与是达到教育目的的有效手段,只有学生能够独立作出有实际意义的决定,他们才能感到自己是集体的真正主人。

3. 实现学生的社会责任

班级共同体对学生现实生活的行为要求更加严格,通过赋予学生一种集体的民主权利意识,加强了他们的社会责任感,使他们力图达到行使权利与履行义务的统一。班级共同体努力创造条件来实现学生的社会责任。学生有责任维护自己达成的规则和纪律,有责任从集体利益的角度对现实生活中的问题作出判断并躬行践履。实践证明,班级共同体中的学生愿意以“我们”的思维模式考虑集体事务及其规章制度,对班级乃至学校的集体利益表现出更强的责任感。

公正团体法是美国道德教育家柯尔伯格于20世纪70年代在实验基础上提出来的一种班级建设的方法。此法正是笔者所探究的班级共同体的最好注脚。其内容是通过学生和教师的民主参与活动,创造一种公正的集体氛围,以促进成员的个性发展。组织结构与任务见表51:

① 赵志毅:《文本与人本:高校德育方略研究》,南京师范大学出版社2004年版,第25页。

表51　公正团体法的组织结构与任务

机构	成员	任务
议事委员会	8—10名学生 1—2名教师	选择问题,制定议事规程
顾问小组	1名教师 8—10名学生	使大学畅所欲言,就议事委员会制定的道德问题开展讨论
集体会议	全体师生	讨论解决问题,制定规则,上诉违纪事件
纪律委员会	5—7名学生 1—2名教师	听取违纪事件和人际非礼问题,决定奖惩,促进人际理解

这种班级共同体的主要活动是定期举行的集体会议,时间约为两节课,内容包括制定有关的规则和纪律,计划集体活动和政策,处理违纪事件。其核心思想是民主参与和民主决策。无论是教师还是学生,大家对问题的表决都是每人一票。对会议要涉及的问题,顾问小组一般要先进行审议,杜绝权威或官僚主义的解决方式。纪律委员会一般是劝告和引导违纪者以后要遵守纪律,只有在确认合适的情况下,才能给予惩罚。如果谁对惩罚不服,可向更高的集体会议申诉。这种基于"共享关爱、共享活动、共享知识、共享伦理的'社会行为'(social action)的沟通正是催生'共同体'、催生'民主主义'的基础"。① 在具体操作过程中,公正团体方案可根据具体情况有所改变,但其基本目标是培养学生的民主参与意识和集体荣誉感。

班级共同体的突出特征是建立一种基于个体自由的民主制度。这种制度不仅是教育公正的需要,而且是成员共同利益的诉求。

毋庸讳言,国内外学校班级共同体的建设中也的确出现过一些问题,最突出的莫过于"多数人的暴政"和"掌握在少数人手里的真理无法实现"。目前情况下,这些问题虽然可以通过"纪检委"的作用和"轮流坐庄"的制度得以缓解和弥补,但是,在学生身心发展与班级民主建设中深层次的问题需要进一步的探讨和研究,这正是班级组织形式向更高阶段

① 参见佐藤学:《学习的快乐——走向对话》,教育科学出版社2004年版,第258页。

发展的动力。民主即使不是最好的,民主也一定能够避免最坏的。

无论是学生身心发展的需要,还是学校教育目标的实现,乃至国家民主制度的创立,都在呼唤班级共同体的建设。以民主为核心价值的班级共同体的建设需要达成一个共识:民主要从娃娃抓起,民主制度的建设任重而道远,真正的民主是人的自由的保障和本质的展现。①

七、"虚拟环境"中的真教育——建构我国"网络德育学"的几点思考

知识经济时代,互联网四通八达,信息浪潮扑面而来,作为时代先声的德育学应有自己的话语体系,适时作出理性的思考和回应,这既是德育理论工作者义不容辞的责任,也是德育学学术生命的价值所在。截至2004年年底,我国有1500万未成年人上网,学生是网民中一支重要的生力军。学校德育学不应患"技术恐高症"以及由此而来的"失语症",德育学应有自己独特的学术视角和学术情怀,面对学生上网过程中形形色色的问题,社会祈盼来自教育学界的声音。学校德育学理应作出积极的回应。

(一)实践呼唤建立中国特色的网络德育学

互联网由于其自主性、开放性、交互性、共享性、综合性和实时性,吸引了越来越多的未成年人的目光。网络文化对社会各层面特别是未成年人形成强烈的冲击波,如何在网络文化下开展德育工作,建构中国特色的网络德育学理论体系,引导广大网民尤其是未成年人正确使用网络,成为教育工作者亟待解决的课题。

---

① 参见杜威:《民主主义与教育》,人民教育出版社2001年版,第97页。

新华社2004年12月12日在《还未成年人一片纯净的天空》一文中指出:“北京市有14.8%的孩子患上了网络成瘾症。——网络以及网络游戏,在继电子游戏之后,被称为‘电子海洛因’,正蚕食着未成年人的心理和生理健康。”据2004年的《中国互联网络发展状况统计报告》,全国8700万上网人数中,18岁以下未成年的网民占总人数的17.3%,即1500万人,青少年已日益成为当代“网民”的主流群体。有关报告显示,我国未成年人接触和利用网络的发展趋势是:未成年人上网人数不断攀升;网络逐渐从城市走向农村,在过去网络空白的农村也出现了商品交易的网络信息平台;未成年人接触网络年龄趋小化。网络正以极大的力量影响着未成年人的生活和学习。对于网络时代带给未成年人的影响,笔者拟从学习方式、交友方式、休闲方式和思维方式四个方面来加以分析。

1. 学习方式的改变

首先,网络的发展替代了传统的教学方式,学生在网络上学习,轻点鼠标,就可以了解到世界各地最新的文化资讯。网络极大地改变了教学环境,拓展了教学空间。学生从被动地接受学习转变成自动的研究性学习。教师在互联网上解答学生的疑问,为师生的沟通交流提供了一种新的场所。在网络交流中,学生避免了直面老师时的紧张和羞涩,可以及时地解决学习中遇到的难题。另外,互联网为学生获取信息提供了新的渠道,学生的学习内容不再仅局限于书本中,在网上学生可以自主地获取各式各样的信息,满足他们的好奇心和求知欲。但我们也应当意识到,未成年人的生理和心理都处在一个未发展成熟的阶段,面对选择自主性的加强,势必导致未成年人道德价值取向的多元化,这种变化迫切需要加强网络德育建设和网络德育学的研究。

2. 交友方式的改变

未上网时未成年人所交朋友基本以家族成员和同学为主,他们与外界的交流受到地域限制。网络的出现为未成年人的交流提供了第二空间。在对天津市中小学生做的一份调查显示,在上网的学生中,找朋友,聊天的占 30%，而与学习有关的只占 27%。可见，上网聊天找朋友已经成为未成年上网的最主要因素之一。北京师范大学的一项调查发现，有 35.6% 的学生选择向现实中的好朋友诉说，19.1% 的学生选择向同学诉说，12.1% 选择向父母诉说，只有 1% 选择向老师诉说。由此可解释网络交友和聊天"盛行"的原因。这种虚拟的、跨时空的交往方式对于尚处在成长阶段的青少年学生来说，产生负面影响是必然的。首先，网络交友与现实交友不同，只要一台连线电脑就可以与来自任何国家地区、任何年龄职业的"陌生人"交朋友，以至网上欺骗行为频频出现。未成年人的辨识能力水平较低，很容易因为"网聊"成为受骗的对象，或成为网上欺骗行为的参与者。其次，影响了未成年人现实生活的人际关系的交往。互联网的虚拟性、匿名性等特点，使得青少年沉溺在其中，不能自拔。他们宁愿浸泡在虚幻的世界里而不愿面对现实生活。厌学、逃学、不愿参加班级活动等现象极大地阻碍了青少年正常的社会化过程，导致不健康人格的形成。最后，产生网恋问题。

3. 休闲方式的改变

电脑出现之前，青少年的休闲活动大多是看书、听音乐、看电视或参加体育锻炼。而网络时代的到来，特别是网络游戏的出现，使青少年的娱乐方式发生根本性的改变。网络游戏不断升级，频频更换对手，程序设计新奇多变，引人入胜。人可随心所欲地参与其中，成为主宰。这极大地满足了青少年好奇求胜的心理。他们在现实生活中永远是被"指挥"和控制的对象，可以自主选择的机会太少，在学校受老师的管理，在家里受家长的约束。而在网游中他们可以将内心的愤懑与烦恼发泄出去，充分地发挥和表现自我，这也是他们对网络游戏沉迷上瘾的原因之一。休闲方式的改变给未成年人带来了诸多新问题。美国精神学家托尼塔说："长期的网上冲浪，会逐渐地失去自我，改变个性。"网络游戏给青少年提供了扮演各种角色的机会，使青少年沉溺于网络游戏的诱惑中，迷失自我。而且大部分的网络游戏都以"攻击、战斗、竞争"为主要内容，长期沉溺其中，容易引发暴力犯罪，未成年人会误以为这样的暴力行为在现实生活中是被允许的，是正常的。盲目模仿游戏中带有色情、搏杀、武斗等暴力情节，行为会受到影响；部分未成年人过度沉迷网络游戏，无力自拔，最终因无力支付网络游戏费用铤而走险；个别心存不良者有意在网吧内物色作案对象，伺机实施抢劫。

4. 思维方式的改变

长期上网导致信任危机。心理学家荣格说："生活在现实世界的人们戴着各种各样的人格面具，人格面具的作用是在于给人一个很好的公开展示的一面，以便得到社会的承认，它保证了我们能够与人甚至是我们并不喜欢的人的和睦相处。"沉溺于网络里的人们，由于网络交往的虚拟性，往往会撕去"人格面具"，这样就与现实社会的需求形成一个巨大的心理反差。沉湎于网络中的未成年人，对现实社会的人际交往感到陌生，他们宁愿相信虚拟社会中的"朋友"。由于网络的匿名的特性，使用者常常以负面人格、多重面貌在网络中漫游，形成与现实生活完全不一样的虚拟人格。

（二）建构网络德育学的生态环境

网络社会是虚拟的真实存在与真实的虚拟存在的合二为一。在这里没有现实社会中的"权威"、"专家"、"明星"、"大腕"。屏幕面前人人平等，人人都是"网虫"，人与人的关系直接异化为"虫"与"虫"的关系。

网络社会是虚拟的社会，是现实社会不可分割的组成部分。虚拟性是网络社会最直接最显著的特点。但它又是最真实的。在网络里，社会以虚拟的形式存在着，人人可以登录，人人可以自由上网，可以在网络里自由地发表各种言论，展现人类品质最高尚或最低俗的方方面面。其虚拟性可见一斑。说网络是虚拟的真实存在正是基于这种认识。其次，网络社会又是真实的虚拟存在。这是指上网者所发表的感受绝大多数是真实的（正误姑且不论），但所用名字却是虚拟的。他们是怕因为讲了真话招来祸端。在假名背后，直抒胸臆，"我就是我"，很少有从众现象。世界的任何一个角落发生的任何一件事情均会在极短的时间通过网络真实地传遍整个世界。

正是因为网络社会的这种虚拟性与真实性的并存,为人的个性发展和德性解放从技术角度提供了"温床",创造了机遇。从下表可以清晰地看出现实社会与网络社会的异同点。

表52 现实社会和网络社会同异分析

	现实社会	网络社会
存在形态	人生命存在的实体性与精神存在的虚伪性	人生命存在的虚拟性与精神存在的真实性
主要资源	物质资源、精神资源、文化资源	三者基础之上的信息资源
人的主体性	单一主体,唯我独尊	多极主体,互通有无
交往范围	有限交往	普遍交往
交往形式	"人——人"面对面通过语言和文字交流	"人—机—人"通过数字和电码信号交流
对个性的影响	压抑,有限	自由,充分
话语形式	强势话语权利,人与人之间的交流受地位、性别、年龄、收入的制约和影响	对话权利平等,上网者之间的交流体现自由、民主、坦诚、平等的关系

资料来源:改编自刘守旗《网络教育:21世纪的德育革命》一文,载《南京师大学报》(社会科学版)2005年第6期。

毫无疑问,现实社会是从古代社会演化发展而来,这种实体社会以其鲜活生动的强大生产力绵延繁育,进化发展,其物质资源和精神文化资源的积淀由弱变强,由小变大。自然进化过程中,人由物种发展中弱小的一只,依靠着自己独特的聪明才智历经磨炼,成长进化成为世界的主宰,成为万物的统治力量,确立了"人类中心"的霸主地位,这既是生命世界的福音,又为整个生命世界敲响了丧钟,人类对自然多少个世纪的毁灭性开发已经将生命世界置于万劫不复的悲惨境地。而在现实社会中,生活在某一特定地域范围内的人,其交往更多地表现为语言或文字的"直面"交往。这种交往受主体的文化习俗、社会地位、身份、等级、收入甚至年龄、性别所影响。彼此"熟知"的人们之间常常有着一种莫名其妙的拘束和压抑之感,个性发展往往受到限制和摧残。在这种“直面”的交往中,为了利益的需要,有的人凭借所谓权威身份和霸主地位独揽话语权利,颐指气使,吆五喝六;而弱势群体只能唯唯诺诺,低眉下眼,更有甚者溜须拍马,阿谀奉承,假话连篇,令人作呕。这种“假话”、“大话”、“谎话”现象久而久之便形成了一种文化,为人们尤其是统治者所推广和运用,泛滥开来。

网络社会的出现同时也孕育着网络文化的胚胎,在屏幕后面,在网络上面,在“弹指一挥间”,人们在这虚拟的真实社会里,借助屏幕的掩护直抒胸臆,挥洒自如,嬉笑怒骂,谈天说地,真正使人们之间的普遍交往建立起来,这种不受约束的“普遍交往”为每个人个性的自由全面的发展提供了前所未有的可能。“技术绝不会限制我们的个性,却会大大增加我们选择的余地,大大增加我们的自由”(托夫勒语)。在网络社会里,人与人的交往变成了“网虫”之间符号的互动,真正的人退到了终端之后。“电信的流动性让我们在任何时候,任何地方都可以联络,这使得所有的事情都能随时随地地发生。”①网络世界是虚拟的又是真实的,它无时无刻不存在于我们的身边,它是人类思维空间的延伸,这种延伸能够对人类社会的发展产生常人难以想象的巨大影响。

当我们享受着现代科技带来的成果时,当我们憧憬着运用现代科技手段实现人的自由而全面的发展时,当上网已逐步成为人们生活的重要组成部分、人们在网上过着一种全新的生活时,我们也不无遗憾地看到网络正在受到侵蚀——从聊天室里低级庸俗的挑逗到黑客的恶作剧或犯罪,从坑蒙拐骗的网上直销到恶意中伤诋毁他人的名誉。互联网成了“互闹网”。正如马克·斯劳卡所言:“在这个杂糅的世界,每一种潜在的价值都变成了它自己的阴暗面;自由,成了种种恶习和折磨他人的自由;匿名,成了肆无忌惮的色情电话的匿名;而脱离物质躯体的解放,成了折磨他人虚拟躯体的邀请函。当真实世界用各种检查制度和权衡措施把住

① 刘守旗:《网络教育》,《21 世纪的德育革命》,《南京师大学报》(社会科学版)2003 年第 6 期。

邪恶之门时，人性中的所有恶魔，却在极短时间内跳到赛博空间里重新开张营业。显然，网络的设计者们忽视了一个简单的事实：自由仅仅存在于某种限制之内，道德仅仅在现实世界中才有意义。”①

德育是人的品德形成的教育，德育的目的是使人成为真正的有道德的人，使人过有意义的幸福生活。德育的生命力与个体生命共始终，弥漫于社会生活的全过程。网络社会的出现，为人的个性自由提供了“温床”，为人的德性发展创造了机遇。但网络社会毕竟不是一块净土，先进的网络技术带给人们的并非理想的伊甸园，反而成为个体发泄不满和本能欲望的场所。学者们认为，由于网络环境的特殊性、技术手段的新颖性、法律规范的局限性和道德调节的全面性，建立网络德育规范显得尤为重要。笔者认为，建立“网络德育学”，加强网络德育理论的研究，进而为加强网络德育实践提供卓有成效的理论指导，意义非常重大。加强对网民的教育，通过教育，帮助网民尽快适应网络社会这种全新的“网络环境”，使其学会做一个有道德的网民。这不仅仅是理论创新的需要，更是学校教育工作者责无旁贷的责任。网络的出现不但极大地丰富和拓展了人们的生活方式，而且还带来了德育内容、德育途径和方式方法的革命性变化。为了促使这种新型生活方式健康发展，为了每一个上网者精神人格的健全发展，我们必须重视和加强网络德育研究，创建有中国特色的网络德育学。

（三）网络德育学研究的逻辑起点

任何一门学科都是概念的逻辑体系，但是这些概念绝非是凭空产生的。网络德育学的逻辑起点，也只能到现实的网络活动中去寻找，在大量的上网活动中去抽象、概括。现实社会生活中无时无刻不在进行着网络活动。当研究者把目光投向上网者的时候，我们发现，上网者眼里的“现

---

① 参见[美]马克·斯苏卡：《大冲突：赛博空间和高科技对现实的威胁》，新华出版社1999年版。

实的存在”其实是汗牛充栋的信息和眼花缭乱的诱惑！正是这些大量的信息资源构成了网络道德的建设及其教育活动的基础。

此外，从历史的发展来看，马克思指出，从猿到人的过渡是在集体的情况下完成的。凡是直接生产过程具有社会结合过程的形态，而不是表现为独立生产者孤立劳动的地方，都必然会产生监督劳动和指挥劳动。监督和指挥也正是网络道德建设和网络管理的两个基本职能，按照马克思的观点，它们是产生在“具有社会结合过程的形态”的生产过程之中，即产生在集体化、系统化的生产过程之中。美国史学家海斯等人在《世界史》中也写道：“住家的建立也建立了文明，起居的家变成了管理工业和宗教的中心。村落、市镇和城市都是较大的团体，往往是有亲属关系的家庭的根据地；同样的，市镇变成了管理工业、宗教和艺术的中心。”①在人类历史的发展中，首先是人的行为——由人不同于动物的行为——有目的性的行为形成了人的群体，组成了人类社会。而网络社会纯粹是人智慧生命的物质外化。人的群体之间的有目的的网上交往的行为是网络道德建设及其教育的逻辑起点。上网行为的概念蕴涵着网络道德活动全部矛盾的胚芽，蕴涵着网络德育学尚未展开的全部概念的丰富性。从上网行为这一概念出发是有可能再现主体在网络活动中道德与非道德行为的发生、发展和变化全部问题和规律的，因此它应该成为网络德育学的逻辑起点。

一门学科的逻辑起点是与这门学科的研究领域相联系。网络德育学的逻辑起点是学校德育学逻辑起点的一个特定的子概念：网络行为。网络行为作为理论体系的逻辑起点必须满足三个条件：

1. 网络行为是网络德育理论体系中最基本、最普遍的现实存在

这可从微观和宏观两个角度去考察。前者指家庭、办公室、工作间、网吧、教室中个人的上网情形；后者指各行业各部门各领域之间的网络联系与沟通。这两大部分相加就是网络系统。要开展任何一项网络规范的

① ［美］海斯等：《世界史》（上），三联书店1974年版，第42页。

建设与教育活动,必须对网络系统中的资源和关系进行协调,必须对一切上网之人的网上行为进行规范和监督,所以网络行为是一切网络活动赖以存在的基础。

从网络道德及其教育系统由上网者、交流对象、交流内容以及上网的时间与空间几个要素的构成角度去考察。要想有效地实现网络德育的目的,规范网络秩序,净化网络空间,就必须依赖于网络系统合理地分配网络资源和权力,端正上网者的心态,采取正确的上网行为,这是网络德育活动的中心内容。

2. 网络行为必须与网络历史的起点相一致

按照马克思的理解,逻辑方式本质上还是历史的方式,只是摆脱了它的历史和对它起作用的偶然现象而已。人类社会由于群体形成和需要开展有目的的活动而产生道德及其教育的活动。同样,由于网络一出现便形成上网者群体,他们为沟通学习和娱乐的目标聚集在某一网页上,形成了“网民”群体,在进行网上活动时,个体与个体、个体与群体、群体与群体、群体与环境之间将不可避免地出现认知、情感和利益的冲突和碰撞,而制定共同的游戏规则以保护大家的共同利益和网络系统鲜活的生命力,更好地调节这些冲突和纠纷,便成为必然。就实质而言,这种规范的制定与实施就是网络德育学的重要内容。显然,网络德育学是伴随着网络行为出现而出现并随着网络行为的被约束和网络游戏规则的规范化而逐步发展和建构起来的。因此,可以认为网络行为与网络历史的起点是一致的。

3. 网络行为概念蕴涵着网络德育学全部主要概念的丰富性

作为逻辑起点的网络行为是一个网络社会系统。目的性是该系统的根本特征。因此,它蕴涵着网络德育目的概念,是理论体系的中介概念,只有揭示了网络道德行为系统和网络德育目的这两个概念的本质之后,才能明确定义理论体系的中心概念——网络德育学。网络德育学概念揭示网络德育的本质就是制定和推广,检查并监督网络道德规范及其运用的情况，解释和规范上网者中人与人之间的矛盾关系，协调网络系统有限的资源投入与高效益地实现网络道德教育的目的之间的矛盾。本质的必然联系就是事物发展的内在规律，对本质的自然延伸研究是网络德育的基本规律。而基本规律是抽象和笼统的，难以具体化协调和解决基本规律所揭示的网络德育的基本矛盾。于是，网络德育的原则概念便成为网络德育的自然属性和社会属性、开放性和封闭性等概念的后继概念。在网络诸多矛盾与纠纷的协调过程中，网络行为矛盾的解决必须通过一定的活动，采用一定的技术和方法来协调系统与环境矛盾的计划活动；协调系统与系统、系统与个人矛盾的组织和控制活动；协调网络行为目的与系统实际活动偏离的矛盾的宏观与微观的控制活动。因此，网络行为这一概念蕴涵着网络德育学理论体系尚未展开的全部主要概念的丰富性。

从对网络活动状况的理性分析中我们认为：网络行为是网络德育学理论体系的实践的、历史的起点。以"网民"的上网行为构成的网络活动是网络社会最普遍、最基本的现象，是网络德育学中最基本的概念，理应成为本学科的逻辑起点。笔者所设想的网络德育学的研究将循着"网络行为"→"行为规范"→"规范制定与遵守的教育"→"规范标准和评价指标"→"网络道德及其教育体系"的建立这样一条主线进行。网络德育的实质是网络道德规范的制定与上网者行为规范是否符合道德标准的教育。笔者认为，网络德育论分为网络德育目的论、网络德育本质论、网络德育规律论、网络德育原则论、网络德育活动论、网络德育方法论与网络"黑客"论。各论又有自己的亚结构及其组成要素。

八、"首任教师"的神圣职责——家庭教育的理念与方法

家长作为孩子成长道路上的第一任老师，在孩子教育中需要什么样的育儿理念？家长应该具备什么样的文化素养？家长应该怎么样跟孩子

沟通去理解孩子、进而去理解学校的老师、配合学校做好儿童教育工作？这是大家所关心的重要问题。笔者的调查显示：在接送孩子的家长中间，家长替孩子背书包的，占90%以上。我曾经在学校门口问替孩子背书包的家长："你们为什么要替孩子背书包？"回答大致有三类：第一类是说孩子学习太辛苦了，书包太重了；第二类认为是因为书包重，会影响孩子的身心发育；第三类回答是没有想过，就这么替孩子背了。今天我们的孩子连自己的书包都不想背或者不能背的话，将来何以背起他的人生？何以背得起他的家庭？他又何以背得起民族发展的重担呢？也许有的家长会说问题没有那么严重，但是培养孩子的自立精神、独立精神、适应社会的能力，一定要从孩子小时候做起，一定要从我们家长自己做起。让孩子自己背书包，有百利而无一弊。有关专家研究过，今天孩子的书包的重量远远没有达到影响孩子身心健康的地步，而家长这样做，只能说是处于善良的动机在做不好的事情。毫无疑问，每一位家长的动机都是善良的，都是为孩子的成长着想，但是现在孩子在他的人格发育初期，从背书包这个事情看，早晨出门家长替他背书包，让他养成了依赖的习惯；下午回家你把书包从他手里接过来，让他养成了不尊重别人的劳动的习惯。孩子根本觉得家长背书包是理所当然、天经地义的。这种现象的普遍存在，过错不在孩子，错在家长！我们很多孩子在幼儿园时就明白"自己的事情自己做"的道理，可是，在上小学后反而根本没有自己背书包的意识。

"一屋不扫，何以扫天下？一包不背，何以背起人生？"这句话绝对不是把家庭教育的问题夸大，我是想告诉各位家长：属于孩子自己做的事，一定要让孩子自己去做。

在大众传媒上也曾报道过这样一件事：有一个孩子从北京考到了青岛的某大学，他打电话告诉妈妈说学校的伙食不好，喜欢吃妈妈煮的馄饨，妈妈竟然早上三点钟起床包馄饨，五点钟奔机场，七点多坐头班飞机，九点多到青岛，十点多钟打的到学校，飞奔到学校宿舍，十一点多馄饨还是热的，给孩子吃。这样的母亲、这样的"爱心"让人感叹：这是在爱护孩子，还是在残害孩子？为孩子吃一碗馄饨，妈妈有必要如此劳神千里迢迢、奔波劳累吗？

家长应有正确的培养孩子人格、培养孩子道德品质的家庭教育理念。理念从何而来？从教育而来，“教育者”（家长）应先接受教育。重要的问题是教育家长。

（一）培养道德品质首先应正确认识儿童本质

培养孩子成才，首先要培养孩子成人，就是培养孩子的道德品质。孩子的优良品质从哪里来？这个问题的回答正确与否与如何理解儿童的本质有着内在的联系。儿童的本质到底是什么？孩子是家长的血肉，孩子是家族的希望，孩子是民族的花朵，孩子是国家的未来。

1. 教育中的儿童观

孩子到底是什么？日常生活中人们对这个问题的回答可以归为三种观点。

第一种观点认为：孩子是“天使”。如果我们把孩子看成是“天使”，我们就会认为儿童的本质属性是“性善”。但是在日常生活中，当家长遇到这样一种情况——我说东，他朝西，我撵鸭子他撵鸡，孩子经常对家长存有逆反心理。当我们遇到孩子因逆反心理而不听话的时候，家长往往会长叹一声：唉，真是作孽，这哪里是“天使”，简直是“魔鬼”。这便是第二种观点——性恶论的观点。我们家长要做的就是改变他这个恶，让他向善。诚然，这里的“天使”、“魔鬼”只是比喻的说法，实际意义在于对孩子本质的理解关系到我们对孩子的教育理念的形成。第三种观点是折中论：儿童的本质一半是“天使”，一半是“魔鬼”，即孩子的本质既有善的一面又有恶的一面，我们要培养善的一面，抑制恶的那一面。

作为儿童教育研究者，笔者对儿童的本质做以下归纳：儿童是信息的生命载体，他有自己成熟发育的内在机制，有着无限的创造力和难以预设的发展前景。这是关于儿童本质的最新的理解。我们只有这样去认识儿童的本质，才可能会有一个正确的儿童本质观。儿童本质观是家长教育儿童的第一道门槛，儿童的本质观不正确，不可能有好的儿童教育。

2. 中西方儿童观的演进

对于儿童的本性，中西是有区别的。中国传统的观点认为：性善说，以孟子和董仲舒为代表；性恶说，以荀子为代表的；善恶混同说，以杨勋为代表；还有性无善无不善说，以告子为代表的。在五千年文化中间，这些传统的观点对我们的影响是很大的，其中性善说占上风，也就是认为孩子的本性是善的，只要我们正确的去引导、去发展他这种"善端"，就可以把他培养成品德高尚的人。

不同的人性假设，家长就会有不同的教育主张。有的家长信奉"性恶论"，认为"不打不成材"、"棍棒底下出孝子"。此类家长骨子里认为孩子犯错、尝试错误是必然的，在尝试错误的过程中如果不给他强刺激，他是不会汲取错误的教训的，所以要给他强刺激，把他错误的行为给震慑掉，这就是我们所讲的体罚。相信性恶论的人主张通过惩罚，包括体罚，来改造人性。如果你是坚持性无善恶论者，既无善也无恶，人性是中性的，你可能主张通过教育塑造人生，教育的好孩子必然成才，教育的不好孩子就一定变坏。

现在教育界提倡的是性善论，认为通过教育可以发展人的这种善性。之所以你讲道理他不听，那是因为你教育的方法与你的教育理念是有问题的，家长会自觉不自觉地把自己因为种种主客观原因而没有实现的人生目的，有意无意地强加在孩子身上。把自己的人生遗憾变成了对孩子的期待。本身这种转移或者投射是没有错的，问题在于在这转移过程中间"强按牛头硬喝水"，逼着孩子去实现家长的目标，这种做法就错了。有的孩子明明不喜欢数学，家长觉得"学好数理化，走遍天下都不怕"，就非要逼着孩子去学数学；有些家长年轻时候就想成为艺术家，可是孩子一张嘴五音不全，却逼着孩子去学唱歌；有些家长觉得现在画画不错，很有前景，就让孩子学美术……而孩子可能在这些方面都不喜欢，当家长把自己的愿望强加在孩子身上，并且通过所谓的"棍棒"教育，要求孩子去实现的时候，家庭教育的悲剧就在家长错误的教育理念的驱使下诞生了。

从历史发展角度来看，西方儿童观的演变主要经历了以下几种观点：

一种观点是原罪说，西方社会是基督教文化为主流文化的社会，宗教在社会上占很重要的地位，基督教的原罪说认为：人生来有罪。人的一生是赎罪的过程，所以在西方的早期教育中，强调禁欲、强调背诵圣经、强调灌输和惩罚的教育方法。英国到现在还保留着一种法律——家长有权体罚自己的孩子。且流传着一句谚语：儿童的屁股在任何情况下都比他的耳朵会听话。他们相信这种严格的体罚对孩子成才是有好处的。

第二种观点是卢梭的浪漫主义的自然本质说，这种观点在现代西方儿童教育中间占了上风。他认为：发展中最重要的东面来自儿童内部的东西，教育的环境应该保证儿童的内在的善得以展开。卢梭的浪漫主义的自然本质观其实跟中国孟子的性善说有很大的相似点，两者都认为教育可使儿童的内在的善得以展开，内在的恶得以抑制，因此，卢梭反对约束和强迫，主张让儿童自由发展。卢梭的自然教育观有两个要点：其一，儿童的天性是自然的，按照儿童自然的天性给他施与教育。其二，把儿童放回到大自然中，对儿童进行教育，这对儿童的身心发展是最好的。这两点对我们今天的家庭教育是非常有启发意义的。一方面，我们在家庭里面要认识清楚儿童的自然天性——儿童要娱乐，要追求幸福的生活，要自由，所以要给儿童充分的玩的时间，这对家长是非常重要的；另一方面，物质生活丰富起来了，我们休息的时间越来越多，家长们可以利用节假日，少则一家两家，多则三家五家，带着孩子们到大自然中间去，在那蓝天白云之下，在那山水树木之间，让孩子们尽情地玩耍，这是一种非常好的教育，自然主义教育。

第三种观点是英国教育家洛克的“白板说”。他认为：人的一切行为无不是一定文化的产物，无不是通过一定的连接形式获得的，教育的主要任务就在于把文化中的知识、规则、价值体系传递给儿童。洛克提出，儿童的心灵是白板，好写最新的文字，好画最美的图画。这个观点曾经很长一段时间占上风。大家耳熟能详的一句话：教师是塑造人类灵魂的工程师。这句话的前提就是，儿童的心灵是一块白板，教师是塑造这块白板的工程师，你把儿童去塑造成什么样的人，他就是什么样的人。但是现在要一分为二地看，因为洛克的白板说受到人们的质疑，孩子的心灵不是任由成人去拿捏和塑造的白板,他是生命的信息载体,他有着自己内在的成熟发展的机制。

20世纪以来,在西方国家和中国,美国教育家杜威的儿童中心论的思想占了上风,他认为教育应该促进儿童与发展中的社会和环境的自然的相互作用。在儿童的发展过程中,作为发展的主体,儿童对教育活动的参与和体验是影响其发展尤其是社会性发展的最重要的因素。在注重儿童作为发展主体地位的同时,更强调环境条件,尤其是教育情境对儿童发展的影响作用。他主张我们的学校教育应该围绕着儿童的成长展开,根据儿童的兴趣和能力,设计教育活动,尽量去除教育过程中各种脱离生活、脱离儿童需求的内容与形式以及其他可能会对儿童发展产生阻碍的各种因素,让儿童的发展更适合其个性需求、更贴近社会生活。

3. 儿童认知发展阶段

在婴幼儿前三年中间他的思维是实物思维,比如:3岁的孩子,你问他苹果在哪里,他身边放满了苹果,可他熟视无睹,他要找刚刚妈妈给他吃过剩下来的那个苹果。婴幼儿认生,这是孩子典型的实物思维,他闻到、认识到爸爸妈妈身上的体味,那个形象,现实实体的存在,儿童是通过这个来认识世界的,所以他要咬、拿、捏、摸、抓,是他的实物思维决定的。

儿童从婴幼儿到五六岁,由实物思维开始转向形象思维。这个时候就要给儿童房里贴满画,每天抱上孩子,在轻音乐的背景中,或是在孩子洗干净、吃饱了、玩耍的时候,有意识的教给孩子墙上的图片,指着图片跟孩子讲:这是牛,那是马……

到儿童五六岁以后,孩子抽象思维开始萌芽,有的家长就会跟孩子说:一只苹果,再拿来一只苹果,就是两只苹果。从实物到形象,再从形象到抽象,“1+1=2”,这是典型的抽象思维。我们人类从具体的实物中间认识到同样的一类实物加同样的一类实物等于同样实物中间两只的时候,经过了不知道多少万年,我们儿童却要在短短的3—5年中间,由形象思维转向抽象思维,这是非常了不起的。

4. 儿童道德发展阶段

美国心理学家科尔伯格提出，儿童的品德发展经过三个水平，六个阶段。

第一阶段：孩子一出生到孩子上托儿所（0岁到四五岁）时候，孩子主要是惩罚和服从阶段，这个时候的孩子是服从大人的惩罚的。他们道德判断的理由是根据是否受到惩罚或服从权力。他们凭自己的水平作出避免惩罚和无条件服从权威的决定，而不考虑惩罚或权威背后的道德准则。

第二阶段是个人的工具主义与交换阶段，这句话比较抽象，这时候就像是动物园的猴子，你给我挠痒痒，我给你挠痒痒。

第三阶段：人际关系的协调阶段，已经走向社会化了，人际关系的协调，在大人的教育下，这时候孩子就知道在一定的场合里面，见到长辈主动问好、见到弱者会帮助、与小朋友友好相处……这个阶段的儿童认为自己的行为正确与否，主要看他是否为别人所喜爱，是否对别人有帮助或受别人称赞。

第四阶段：进入了社会制度和良心维持阶段，维护权威或秩序的道德定向阶段。这一阶段的儿童意识到了普遍的社会秩序，强调服从法律，使社会秩序得以维持。以社会秩序为自己行为的出发点，比如：上公车排队，公共场合里要有秩序，男孩子一定时候让女士先请，等等。这个阶段就是进入了相对比较成熟的阶段。（一般到这个第四阶段就停止了）

第五阶段和第六阶段，是通过教育才能够上去（达到）的。科尔伯格多次实验发现，一个人可以活到70岁或80岁，但是如果不做道德方面的教育训练的话，人的道德水准可能就只维持到第二或者第三阶段，最多到第四阶段，而第五、第六阶段是要通过专门的道德训练、教育才能达到的。第五个阶段即公益性阶段，第六阶段即普遍性伦理阶段，就是已经是既定的法律和社会秩序，作为认识问题的出发点，第六个阶段以后就是所说的追求真理的阶段，这是人中精英部分才可能达到的。

家长知道了品德的三个水平，六个阶段，就应严格要求自己，陶冶自己的道德品质向更高的阶段迈进。当陶冶自身的道德品质的时候，其实就是在给儿女作出了道德典范。家里任何一个细小的生活环节，出门关灯、进门换鞋、主动体贴家庭成员、孝敬父母,这一切对孩子来说都是最好的老师,这种教育是最好的教育。

(二)培养儿童道德品质的几条建议

1. 以身作则,在身教中实现家庭教育目的

如果家长拥有积极的生活态度,注重对孩子进行生活教育,不断思考人生的意义,品味人生的价值,拥有高尚的道德情操,这样对孩子的教育有非常积极引导的作用,以身作则是最有说服力的教育。家长可以和孩子一起阅读,读一些思想健康、充满生活情趣和哲学道理的书,为追求幸福而接受教育。如果家长们认识到这一点并为之身体力行,那么我们的孩子健康成长就有希望,儿童教育最忌讳家长图有教育动机,却无正确理念。

2. 家长应不断提高自己的文化修养

很多家长望子成龙,望女成凤的动机十分强烈,但是自己的生活却吃喝嫖赌,一塌糊涂。试问,当家长在麻将桌上一局连着一局边打牌边叫一旁的孩子去看书、写作业,这样的教育怎么可能有好的效果呢?

3. 坚持生活教育,激发真情实感

注意在生活中发现闪光的东西,因为生活中的情景是最教育人的。在日常生活中,家长无意的言行,是家长人格的自然流露,自然对孩子的吸引力和感染力较大。其实有很多教育的机会都从家长的指缝中滑掉。我们要善于把日常生活中有教育意义的东西展现在孩子面前。需要注意的是,若孩子出去见到社会的不良行为,家长一定要动脑筋想办法,尽力让孩子的正义的想法得到伸张,而不是仅从成人的角度自私地考虑保护孩子,让孩子觉得这个世界是矛盾的,大人说一套做一套。如果说,好的教育和没有好的教育中间真的是有界限的话,那么坏的教育比没有教育更可怕,没有教育等于不知道怎么办,坏的教育等于是教唆,把孩子往坏

的方面教。

中国传统家教如“孟母三迁”，它的最直接的意义是躲避消极影响。诚然，现实生活中很多消极现象是不能碰的。但在今天市场经济条件下，这样一个多元文化背景下，这样一个竞争上升的时期，如果你消极地躲避消极影响往往无济于事，你需要积极地主动地对待消极影响。1985 年一级飞行员李鹏礼在哈尔滨街头与七八个歹徒搏斗，长达 1 小时之久，百余人围观，无一人相救、相助，无一人报警，最后李鹏宇惨死在血泊中，这是消极地躲避消极影响。怎么做到应激的条件下积极地应对这样一种现象？我们提倡见义勇为、见义智为，见到这种场面，不要无辜地对待歹徒的刀剑，要动脑筋、想办法，积极地报警，积极地找人来制服他，保全自己。我们到底要教孩子什么样的道德品质？我们反对见义莫为，反对见义冷为，反对见义不为，提倡见义智为。怎么样保住自己生命，要敢于与歹徒作对，把社会的消极面给降到最低，这是每一个家长都要坚持用生活教育，坚持用真情实感教育孩子，让孩子懂得怎样保护自己，又能弘扬社会正义。

4. 鼓励孩子多元争论的同时坚持主流价值取向，培养孩子的责任感

孩子有很多自己的看法、自己的想法，一定要鼓励他们说，不要压制他们，他们怎么想就怎么说。说出来之后，心平气和的、推心置腹的跟他们讲道理，尤其是事关他们升学、中考、高考的时候，一定要尊重他们个人的选择。这个时候鼓励多元争论，不要无原则的随波逐流，不要讨好、迁就孩子，而是要坚持主导价值，即人的道德伦理是有底线的，追求真善美大家是有原则的。如果孩子真的在行为上出格的话，家长要非常严肃的跟他谈，国有国法，家有家规，每一个家里都有自己家里的行为方式、行为规则，作为家庭成员，一起来制定，一起来组织。我们一起制定规则就要一起遵守。在家里，我们既然是家庭成员，那么就要承担家庭的责任和义务。现在的很多孩子越来越没有责任感，连书包都家长来背，作业由家长来检查，那他还有什么责任感呢？怎么培养自理方面的能力呢？这不是

一个他自己背不背书包的问题，是使他有个责任感、责任心，是培养与教育的问题，应让孩子觉得这就是自己的事情，要自己把它做好。所以在鼓励多元争论的同时，一定要坚持主导价值导向。

5. 培养民主的家庭作风，培养孩子个性

在家庭中家长也应注重让孩子去体验参与，首先，应培养民主的家庭作风，培养孩子的个性。其次，孩子一定要有自己的个性，自己的兴趣爱好，不要为了一分一分的得失，把孩子往死里推。另外，家长在家里还要学会幽默，家长心胸要豁达，更多一些个人的爱好、兴趣，博学多才，当你自己兴趣爱好多面的时候，是一个生活的创造者，一个生活的享受者，在生活中是个健康的心态，那么你的孩子就会受到你的影响。当孩子的利益和被人家孩子利益发生冲突的时候，更多时候作为家长自己要豁达、要宽容，不要计较孩子一分一分的考试成绩，是为了明天、后天我们更加全面的，更好地培养孩子的上进心。

跋　我是一个世界公民

——在洛杉矶世界公民教育论坛的演讲

“我是美国人”。但是仅限于今天、昨天和明天，还有世界公民大会期间我在洛杉矶逗留的三个星期。

明天，我将飞回中国，后天，我又成为中国人了。

在这个讲台上，我看到每位学者在切入教育的话题之前，首先都会介绍他(她)的国籍，“我是美国人，”“我是印度人”，“我是南非人”。为什么?

我想，如是之说的原因，一定在于我们背后的祖国，一片我们生于斯长于斯的土地。正是这片滋养我们的大地——我们的祖国——使我们为之感到由衷的自豪和铭心的深爱。对吗?

在美国逗留的三个星期的时间里，我接触到丰富的知识和经历，进一步了解了这个伟大的国度的宪政知识。还有诸多见闻令人见识匪浅。我建议威廉教授去访问南非、中国、印度和世界其他国家，去传播他的和平理论。我们在这些日子里讨论的内容，凝聚着东方和西方的智慧和经验。西方历史中的文明巨匠苏格拉底、西塞罗、霍布斯、洛克、亚当斯、富兰克林和华盛顿的理想可见于美国宪法；源自孔子、老子、释迦牟尼的东方思想与西方的文明相遇，定会造就一个和谐的世界，实现人类的平等理想。当年，所有这一切使得美国的宪法应运而生，尽管它需要与时俱进，自我改善，但是我相信，反映在这个宪法中的人类文明的追求不仅属于美利坚，这些思想源于全世界，反映的是人类的共同理想。

当今世界充满了仇恨,暴力和杀戮,其根本原因在于对利益的贪婪的追求。不论是个人还是团体,不论是种族或是国家,人们为了利益而互相侵害甚或残杀。在每一个人的背后,所谓的"国家"实际上成为最大的利益集团。在所谓的"国家利益"的名义下,上演着人类之间的残酷竞争。

我乐意看到,越来越多的人聚在威廉教授身旁,聆听他的和平主义的讲座,使得这一理论广为传播。我乐意预见,世界各国人民遵循和平、善意相互合作,仇恨、暴力和杀戮大大降低。代之而起的,将是和平、对话、互让和双赢。我们何乐而不为?

也许,在未来的一天,我们的孩子会充满自豪地说"我是美国人;我是中国人;我是印度人;我是南非人,"但是,他们同时又会自豪地说,"我不是美国人;我不是中国人;我不是印度人;我不是南非人"。那么,我到底是谁呢?我们是谁?在这个翘首盼望的不久的将来,我们的孩子用他们美丽的歌喉大声说:"我是人民的一员";"我是一个世界公民!"这是我的坚定信念,在不远的未来必然实现。那时,由人们背后的国家利益及其贪婪与仇恨引发人与人之间的暴力必将消失。

谢谢你们,威廉教授以及论坛的组织者。你们提供的慷慨援助使得我学到了美国学者的风范;使我对西方哲学思想和来自全球同仁的智慧获得了更深入的认知。

明天,我将飞回中国,我会向中国人普遍信奉的上天祈祷,为了这个蓝色的星球,为了我们赖以生存的大地,为了世界的和平与安全以及芸芸众生的健康和幸福。

让我们永葆心中的爱,将我们的生命献给我们钟爱的事业——教育。她,可以使世界永久和平。为了教师这个神圣的职业,为了太阳底下最光辉的职业,让我们贡献自己终身的精力和智慧。为了世界的和平与和谐,让我们奉献我们所有的爱。

虽然到了我们要分别的时刻,但不意味着过去和现在会真的随风而逝。

我爱你们。

2010年7月30日

I am a Citizen of the World

(A Speech atLos Angeles Forum:
An Education for Citizens of the World)

I am American. But for today, yesterday and tomorrow, as well as the three weeks during which time I stayed here inLos Angeles.

Tomorrow I will fly back toChina, and the day after tomorrow I will be then Chinese.

Why should every scholar on this stage introduce his or her nationality before talking on education? Such as——"I am American," "I am Indian," or "I am South African."

All of us do so because behind us is a country where we were born and brought up. It is our motherland that we are heartily proud of and in deep-love with. Isn't it?

During my three-week stay in theUnited States, I was exposed to a rich experience for being an American, to the knowledge from the great Constitutional politics under which a great country has progressed, among many other things. I would suggest that Professor Will visit South Africa, China, India, and every other country in the world to preach his peace theory.

Among all the experiences I got these days, the upmost surely is of The United States Constitution that agglomerated wisdoms drawing from Western civilizations built upon thoughts of Socrates, Cicero, Hobbes, Rock, Adams,

Franklin and Washington, and from Oriental societies where doctrines left for us from the Great Giants such as Confucius, Lao Tzu and Shakyamuni, whose speculations for a harmonic world, ideals for equity of man, to mention but a few, shed lights on scholars all over the world. It is all this that made it possible for a great, the greatest, I would say, Constitution to come into being, though it might need to keep pace up with the changes as time goes by, in order to be further improved. It is, however, my strong belief that this Constitution should belong not only to the United States of America, but also to all other parts of the world; not only to the American people, but also to mankind as a whole with which people all over the world should enjoy.

The world today is filled with hatred, violence and killingand it evokes a fundamental reason for why. The pursuit of the interests in greed is the answer. No mentioning of individual or group, regardless of race or country, we are for interest in killing each other. Please note that a so-called "State", behind every individual, is actually the largest interest group. In a name of alleged "national interest", people act cruelly to each no matter what an extreme extent it might reach.

Put it optimistically that oneday when more and more people come to the lectures such as those concerning pacifism Professor Will delivered to us, and as this theory spreads so extensively that people of the world will be guided to practice peacefully and benevolently, then hatred, violence and killing will be greatly reduced. The increased will be peace, talk and mutual understanding among people and groups. Why do we not follow the way as I described?

Imagine a picture that one day in the future, our children will be full of prides and say that "I am American, or I am Chinese, or I am Indian, or I am South African, but they will, at the same time, be proud to say that I am not American, or I am not Chinese, or I am not Indian, or I am not South African. Then who am I? Who are we for our identity in that near future I hope? Our children will say loudly and beautifully that I am a part of the people; I am a citizen of the world!

It is my strong and firm belief, again, in the future that is not too distant, the barriers between people caused by greed and hatred for the interests of a country behind them will disappear.

Thank you, Professor Will. With your kindand generous assistance, I learned of an American scholar's demeanor; gained a deeper understanding in the philosophical thinking. My appreciations also go to the organizers of the Forum. Thank you, the thirty-one scholars who become my new friends!

Tomorrow, I will return. To the "God" in whom Chinese believe I will pray. I will pray, then, for this blue planet until now our human beings still know as a home where we live, for security and peace for our world, for the numerous living beings ´ health and happiness.

Let us keep our love even further with education that was, is and will be always a hearty course that might make the world in the eternal peace. For this holy course of education, for the teachers who contribute their life-long energy and intelligence to this glorious course, and for peace and harmony around the world with which our children should live up, let us devote all our loves.

Finally but not to mean the last andless important

I love you all

Zhi Yi (George), Zhao

July 30, 2010

责任编辑:夏　青

图书在版编目(CIP)数据

当代中国德育热点问题研究/赵志毅 著. -北京:人民出版社,2012.12
ISBN 978-7-01-011547-4

Ⅰ.①当…　Ⅱ.①赵…　Ⅲ.①德育-研究-中国　Ⅳ.①G648

中国版本图书馆 CIP 数据核字(2012)第 300446 号

当代中国德育热点问题研究

DANGDAI ZHONGGUO DEYU REDIAN WENTI YANJIU

赵志毅　著

人民出版社 出版发行
(100706　北京市东城区隆福寺街 99 号)

北京市文林印务有限公司印刷　新华书店经销

2012 年 12 月第 1 版　2012 年 12 月北京第 1 次印刷
开本:710 毫米×1000 毫米 1/16　印张:18.25
字数:261 千字　印数:0,001-3,000 册

ISBN 978-7-01-011547-4　定价:42.00 元

邮购地址 100706　北京市东城区隆福寺街 99 号
人民东方图书销售中心　电话 (010)65250042　65289539